Antje-Marianne Di Bella

Der Zölibat und seine Folgen - nicht nur für Priester

Eine Betrachtung

disserta
Verlag

Di Bella, Antje-Marianne: Der Zölibat und seine Folgen - nicht nur für Priester: Eine Betrachtung, Hamburg, disserta Verlag, 2014

Buch-ISBN: 978-3-95425-724-9
PDF-eBook-ISBN: 978-3-95425-725-6
Druck/Herstellung: disserta Verlag, Hamburg, 2014

Bibliografische Information der Deutschen Nationalbibliothek:
Die Deutsche Nationalbibliothek verzeichnet diese Publikation in der Deutschen Nationalbibliografie; detaillierte bibliografische Daten sind im Internet über http://dnb.d-nb.de abrufbar.

Inhaltsverzeichnis

Vorwort

Diese Arbeit zusammenzustellen bedeutete für mich viel Mühe, lange Vorbereitungszeit und immer wieder unangenehme Erfahrungen.

Wo ich mein Thema ansprach, bekam ich sofort interessierte Zuhörer. Ja, es ist zu sagen, das Thema erregt das Interesse, weil es sich um eines der letzten Tabus in dieser Gesellschaft handelt.

Jedoch musste ich festzustellen, dass empirische Erhebungen über das Thema mit den üblichen Methoden für mich nicht möglich sind.

Die Priester reagierten ausgesprochen abweisend auf die Absicht, einen anonymen Fragebogen vorgelegt zu bekommen. Allerdings gab es mehrere Priester im Amt, die bereit waren mit mir zu diskutieren bzw. mir sogar ein mehrstündiges Interview über die Inhalte des theologischen Teils dieser Arbeit zu gewähren, dabei kam es auch zur Beantwortung persönlicher Fragen.

Ich stellte fest, dass bei den Priestern im Amt wenig Interesse bzw. Kenntnis bzgl. der wissenschaftlichen Theorien über die Ursprünge des Zölibats vorhanden ist. Auch über die Bedingungen und Folgen beim Ausscheiden aus dem Amt waren sie kaum informiert.

Kurzum, zur Thematik „Zölibat und Folgen" konnte ich durch Gespräche lediglich ganz verschiedene Ansichten ausmachen.

Was die Abschaffung des Zölibats betrifft, so schwankten die Denkweisen von der Möglichkeit des einfachen Streichens, dem Zölibat als Politikum und daher aus der Hierarchie nicht wegdenkbar, bis zur Notwendigkeit der Einberufung eines neuen Konzils.

Was also die Streitfragen der kirchlichen und außerkirchlichen Sicht um das Verständnis des Zölibats an sich und in Bezug auf unsere Zeit angeht, so waren auf empirischem Wege nur *extreme Meinungen* zu verzeichnen, je nach Standort der Person.

Fazit: Jeder verteidigt den Boden, auf dem er steht.

Eine objektive Sicht ist daher, so dachte ich, nicht aus der empirischen Befragung, sondern nur aus den wissenschaftlichen Fakten zu gewinnen. Unter Hinzuziehung solcher Werke jedoch wurde mir klar, dass ich es mit Theorien zu tun habe, sowohl theologisch wie psychologisch. Ich musste feststellen, dass es auch hier keine Gewissheit gibt.

Daher wendete ich mein Augenmerk fort von den amtierenden Priestern und wissenschaftlichen Büchern, hin zu denen, die den Schritt hinaus wagten, ihr Amt aufgaben und aus ihrer neuen Perspektive nun offen und ehrlich über ihre Erlebnisse und über ihre theologischen

Erkenntnisse schreiben. Ich beschäftigte mich mit den Schriften von verheirateten Priestern. Dabei bemerkte ich, dass hier oft eine klarere Sicht der Verhältnisse zu verzeichnen ist, aber auch Bitterkeit.

Fazit: Der Mensch und sein konkretes Erleben muss in seiner ganzen Subjektivität mit einbezogen werden, wenn man der Wahrheit nahe kommen will.

So versprach ich mir den wirklichen Überblick von einem, der nach seinen Büchern geurteilt, es wissen müsste. Ich traf Eugen Drewermann. Ich musste feststellen, dass seine Ansicht über Glauben und Kirche inzwischen so weit gediehen ist, dass er keinen Stein mehr auf dem anderen lässt:

- „Ich will keine Kirche reformieren!
- Ich will gar keine Kirche mehr!
- Liebe leben- Gottes Liebe leben,
- in die Gesellschaft hineinströmen,
- keine Festschreibungen, keine Bibel,
- keine Kultveranstaltungen,
- keine Massenversammlungen,
- **nur lieben! Gott ist Liebe!“**

Die Frage nach dem Zölibat erübrigte sich nach dieser Aussage.

Schließlich nahm ich den Anspruch, *die* objektive Sicht der Dinge herauszufinden, zurück und gab mich damit zufrieden, die einzelnen Fakten, die das Thema ausmachen, so gründlich wie möglich, darzustellen. Dabei ging ich davon aus, dass Ethik und Wirklichkeit weit auseinanderklaffen, und die Entstehung von Traditionen immer in ihrem Kontext gesehen werden muss.

Ich stellte deshalb Theorie und Praxis gegenüber, was durch Beiträge der vom Zölibat betroffenen Priester und Frauen eine sehr erschütternde Komponente erfuhr. Zweifelhafte und peinliche Enthüllung kirchlicher Praktiken im Umgang mit ihren 'unliebsam gewordenen Amtsträgern` kamen zum Vorschein. Gleichzeitig wurde klar, dass der tatsächliche Sinn des Zölibats in der heutigen Gesellschaft nicht mehr greift und somit die ganze Zeichenhaftigkeit sowie die Kirche, die daran scheinbar unbeirrbar festhält, stark zu hinterfragen ist.

Eine weitere Erfahrung musste ich mit der Selbsthilfeorganisation der vom Zölibat betroffenen Frauen machen. Nach Aussage der Leiterin verstehen Sie sich als informelle Gruppe und wollen diesen Status auf keinen Fall überschreiten. Es wurde betont, dass die Frauen sich nur miteinander austauschen möchten und keine professionelle Gruppenarbeit, womit sozialpädagogische bzw. therapeutische Hilfsmaßnahmen gemeint sind, wünschen. Eine allgemeine Abstimmung fand jedoch in dieser Hinsicht nie statt.

Das Ziel dieser Arbeit, die Erstellung eines Konzeptes für organisierte Hilfsmaßnahmen, wurde also von denen, für die es erreicht werden soll, zunächst abgelehnt.

Ich fand ein Konstrukt, dass alle Möglichkeiten der notwendigen Hilfe in einer Körperschaft vereinigt und zugleich Arbeitsplätze schaffen würde.

Über die Chancen, solch eine Projekt ins Leben zu rufen, sprach ich mit Eugen Drewermann, von dem ich mir Unterstützung erhoffte. Er hielt das Konzept für beachtenswert und gab mir eine Adresse, um damit einer Verwirklichung Hilfestellung zu leisten.

Ich wandte mich auf diesem Weg an die „Vereinigung der katholischen Priester und ihrer Frauen", die ich für den, zur Verwirklichung des Projektes, geeigneten Personenkreis halte. Da die Zeit äußerst günstig dafür ist, besteht also die Möglichkeit, dass am Ende eine größere Institution ins Leben gerufen werden könnte.

Ich möchte mich nunmehr für die Unterstützung bei dieser Arbeit bedanken bei : Herrn Dr. Eugen Drewermann, Herrn Prälat Frings und Herrn Pastor Seiwert für die gewährten Gespräche, bei Herrn Prof. Dr. Johannes Brosseder für die briefliche Unterstützung, bei Frau Karin Schrey für theologische Informationen, bei Frau Anne Dördelmann-Lueg und Frau Gisela Forster für Material über die Selbsthilfegruppe der vom Zölibat betroffenen Frauen und für die zur Verfügung gestellten Bücher und Semesterarbeiten, außerdem bei Herrn Franz Rinck für die Erlaubnis, seine Aufzeichnungen zu verwenden. Nicht zuletzt will ich die vielen interessierten und hilfsbereiten Pfarrer erwähnen, die hier nicht namentlich aufgeführt werden möchten und die Menschen, die mir, in der Diskussion, durch ihre Argumente, geholfen haben, diese Arbeit zu erstellen.

EINLEITUNG: Problemerhebung

Die Zölibatsforderung, die mit dem Priesteramt seit 900 Jahren gesetzmäßig gekoppelt ist, bringt für tausende von Klerikern noch heute unüberwindliche Probleme. Besonders gravierend aber tritt die Härte dieses, von der katholischen Kirche unerbittlich geforderten Versprechens hervor, wenn bei Nichteinhaltung, gesetzlich geregelte Konsequenzen ihre Anwendung finden. Beispiele für solche Situationen kennt jeder, denn sie sind ein beliebtes Thema in den Medien.

Da trotz Menschenrechtsorganisationen die katholische Kirche unangetastet auch noch in unserem Jahrhundert mit Existenzvernichtung arbeitet, um ihren Priestern 'das Charisma der Ehelosigkeit zu erhalten`, stellt diese Diplomarbeit die zentrale Frage nach den negativen Folgen des Zölibats.

Weil mir die Klärung der theologischen Hintergründe für das Verständnis der ganzen Problematik wichtig erscheint, werde ich die Geschichte des Zölibats, also einen ausführlichen kirchengeschichtlichen Teil, der Problemanalyse voranstellen.

Zum besseren Verständnis der Wertevorstellungen bzgl. des Zölibats will ich den Konzilstext und theologische Argumentationen dazu, die ja die Schwierigkeiten der Aufhebung dieses Gesetzes verdeutlichen, der Problemanalyse voran setzen.

Die ganze Problematik fußt darauf, dass hier ein Charisma zum Gesetz erhoben wurde, weshalb ein Aufzeigen der Rechtslage unerlässlich ist. Auch die Problematik des Ausscheidens aus dem Amt wird behandelt werden.

Damit ich zu empirischen Ergebnissen kommen konnte, habe ich Gespräche mit Priestern und Theologen geführt bzw. sie angeschrieben. Diese Stellungnahmen zu rechtlichen, zu theologischen, aber auch zu praktischen Fragen sind in meine Arbeit mit eingeflossen.

Da der Zölibat besonders seit dem Zweiten Vaticanum theologisch-ethisch begründet wird (Dekret s.Anl.), will ich ihn unter sozial - ethischen Gesichtspunkten kritisieren.

Die Psychoanalyse kann nicht übergangen werden, wo es als zentrales Thema um den Verzicht auf Sexualität und die damit zusammenhängenden Folgen geht. So werde ich versuchen, diesen Punkt anhand von einschlägiger Literatur zu bearbeiten.

Um empirische Ergebnisse zu erbringen, muss ich die Bücher hinzuziehen, in denen Priester und Frauen über ihre Beziehungen geschrieben haben. Nur auf diesem Wege kann ich zu den erforderlichen Auskünften kommen.

Für die Priester, die es, trotz aller Schwierigkeiten fertiggebracht haben dem Amt zu entsagen, gibt es, wie bereits erwähnt, seit Jahren in verschiedenen Ländern Europas Selbsthilfegruppen. Wie die entsprechende Gruppe der BRD sich darstellt und welche Inhalte und Ziele ihre Vereinigung aufzuweisen hat, soll geschildert werden.

Wie die Männer, so haben sich auch die vom Zölibat betroffenen Frauen organisiert. Es gibt inzwischen ca. 300 'Priesterfrauen`, die sich treffen, um sich über ihre Problematik auszutauschen.

Die Problematik der Priesterkinder ist in dem Buch von Karin Jäckel: „Sag keinem wer dein Vater ist", dargestellt. Ich werde anhand der darin geschilderten Erfahrungen auch diesen Problemkreis darstellen.

Um es noch einmal auf einen Nenner zu bringen:

- Meine Arbeit wird anhand von Zitaten aus dem Neuen Testament versuchen, die Auffassung von Heiligkeit und Reinheit, die dem Zölibat, meines Erachtens auch nach neuer Begründung durch das II. Vatikanische Konzil, im eigentlichen zugrunde liegt, zu hinterfragen.
- Die Probleme des Pflichtzölibats werden anhand von Geschichtlichem und Aktuellem vor Augen geführt.
- Die Folgen des Zölibatsgesetzes können mehrere Menschen gleichzeitig zutiefst betreffen. Das werde ich darstellen.
- Was auf Priester selbst mit dem Einbruch der Liebe in ihr Leben zukommt, soll geschildert werden. Auch die Problematik des Ausscheidens aus dem Amt werde ich im rechtlichen Teil, sowie anhand der persönlichen Berichte von Priestern und betroffenen Frauen, also an praktischen Beispielen, erläutern.
- Diese Arbeit wird verheiratete Priester und ihre Frauen zu Wort kommen lassen.
- Das Leben vor und nach dem Austritt soll beleuchtet werden. Hier sind die psychischen, gesellschaftlichen, ökonomischen und beruflichen Probleme darzustellen.
- Auf der Seite der Frauen, insbesondere, wenn es um Beziehungen geht, die keine Legitimierung erfahren, ist Unterdrückung, Verlustangst und ohnmächtige Wut und/oder Ratlosigkeit die Regel. Ich will versuchen Bewältigungsstrategien aufzuzeigen, durch die die vorhandenen Selbsthilfemaßnahmen wirksame Ergänzung finden könnten.
- Bereits bestehende Möglichkeiten zur Hilfe für zölibatbetroffene Menschen werden also dargelegt und neue, bessere gesucht.

- Die Arbeit soll der Bewusstmachung dienen und klären, ob es überhaupt Hoffnung gibt, dass der Pflichtzölibat entgegen der Meinung der kirchlichen Obrigkeit, abgeschafft werden könnte.

Der Widerspruch zwischen der ethischen Begründung des Zölibats und der praktischen Durchsetzung, sowie der Umgang mit den negativen Folgen, löst tiefe Betroffenheit aus, so dass mir eine ganz sachliche Schilderung der Problematik nicht immer möglich sein wird.

I THEOLOGISCHE RECHERCHEN
Darstellung der geschichtlichen, ideellen und theologischen Hintergründe des Zölibats, Darstellung und Hinterfragung des katholischen Kirchenrechts in Bezug auf die Zölibatsgesetzgebung, Zusammenfassung und Analyse

1 Definition des Zölibats

Der Zölibat ist das von Weltpriestern gesetzlich verlangte Keuschheitsversprechen, das bei der Diakonatsweihe von angehenden Priestern, dem Bischof als Vertreter des Hl. Stuhls, geleistet werden muss. Dieser Versprechenseid* ist die Voraussetzung für die Zulassung zur Priesterweihe.

*(Ausdruck des Codex 1983, can.1201-§1)

2 Der Konzilstext

„Die Kirche hat die vollkommene und ständige Enthaltsamkeit um des Himmelreiches willen, die von Christus dem Herrn empfohlen, in allen Jahrhunderten bis heute von nicht wenigen Gläubigen gern angenommen und lobenswert geübt worden ist, besonders im Hinblick auf das priesterliche Leben immer hoch eingeschätzt.... Durch die Jungfräulichkeit und die Ehelosigkeit um des Himmelreiches willen werden die Priester in neuer und vorzüglicher Weise Christus geweiht; sie hangen ihm leichter und ungeteilten Herzens an, schenken sich freier in ihm und durch ihn dem Dienst für Gott und die Menschen, dienen ungehinderter seinem Reich und dem Werk der Wiedergeburt aus Gott und werden so noch mehr befähigt, die Vaterschaft in Christus tiefer zu verstehen.“ [2]

So heißt es im Konzilstext (Vat.II) Presbyterium ordinaris. Weiterhin bringt die Konkordanz [3] der Konzilstexte folgendes Bild als Erklärung für den Zölibat:

„Auf diese Weise bezeugen sie also vor den Menschen, dass sie sich in ungeteilter Hingabe der ihnen anvertrauten Aufgabe widmen wollen, nämlich die Gläubigen *einem* Mann zu vermählen und sie als keusche Jungfrau Christus zuzuführen; so weisen sie auf jenen geheimnisvollen Ehebund hin, der von Gott begründet ist und im anderen Leben ins volle Licht treten wird, in welchem die Kirche Christus zum einzigen Bräutigam hat. Darüber hinaus sind sie ein lebendiges Zeichen der zukünftigen, schon jetzt in Glaube und Liebe

---

2 Heinrich Brechter u.a. (Hrsg.)Lexikon für Theologie und Kirche, Freiburg 1986, Bd.14.
3 J.Deretz-A.Nocent:Konkordanz der Konzilstexte, Verlag Styria,Graz,Wien;Köln,1968.

anwesenden Welt, in der die Auferstandenen weder freien noch gefreit werden." (...) „Diese Heilige Synode billigt und bekräftigt von neuem das Gesetz für jene, die zum Priestertum ausersehen sind, wobei ihr der Geist das Vertrauen gibt, dass der Vater die Berufung zum ehelosen Leben, das ja dem neutestamentlichen Priestertum so angemessen ist, großzügig geben wird, wenn nur diejenigen, die durch das Sakrament der Weihe am Priestertum Christi teilhaben, zusammen mit der ganzen Kirche demütig und inständig darum bitten. Das Konzil mahnt daher alle Priester, die im Vertrauen auf Gottes Gnade in freier Entscheidung den Zölibat auf sich genommen haben, ihm großmütig und mit ganzem Herzen anzuhangen und treu in diesem Stand auszuhalten in der Erkenntnis der hohen Gnadengabe, die ihnen vom Vater gegeben wurde und die der Herr so offenkundig gepriesen hat." „(...)

So bittet diese Heilige Synode nicht nur die Priester, sondern alle Gläubigen, sie möchten sich die kostbare Gabe des priesterlichen *Zölibats* ein wirkliches Anliegen sein lassen, und alle mögen Gott bitten, dass er dieses Geschenk seiner Kirche stets in Fülle zukommen lasse".[4]

3 Theologische Analyse

Zunächst ist die Bedeutungsverschiebung der jeweiligen Begriffe zu beachten, woran die soziale Entwicklung im Bereich der katholischen Kirche erkennbar ist.

Ganz besonders der Zölibat erfuhr eine Umdeutung von der Kultideologie hin zur religiös - ethischen Ideologie. Spiritualität und Psyche sowie sozialer Bezug wurden bedacht und in die neuen Vorstellungen von Priesterausbildung eingebracht.

(s. Anl." Dekret für die Priesterausbildung").

Dies alles vereinigt sich in dem neuen Kirchenbild des „Lumen gentium"[5], das unter dem Motto: Kirche soll wieder zum „Licht der Völker" werden, den Entscheidungen des

---

4 Konkordanz der Konzilstexte, S.625.

5 "Lumen gentium" nennt sich die "Dogmatische Konstitution über die Kirche" , die 1964, im Rahmen des II. Vatikanischen Konzils, erlassen wurde, und die u.a. ein völlig neues Priesterbild zeichnet.
Einerseits spricht Art.9 vom rechten Verständnis des Priestertums als Dienst am Gottesvolk und davon, dass dem falschen Verständnis eines priviligierten Standes und einer ehrenvollen Karriere entgegenzuwirken sei, andererseits aber spricht die Konkordanz der Konzilstexte „Deretz-Nocent", unter dem Stichwort "Zölibat" davon, dass die Alumnen zwar von den Pflichten und der Würde der christlichen Ehe gebührend wissen sollen, "die ein Bild der Liebe zwischen Christus und seiner Kirche ist (vgl. Eph 5,32f.), aber sie sollen auch klar erkennen, dass der Christus geweihten Jungfräulichkeit der Vorrang gebührt. Der Wert des Zölibats, der so verfochten wird ist dem Text der Konkordanz wie folgt zu entnehmen:
Die Alumnen, die gemäß den heiligen und festen Gesetzen ihres eigenen Ritus die verehrungswürdige Tradition des priesterlichen *Zölibats* auf sich nehmen (...) sie geben Zeugnis für die Auferstehung im der künftigen Welt (vgl.Lk 20,36) und gewinnen besonders wirksame Hilfe zur ständigen Übung jener vollkommenen Liebe, die sie in ihrer priesterlichen Arbeit allen alles werden lässt. Sie sollen tief davon durchdrungen sein, wie dankbar sie diesen Stand entgegennehmen sollen, nicht etwa bloß als eine Vorschrift kirchlicher Gesetzgebung, sondern als ein kostbares Geschenk Gottes, das sie in Demut erbitten und dem sie mit der erweckenden und helfenden Gnade des Heiligen Geistes frei und großherzig zu entsprechen suchen sollen. (...) Sie müssen lernen, sich durch geeignete göttliche und menschliche Hilfsmittel "vor den Gefahren

II.Vatikanischen Konzils zugrunde lag. Auch die neuen Erziehungsziele für Priesteramtskandidaten gehen darauf zurück.

Art.9 des Dekrets über die Priesterausbildung stellt dar, zu welchem Selbstverständnis Priester finden sollen, und Art.10 ergänzt das Bild mit Erklärungen zur gebührenden Keuschheit, dem priesterlichen Zölibat.(s.Anl).

Das Bild zeichnet einen nach den religiös-ethischen Vorstellungen katholischer Ideologie vollkommenen Menschen. Das Bedürfnis der Darstellung des Reiches Gottes bereits auf Erden durch besondere Lebensform, die dem Weltlichen, das besonders in der Sexualität gesehen wird, entsagt, steht dahinter..Der Zölibatär wird zum „Lumen Vitae", zum „lebendigen Licht", der göttlichen Verkörperung, an der die Gläubigen sich entzünden sollen. Das strahlende Menschenbild vor dem Hintergrund der Entsagung aller irdischer Lust in der Hinwendung zu Christus und vollkommenen Hingabe an Christus, fähig gleichwohl zur Liebe für alle Menschen gleichermaßen, entspricht dem Bedürfnis des Menschen nach vollkommener Harmonie und Gleichklang.

Wie gefährlich aber dieses Ideal ist, zeigte mir eine Predigt (s. Anl.) des Kardinals Meisner, Erzbischof zu Köln, die er bei einer Priesterweihe hielt. Er verkündete den zu weihenden Priesterkandidaten, dass sie fort hin als Mittler zwischen Gott und den Menschen seinserhöht und daher sich nicht mehr mit einer Frau verbinden könnten, also nie mehr eine Ehe eingehen könnten. Er bezeichnete sie als seine „Engel", die man nicht in Versuchung führen dürfe. Der Zölibat spielt bei dieser „Seinserhöhung" die zentrale Rolle.

Hier wird die Askese, die auf Zeit betrieben, den Menschen zu sich selbst zurückführen kann, zum Aberglauben umfunktioniert.

Reife Menschen, die ihren Ehepartner verloren haben und nun sich entschließen im Geistigen Erfüllung zu suchen und sie auch finden, können sicherlich ihre körperlichen Bedürfnisse sublimieren, aber junge Menschen, die noch nichts erlebt haben , von wichtigen Erfahrungen abzuschneiden und Reifemomente gar nicht erst zuzulassen, das kann keine dem Ideal entsprechenden Persönlichkeiten hervorbringen.

Außerdem, sollte ein solches Wesen, wie es einem Priester entsprechen soll, einem außerordentlich charismatischen Menschen zu eigen sein, dann wird dieser sicher keinem Menschen, auch nicht dem Papst „in demütiger kindlicher Liebe" und „im Geist der Selbstverleugnung" ergeben sein (Dekret zur Erziehung der Alumnen, Art.9, s. Anl.), sondern von reifer und durchsetzungsfähiger Persönlichkeit.

---

konkreter Liebe" zu schützen und den Verzicht auf die Ehe so in ihr Dasein zu integrieren, dass sie in ihrem Leben und in ihrer Wirksamkeit vom Zölibat her nicht nur keinen Schaden nehmen, vielmehr eine vollkommene Herrschaft über Leib und Seele und eine höhere menschliche Reife gewinnen und die Seligkeit des Evangeliums tiefer erfahren. Pa 10" (S.623)

Die Wirklichkeit, die wir momentan fast täglich den Medien entnehmen können, verweist das Priestertum als 'nobles Zeichen` einer himmlischen Welt, das den Zölibat benötigt, weil diese kommende Welt keine Geschlechtlichkeit mehr kennt, in die Welt der Träume.

Es ist nun mal nicht zu leugnen, dass Priester aller Jahrhunderte an diesen Anforderungen gescheitert sind und die ihnen anerzogenen Schuldkriterien sie oft genug in die Neurose trieben, auch wenn sie seelisch gesund ihren Dienst angetreten haben.

Daher ist die Ermahnung des jetzigen Papstes Johannes Paul II., noch rigorosere Auswahl unter den Priesteramtskandidaten zu treffen (s. Zeitungsartikel aus der Illustrierten „Weltbild" 6/95), *die wohl als gestrenge Antwort auf das Rütteln des Kirchenvolkes am „ehrwürdigen Zölibatsthron" zu verstehen ist*, für mich ein verzweifeltes Festhalten an einem Priesterverständnis, das im eigentlichen hinter die Neubegrifflichkeit dessen des II. Vaticanums zurückfällt.

Kirche bedenke, dass dem Auftrag Christi zur Verkündigung der *Frohen Botschaft* durch den Priestermangel längst nicht mehr Genüge geleistet werden kann. Dieser Papst und seine Verantwortlichen aber sind der Meinung und setzen das öffentlich zum Maßstab: „Es ist besser man habe wenige geeignete als viele, aber für menschliche Schwächen anfällige Kandidaten". (s. o. a. Zeitungsausschnitt)

Das bringt mit sich, dass die Eignung zum Priester wiederum ganz vom ursprünglich charismatischen Verkünder des Evangeliums verschoben wird auf die Eignung zum zölibatären Leben, wie vor dem II. Vatikanischen Konzil. Weiter zu bedenken ist dabei aber auch, was für ein Priestertum das sein wird, das nach exakter Ausbildung und gründlicher Vorbereitung auf die aktuelle Problematik in den Gemeinden (Artikel WZ 7/95) auf die Schwächen menschlichen Daseins trifft (sprich Seelsorge), die es sich selbst nie zugestand (Papst: Sie dürfen nicht anfällig für menschlichen Schwächen sein). So verliert die Kirche das 'Menschliche', das der Ausdruck ihrer göttlichen Herkunft ist. Nächstenliebe wird lieblos durch Institutionalisierung., Zuhören - ohne Hinhören, Hilfe - ohne Herz, eben Institution.

'Lumen gentium'?

4 Die Geschichte des Zölibats

Die Geschichte des Zölibats ist sozusagen die Geschichte der Kirche, denn bereits in der zweiten Generation nach Christus begann das Frühchristentum Neuordnungen vorzunehmen und den lebendigen Glauben durch ängstliche Abgrenzungen von Gruppen, die eine andere Glaubensauslegung fanden, festzuschreiben, zu dogmatisieren.

Das bewirkte auch die Entfremdung der Christen vom eigentlichen, von christlichen Grundprinzipien.

4.1 Die Entstehung des Klerus

Nach dem Tod der >Apostel und Propheten<, die das Fundament der Kirche genannt werden (Eph. 2,20), mussten die Gemeindeleiter, deren Funktionen sich in <Evangelisten, Hirten, Lehrer> aufteilten (Eph. 4,11; vgl. 2,20 und 3,6) auf dem bereits vorhandenen Glaubensfundament weiterbauen. Wichtig war allen gemeinsam, ‘wirkliche Gemeinde Jesu` zu bleiben, d.h., die Lehre rein zu halten. Von daher war es vonnöten, dass das nachapostolische Amt von charismatischen Männern bekleidet wurde, die Glauben für die Gemeinden erfahrbar machen konnten. Herauszustellen ist, dass das Amt keineswegs von der Gemeinde losgelöst oder über sie gestellt war, sondern deutlich eingebettet in ganz verschiedene Dienste, die eine Gemeinde braucht.

Es besteht Grund zur Annahme, dass das Modell einer presbyterialen Kirchenordnung von der Gemeinde Jerusalem

- durch die Sendung des Gemeindeleiters Barnabas - nach Kleinasien kam (Apg.14,22-23).

Gegen Ende des 1. Jh. gab es jedenfalls die erste Kirchenordnung; das ist in zahlreichen biblischen Aussagen und im 1.Clem.44; Didache 15,1 erwähnt.

Die Amtsbezeichnungen Presbyter und <Episkopen> gingen ineinander über. Sie beinhalteten zunächst die Aufsicht und Fürsorge (episkope), später auch noch die Unterweisungen in die Lehre Christi.[7]

Bemerkenswert ist an dieser Stelle, dass das kirchliche Amt „sich nicht aus der Eucharistie oder der Liturgie und um diese herum entwickelt hat, sondern aus dem apostolischen Aufbau der Gemeinde durch Verkündigung, Ermahnung und Leitung.“[8] „Für eine sakral - mystische Grundlegung des Amtes in der Eucharistie lassen sich keine biblischen Gründe finden.“[9]

In der Urkirche war es die allgemeine Auffassung, dass derjenige, der berechtigt ist die Gemeinde zu leiten, auch Leiter der Eucharistiefeier (also ohne besondere Befugnis) sein konnte.[10]

---

[7] Vgl.Schillebeeckx,Edward: Christliche Identität und kirchl.Amt,S.103ff.

[8] Siehe: Das Recht der Gemeinde auf Eucharistie. Die bedrohte Einheit von Wort und Sakrament, hrsg. Solidaritätsgruppe kath. Priester der Diözese Speyer, Trier 1978 in Schillebeeckx,Edward: Christliche Identität und kirchl.Amt,S.144.

[9] Schillebeeckx, Edward: Christliche Identität und kirchliches Amt, S.145.

[10] Ebd.

Im neutestamentlichen Sinne ist das Amt kein Status, sondern eine diakonale Funktion, die aber als „eine Gabe des Geistes“ bezeichnet wird.[11]

Wichtig ist hierbei, festzustellen, dass die wesentliche apostolische Struktur der Gemeinde und ihres Leiteramtes neutestamentlich nichts mit dem zu tun hat, was später die >hierarchische Struktur< der Kirche genannt wird.[12]

Die Entwicklung zur allmählich zentralen Stellung des Amtes ist nicht zuletzt dem sozialen Kontext zuzuschreiben.

Durch die Verbreitung des christlichen Glaubens bei den Heiden kamen auch deren kulturelle Einflüsse auf den urchristlichen Glauben zu. Durch die griechisch-philosophische Bildung der Alexandriner erreichte neuplatonisches Denken - Origenes und Augustinus - die Katechetenschulen. Die Askese des koptischen Mönchtums, das inzwischen entstanden war, bewirkte bald, dass Kirchenmänner und Mönche in Konkurrenz bzgl. ihrer „Heiligkeit“ traten.

Dieser Konflikt wurde folgendermaßen gelöst:

Während in den ersten beiden Jahrhunderten die kirchlichen Ämter weitgehend nebenberuflich ausgeübt wurden, kam es im 3. Jahrhundert durch Cyprianus (um 200-258, Bischof von Karthago) zu einer neuen Bestimmung des Kirchenamtes. Cyprianus berief sich, als Vorbild für das christliche Kirchenamt, auf das AT (Stamm Levi). Wie dieser sollte nun der Kleriker eine Stellung einnehmen, der das Kirchenvolk Gehorsam zu zollen hatte. Eine neue Verpflichtung kam hinzu, die eines vorbildlichen Lebens, das keine weltlichen Aufgaben mehr erfüllen darf, [13] „weil alle, die des göttlichen Priestertums für würdig befunden und in ein kirchliches Amt eingesetzt worden sind, sich nur dem Altar und Opferdienst widmen und ihre Zeit mit Bitten und Gebet verbringen sollen.“ (Cyprian,Ep1)[14]

In dem Buch Lev. 21,17 fordert das AT die Unversehrtheit des Leibes. Dies wurde neu interpretiert. Die neutestamentlichen Begriffe heilig und rein wurden eingeengt auf den sexuellen Bereich, ja zu einer Art ‘heiliger Reinheit` verschmolzen. Der sittliche Reinheitsbegriff Christi verfälschte sich mit dem kultischen des AT. Er drang in die kirchliche Praxis ein und begründete die verhängnisvolle Ansicht, dass geschlechtliche Betätigung und der Umgang mit dem Heiligen einander ausschließen. Die Enthaltsamkeit der Kleriker war damit nun unbestimmte, aber moralische Forderung.[15]

Auch fand sich ein Hinweis auf die geforderte Enthaltsamkeit im Neuen Testament. Um ihre besonderen Aufgaben wahrzunehmen, hatten die Wanderapostel alles aufgegeben. Paulus

[11] Vgl.Schillebeeckx, S.146.
[12] Vgl. ebd.
[13] Vgl.König, Dorothee: Amt und Askese, S.4ff
[14] A.a.O., S.7.
[15] Vgl.Denzler: S.63.

empfiehlt den Christen die Ehelosigkeit (1.Kor.7-8), aber er macht sie nicht zur Bedingung für den Zugang zu kirchlichen Diensten. In den Pastoralbriefen des NT (1.und 2.Tim, Tit) wird davon ausgegangen, dass der Presbyter, der Vorsteher einer Gemeinde, ein bewährter Familienvater ist. Wiederverheiratung nach dem Tod eines Ehepartners war jedoch nicht gern gesehen.

Im 2.Jahrhundert entschieden sich Kleriker zur Ehelosigkeit und wurden dafür *besonders geehrt*. Es scheint, dass zur Zeit des Quintus Tertullianus (*nach 150 +225; lat. Kirchenschriftsteller) der Klerus in Karthago zum Zölibat übergegangen war, aber von einer Norm konnte noch nicht die Rede sein. Weit verbreitet war das sog. Syneisakentum. Geweihte Jungfrauen, Bräute Christi, lebten in einer 'geistlichen Ehe` mit Amtsträgern. Diese Form des Zusammenlebens, sollte dem 'Schutz der Jungfrauen` dienen, aber wurde bald durch das Traktat Ps-Cyprianus verboten. Eine Verwandte oder die eigene Ehefrau sollte von nun an den Haushalt des Klerikers führen.

Auch in Rom kam es noch im gleichen Jahrhundert zur Zölibatsforderung.

Die unter Kaiser Diokletian (284-305) verfolgten Christen wurden, von der Kaiserfamilie des Nachfolgers Konstantin akzeptiert. Im heidnischen römischen Reich herrschte der krasse Polytheismus, der aufgrund der Einwirkung griechisch-philosophischen Denkens (Neuplatonismus) immer mehr einem verfeinerten Henotheismus [16] Platz machte. Kult wurde zur ersten Bürgertugend. Diese allgemeine Kultmentalität hatte Auswirkungen auch auf das Christentum, das sich durch Rückbesinnung auf seine eigene Kultvergangenheit in der jüdischen Religion als ernstzunehmende 'religio` glaubte darzustellen zu müssen. Ja, die neue Situation des Anerkanntseins brachte sogar mit sich, dass spätantike, heidnische Konzeptionen von Religion auf das Christentum übertragen und angewandt wurden. Das hatte auch Auswirkungen auf die Zölibatsforderung, denn im heidnisch- römischen Kult mussten die Priesterinnen (Vestalinnen) ein Keuschheitsgelübde ablegen und ihren Dienst 30 Jahre lang verrichten. Sie genossen zahlreiche Privilegien, die Strafe jedoch, die sie für die Vernachlässigung ihrer Pflicht oder ein gebrochenes Gelübde erwartete, war die schlimmste überhaupt . Sie wurden lebendig begraben.

Es ist anzunehmen, dass dieses Vorbild in die christliche Priesteramtsvorstellung eingewirkt hat. Jedenfalls erwartete die *Frauen* im kirchlichen Dienst, die ebenfalls jungfräulich oder Witwen sein mussten und zur Enthaltsamkeit verpflichtet waren, das gleiche Schicksal, d.h. im Falle des Gelübdebruchs wurden sie und der Partner getötet.

Interessant ist in dieser Hinsicht noch, dass das geistige Oberhaupt der Vestalinnen der Pontifex Maximus war und das heutige geistige Oberhaupt der Katholischen Christenheit als

[16] Henotheismus (gr.-lat.)= liberaler Eingottglaube

Pontifex Maximus bezeichnet wird. [17] *Das ist wohl auch ein Hinweis, wie die heidnischen-römischen Strukturen in die christlichen einwirkten.*

Das Christentum verkam zur Kultgemeinschaft unter Leitung der Kleriker. Das Selbstverständnis der Christen änderte sich dermaßen, dass man von einem „Knick in der Kontinuität" der christlichen Vergangenheit sprechen kann.

Um das Jahr 309 n.Chr., auf der Synode von Elvira, wurde die Enthaltsamkeit der Kleriker erstmals öffentlich gefordert. Der can.33 ist als *ältestes Zölibatsgesetz* anzusehen.[18]

Hier wird den verheirateten Amtsträgern verboten, ihre Ehe fortzusetzen. Die Kinder werden aus dem Klerikerstand ausgeschlossen, die räumliche Trennung von der Ehefrau jedoch nicht verlangt. Diese Bischofsversammlung hatte jedoch nur lokal begrenzten Einfluss.

Unter Kaiser Theodosius kam es zum eigentlichen 'Knick in der Kontinuität' der christlichen Vergangenheit. 380 n.Chr. wurde der Christliche Glaube und zwar *als Glaube an den dreieinigen Gott, der im Sohn Mensch geworden ist,* Staatsreligion.

dass der Glaube von nun an als 'Reichsgesetz' vorgeschrieben war, bedeutete eine Verkennung des Evangeliums und hatte tiefgehende Folgen. Er wurde zu einer 'Ideologie` im ungünstigsten Sinne des Wortes, denn das hatte zur Folge, dass politische Bevorzugung ihn von nun an zu Intoleranz und Imperialismus neigen ließ. Der Unterschied zum Presbyter des 1.und 2. Jh. ist auffällig. Besonders krass wurde er aber mit der Entstehung des Landpriestertums, das das kirchliche Amt in zunehmendem Maße *allein auf den Kult* bezog.[19]

Die Sacerdotalisierung [20] des Amtes unter Theodosian war also nicht mehr unter der mystischen Tiefe der allgemeinen Geisttaufe, dem priesterlichen Charakter des Gottesvolkes zu sehen, sondern einer der Auffassungen ist, sie wie Cyprian und vor ihm schon Tertullian, unter den Bezug zum alttestamentlichen Priestertum zu sehen. Beide verglichen, wie gesagt, die Opferterminologie des AT mit der christlichen Eucharistie.[21]

Als Papst Siricius (Brief v.J.385) von den höheren Weihen Enthaltsamkeit[22] forderte, bezog er sich auf das Reinheitsgebot des AT für die Diener Gottes und erklärte, dass ebenso

[17] Das Rom der Cäsaren: Beschreibung des Forum Romanum, Bonechi Editioni "Il tourismo".
[18] Die erste Gesetzgebung zur Regelung des Priesterlebens war der Kanon 33, der in Wirklichkeit zu einer Sammlung Synodalkanones gehört, die am Ende des 4.Jahrhunderts mit denen von Elvira (nahe dem heutigen Granada /Spanien) verbunden wurden.
[19] Vgl.Schillebeckx,S.174f.
[20] Sacerdotes = Priester
[21] Vgl.Schillebeeckx, S.176.
[22] Ein spanischer Bischof, Himerius von Tarragona, sandte einen Katalog von 15 Fragen an den Papst in Rom. U.a. erkundigte er sich, wie es mit der Enthaltsamkeit der Kleriker zu halten sei.

„Bischöfe, Priester und Diakone rein sein sollen, damit sie jederzeit bereit sind, die Taufe zu spenden oder das heilige Opfer zu feiern.“ [23] (s. Anl.)

Im Jahre 461 n.Chr. wurde diese alttestamentliche Kultmentalität im Canon 1 festgeschrieben. Es heißt: „Wenn nämlich alle Gläubigen gemäß apostolischer Lehre die Keuschheit hüten müssen, so dass die, welche Frauen haben, so leben, als ob sie keine hätten, um wie viel mehr (quanto magis) müssen es die Priester Gottes, sowie die für den Dienst an Gottes Altar bestimmten Leviten tun, damit sie, die nicht nur die Reinheit des Herzens, sondern auch die des Körpers wahren (s. Anl.) bei ihren Gebeten für das Volk Erhörung durch Gott verdienen?

Nach der Autorität des Apostels können jene, die dem Fleisch leben, bei Gott keinen Gefallen finden.“

(Paulus meinte einen dem Diesseitigen, dem Materialistischen verhafteten Menschen, der keine Spiritualität besitzt und damit auch keinen Zugang zu Gott. Dies wurde völlig falsch angewendet).

„Ihr aber lebt nicht im Fleisch, sondern im Geist.“(...) wie viel mehr zieme den Priester und Leviten dauernde Kontinenz, da sie doch stets im Dienst Gottes (Eucharistie und Taufe) stünden.“[24]

Hier stoßen wir auf die Hauptwurzel der seit dem 3.Jahrhundert von Priestern allmählich wie selbstverständlich erwarteten kultischen Notwendigkeit der Enthaltsamkeit.

Bereits im 4.Jh. wurden Mönche und Priester bei Verfehlung mit Exkommunikation bestraft. Die Synode beschloss nun aber, sich mit der Suspension vom Priesteramt zu begnügen.[25]

Es ist noch zu erwähnen, dass ein Nebeneinander von charismatischen Amtsträgern und ordinierten nicht problemlos verlief. Die Kirche betonte deshalb den engen Zusammenhang von Erwählung durch Tugend und Lebenswandel und der Weihe zum Amtsträger.

Ein weiteres Moment dauernder Provokation für die Selbsteinschätzung der Kleriker als ‘heilige Priesterschaft‘ war, wie bereits erwähnt, das asketische Mönchsleben vor allem in Syrien und Ägypten, denn viele Priester waren eben verheiratet und besaßen Kinder.

Als das Christentum zur alleinigen Staatsreligion erhoben wurde, vergrößerte sich die Mitgliedschaft der christlichen Kirche um ein Vielfaches. Es wurde sozusagen modern, sich taufen zu lassen. Das aber brachte mit sich, dass auch viel Oberflächlichkeit hineinkam. Es

---

23 Vgl.König, Dorothee:S.9.
24 Denzler, S.63.
25 Vgl.Denzler, S.63.

war unter diesen Umständen klar, dass nicht das gleiche Maß an makellosem Leben von allen verlangt werden konnte. So sahen die Schwächeren voller Bewunderung zu jenen auf, die dem Anspruch an 'Heiligkeit' Genüge leisten konnten. Durch ihr Beispiel fühlten sie sich entlastet. Sie glaubten von deren Heiligkeit profitieren zu können, wenn sie sie unterstützten und sich in ihrer Nähe aufhielten, - wodurch die Kirche zu Reichtum, Macht und Ansehen kam -, zumal das gespendete Vermögen keiner Besteuerung unterlag.

Das ehelose Leben bildete eine Elite. Die Aufwertung der Askese führte daher im 4.Jahrhundert dazu, dass der Ehestand abgewertet wurde. Besonders die Bischöfe wurden zu Verfechtern von Mönchstum und Askese.

4.2 Das Mittelalter

Im Mittelalter war die Struktur der Kirche wie auch das Priestertum eher bäuerlich. Es unterschied sich sehr von dem erhabenen Priesterbild der Frühzeit, wo der Geistliche ganz seiner hohen geistigen Aufgabe hingegeben war. Zahlreiche Krisen fußen höchstwahrscheinlich auf diesen Umweltbedingungen.

Einen Beweis dafür, dass Kleriker einschließlich der Bischöfe noch im 10.Jahrhundert verheiratet sein konnten und es wohl trotz allem auch waren, bietet der Kanon II der Synode von Augsburg, im Jahre 952 n.Chr. zitiert: „Bischof, Presbyter, Diakon und Subdiakon sollen sich, wie bei vielen Konzilien festgesetzt worden ist, ihren Ehefrauen enthalten, weil sie göttliche Dienste (divina ministeria) vornehmen.“[26]

1179 n. Chr. verwehrten das 3. Laterankonzil Klerikern, „um die Kirche vor Schaden zu bewahren“, jede auch testamentarische Veräußerung von Kirchengut (Can.15).

Papst Innozenz III. (1198-1216) setzte die Eucharistie als Argument ein, um Priestersöhne vom Erbe des väterlichen Benefiziums auszuschließen. „Es sei ungehörig“, so begründete dieser Papst diese Maßnahme, „dass ein 'illegitimer Sohn' seinem 'unsittlichen Vater' am Altar diene, auf dem sich der eingeborene Gottessohn seinem ewigen Vater zum Opfer darbringe.“[27]

Damit wollte man verhindern, dass die Kirchenämter auf dem Wege des Erbes vergeben wurden.

---

[26] Denzler:S.67.
[27] Ebd.

Der Soziologe Max Weber behauptet also nicht ohne Grund, dass neben dem asketischen Aspekt, „in der Vermeidung des faktischen Erblichwerdens der Pfründe“ ein wesentliches Element für den Priesterzölibat zu erkennen sei.[28]

Der Geschlechtsverkehr der Priester mit ihren Frauen wurde für Unkeuschheit gehalten, soweit war es schon gekommen und die Gläubigen fragten sich, ob die Messe überhaupt gültig sei, wenn sie von einem Priester „mit seinen Ehefingern“ die Kommunion in Empfang nehmen mussten. Die Meinung der Theologen ging auseinander. Thomas von Aquino (+1275) entschied jedoch, dass sie gültig sei, da die Sakramente von einem Geweihten vollzogen würden.[29]

Lehramtliche Entscheidungen zur Sakramentenlehre, z.B. die Festlegung der Anzahl 'sieben' - wobei auch die <<Priesterweihe>> zum Sakrament wurde - gab es erst im Hochmittelalter. Da aber erhielt die Tatsache der völligen Enthaltsamkeit durch den Weihecharakter besondere Dringlichkeit.

4.3 Die Reformationszeit

Im 14. und 15. Jh. wurde das Zölibat schlecht gehalten. Infolge der neuen Gesetzgebung verschlechterte sich die Lage insbesondere dadurch, dass an die Stelle der rechtlich nicht mehr möglichen Klerikerehe das Konkubinat trat. Viele Ermahnungen von Bischöfen und Wanderpredigern mussten die Geistlichen über sich ergehen lassen, aber der drastischste Ausspruch kam von Bernardin von Siena (+1444), der als aufrüttelnder Volksprediger durch Italien zog:

„Was hast du mit Frauen zu tun? Was fabelst du am Altar Gottes? Sag Priester, sag Kleriker, wie küsst du mit denselben Lippen den Sohn der Jungfrau (Maria) nachdem du kurz zuvor die Lippen einer Hure geküsst hast? Oh Judas, mit einem Kuss verrätst du den Menschensohn?“[30]

Ein anderes Extrem waren die Bischöfe, die aus Profitgier Priester für jedes illegitime Kind einen sog. Hurenzins zahlen ließen. So ließen sich die bischöflichen Einkünfte gut vermehren.

Die päpstliche Kurie tat dergleichen. Sie ermöglichte Dispens für die Befreiung von der Verpflichtung zum Zölibat gegen eine ansehnliche Summe.

Die Streitfrage, ob der Zölibat des Klerikers auf dem Gesetz der Kirche oder auf einem Gelübde beruhe, wurde nicht ausdrücklich entschieden; doch lässt die Angabe des auf die

[28] Vgl.Denzler, S.98.
[29] Vgl.ebd.
[30] Denzler:S.71.

Kleriker bzw. auf die Regularen bezogenen Verpflichtungsgrundes (Gesetz oder Gelübde) erkennen, dass der Zölibat des Klerikers auf dem Gesetz der Kirche beruht.

Als ein Mann namens 'Tetzel' durch deutsche Lande zog und die frommen Menschen mit dem Spruch: <<Wenn das Geld im Kasten klingt, die Seele in den Himmel springt>> im Namen der kirchlichen Obrigkeit zum Narren hielt, da konnte der Mönch Martin Luther das Gebaren seiner Kirche nicht mehr ertragen. Am 31. Oktober 1517 verfasste er 95 aufklärerische, theologische Thesen, die sich mit der Problematik der Buße befassten und verschickte sie an die zuständigen Bischöfe von Brandenburg, Magdeburg und Mainz. Diese antworteten gar nicht oder unbefriedigend. Als Luther daraufhin seine Reformation immer heftiger betrieb, soweit, dass er den Papst als „Antichristen" bezeichnete, wurde er vor den Reichstag zu Worms geladen, mit der Bannbulle des Papstes bestraft und für 'vogelfrei' erklärt. Luther wollte die Kirche reformieren aber nicht spalten. Durch die Uneinsichtigkeit der katholischen Kirche kam es jedoch zur Verhärtung der Fronten, und die Spaltung ergab sich aus den Anhängern der beiden Glaubensrichtungen. Da Luther von der katholische Kirche exkommuniziert worden war, gehörten seine Anhänger unweigerlich zu den Gegnern der katholischen Kirche. Die Gemeinden, die sie bildeten, bekamen Luthers Namen.

Bezüglich des Zölibats war Martin Luthers Appell, die Ehelosigkeit ebenso wie die Gelübde der Keuschheit bedenkenlos zu ignorieren, wenn deren Erfüllung die natürlichen Kräfte überschreite. Diese 'Empfehlung' beinhaltete gleichzeitig einen massiven Angriff auf die Kirchenautorität selbst, welche die nach Luthers Überzeugung „unbiblische Forderung der Keuschheit mit Gewalt durchsetzen wolle."[31]

Die Priesterehe wurde folglich für 'ein Werkzeug der Reformation' gehalten.

Es kam zu harten Auseinandersetzungen um den Zölibat, der mit der Leugnung des Weihesakramentes (Ordo, Ordination) radikal in Frage gestellt wurde. Der Reichstag zu Nürnberg (1522-1523) lehnte ein Eingreifen gegen den verheirateten Klerus ab, während ein Teil der katholischen Stände zu Regensburg (1524) sich dazu bereit fand, ebenso wie der Reichsabschied zu Augsburg (1530).

Die Vorstellung, die Ehelosigkeit des Priesters als eine Gabe Gottes anzusehen, gründet in den zwölf Canones der großen Kirchenversammlung von Trient (1545-1563), die die Keuschheit der Kleriker über das Ehesakrament stellen und sie als ein Geschenk von Gott bezeichnen.

Diese Auffassung des Konzils blieb richtungsweisend bis in unser Jahrhundert.

Eine neue Möglichkeit den Zölibat besser zu ertragen fand der bayrische Geistliche Bartholomäus Holzhauser (+1658). Er propagierte ein gemeinsames Leben der Priester als ideal. In

[31] Denzler: S.101.

dem von ihm gegründeten „Institut der in Gemeinschaft lebenden Weltpriester", duften jedoch in keiner Weise Frauen beschäftigt werden.[32]

4.4 Die Neuzeit

Die vom Tridentinum[33] ausgehende Reform (Ehe VI 2 c), hat die Einhaltung des Zölibats wirksam beeinflusst.

Zu ernsteren Einbrüchen kam es zur Zeit der Französischen Revolution, in der viele Priester die Möglichkeit einer zivilen Eheschließung nutzten. Auf Weisung Pius` VII. wurden Bußwillige, die vor dem 15.8.1801 geheiratet hatten, von den Zensuren befreit, aber mit dem Verbot, die hl. Weihe auszuüben.

Nach dem 1. Weltkrieg kam in der Tschechoslowakei eine Bewegung (Jednota) gegen den Zölibat auf. Benedikt XV. erklärte (16.12.1920), dass der Hl. Stuhl das Zölibatsgesetz weder mildern noch aufheben werde. (AAS 12 (1920) 585).

Im 19. und 20. Jh. fehlte es nicht an literarischen Angriffen gegen den Zölibat, insbesondere in Frankreich, Deutschland und Italien. An die Väter des II.Vaticanum wurden viele Refomvorschläge herangetragen, doch wurde die Zölibatfrage nicht auf dem Konzil behandelt. Mit der vorgesehenen Wiederherstellung des Diakonates als eigenen und ständigen Dienst, hat das Konzil (De eccl. 29) bestimmt, dass dieser Diakonat Männern reiferen Alters ohne Zölibatspflicht übertragen werden kann."[34]

Die Geschichte des Zölibats zeigt, dass kirchliche Autoritäten u.a. aus sehr praktischen Motiven am Zölibat festhielten.

Kardinal Pallavicini, Staatssekretär Papst Pius`VI. (+1799) bestätigte dies, indem er feststellte:

„Wenn man den Geistlichen die Ehe gestattet, so ist die römische päpstliche Hierarchie zerstört, das Ansehen und die Hoheit des römischen Bischofs verloren; denn verheiratete Geistliche werden durch das Band der Frauen und der Kinder an den Staat gefesselt und hören auf, Anhänger des römischen Stuhls zu sein, auch werden sie genötigt, dem Interesse der Fürsten zuzustimmen. Ferner wird man bald erkennen, dass warme Verehrer und Verteidiger des Hl. Stuhls sich in öffentliche Widersacher desselben verwandeln."[35]

---

32 Denzler, S.105.
33 Tridentinum= Trientiner Reformkonzil (1545-1563)
34 Lexikon für Theologie und Kirche, S.1336ff.
35 A.Auer: Diakonat und Zölibat in: K.Rahner: Diakonia in Christo, S.329.

4.5 Die heutige Zeit

Einen Wandel brachte die außerordentlich konservative Enzyklika *Humanae vitae*, die *die* Stellungnahme der katholischen Kirche zur Empfängnisverhütung und den eheliche Pflichten eines katholischen Christen der heutigen Zeit darstellt.

Obwohl die Gesellschaft ein dringendes Umdenken benötigt, hielt Paul VI., mit seinem Erlaß am traditionellen Denken der katholischen Kirche fest, das Papst Pius XII. seinerzeit folgendermaßen auf den Punkt brachte:

"Wo immer man große Familien findet, sind sie ein Zeichen für die physische und moralische Gesundheit eines christlichen Volkes"... Gesunder Menschenverstand hat große Familien, immer und überall als Zeichen, Beweis und Quelle physischer Gesundheit gesehen. Tugenden blühen spontan in Häusern, wo die Schreie eines Säuglings von der Krippe schallen."[36]

"Humanae vitae" wurde der Welt am 25.7.1968 gegeben, obwohl die Probleme ungewollter Kinder besonders in den Ländern Lateinamerikas und Afrikas nicht zu bewältigen sind. Hunger und Elend dieser Kinder rühren die katholischen Grundsätze nicht an. Obwohl die Empfängnisverhütung nicht allein die Probleme der Welt lösen kann, so ist sie doch ein wichtiger Faktor.

Die Enzyklika aber verurteilt jeden Geschlechtsverkehr, der nicht in der Art stattfindet, dass dabei in direkter Form Sperma und Ei zusammenfinden können. Also jede Art der Verhütung ist schwere Sünde, es sei denn die Verhütung findet durch Enthaltsamkeit statt.

Andererseits wird aber die 'Pflicht zur Weitergabe des Lebens' unterstrichen.

Nach meinem Dafürhalten ist dann die Enthaltsamkeit - auch der Zölibat - gleichfalls schwere Sünde.

Es gibt keine Ausnahmeregelung, egal ob es sich um katastrophale Familienverhältnisse oder eine schwerkranke Mutter vieler Kinder handelt.

Diese extreme Lehre der katholischen Kirche, die durch keinen Bibeltext unterstützt wird, brachte nicht nur viele liberale Katholiken gegen ihre Kirche auf den Plan.

"Papst Paul hat mehr Menschen zu einem Leben in Elend und einem hässlichen Tod verurteilt als Hitler. Die Enzyklika würde zu neuen Ghettos und Konzentrationslagern führen, besonders in Ländern der Dritten Welt."[37]

---

[36] Peter de Rosa: Gottes erste Diener- Die dunklen Seiten des Papsttums- Doermersche Verlagsanstalten Th. Knaur Nachf.- München 1989,S.368.

[37] A.a.O., S.378.

Es war anzunehmen, dass mit dieser Entscheidung, die katholische Kirche künftig als vom Mittelalter übriggeblieben eingestuft, nicht mehr ernst genommen würde und damit ihren moralischen Einfluss in der Welt verlieren würde.

Ein anderes Ergebnis war das, dass Abtreibungen mehr denn je in Betracht gezogen werden müssten.

Diese päpstliche Entscheidung, die ohne den Rat der Kurie, ganz im Alleingang getroffen worden war, riß die Kirche entzwei.

4.5.1 Die Spaltung zwischen Klerus und Laien

Es zeigte sich durch Umfragen, dass die Laien (Kirchenvolk) die Unkenntnis des Klerus in Sachen Sexualität verurteilten. Ein Denken wie: "... ein eheloser Klerus sei trotz all seiner Opfer für die Kirche ein Luxus, den sie sich nicht mehr leisten"[38] könne, kam auf.

Auch war wieder einmal klar geworden, dass der Klerus, in Einsamkeit geschult und versunken, Frauen nicht verstehen kann. Für ihn bedeuten Frauen Versuchung, ein Abfallen von seiner Berufung. Deshalb stellt 'die Frau' in päpstlichen Dokumenten eigentlich immer nur 'die Jungfrau Maria' dar oder besser gesagt, was man ihr andichtet gewesen zu sein. Diese Projektionsfigur allein ist das weibliche Wesen, das keine Gefahr für den Zölibatär darstellt.

Die Spaltung zwischen Kirchenobersten und Laien kann man so ausdrücken:

Im 19.Jh. verurteilten die Päpste ständig die bürgerliche und religiöse Freiheit.

Im 20. Jh. befassen sie sich vor allem mit der Sexualiät und versuchen mit bester Absicht die Freiheit der Menschen in diesem existentiellsten Bereich zu ersticken.

Nicht allein dadurch, aber vor allem deshalb, wird die Kirche nicht mehr geachtet wie vormals.
Was die Kleriker betrifft, so brachte *Humanae vitae* sie auf andere Weise zum Nachdenken. Sie wurden gezwungen ihre eigene Sexualität zu überprüfen.

Es ist anzunehmen, dass die Flut von Anträgen auf Amtsentbindung, die den Vatikan 1962 erreichte, eine Folgeerscheinung war.

Wenn man der Geschichte des Zölibats nachgeht, so kann man feststellen, dass diese Verpflichtung eher die Unmoral, denn die Moral stützte. Sie führte zu Perversion und Heuchelei. Es entspricht nicht der Qualität dieser Arbeit aufzuführen, was sich wirklich auf

---

[38] A.a.O., S. 384.

diesem Gebiet ereignete, aber schon 1825 wurde darüber der erste Bericht geschrieben, dem viele Enthüllungen, auch von qualifizierten Theologen, folgten.

Jedenfalls muss festgestellt werden, dass es nie zuvor von Seiten der Priester soviel Ehrlichkeit gab wie damals. 1962 waren erstmals Priester bereit öffentlich einzugestehen, dass sie nicht fähig sind, den Zölibat durchzuhalten und daher um ihre Entlassung bitten.[39]

Als über die Anträge entschieden wurde, fehlte ein Mitglied der päpstlichen Kommission: Kardinal Wojtyla ließ sich entschuldigen!

Ohne *Humanae vitae* hätte die katholische Kirche durch das II.Vatikanische Konzil einen Riesenschritt vorwärts getan.

Johannes XXIII. hatte erkannt, dass die Kirche selbst einen entscheidenden Beitrag zum Fortschritt der Welt zu leisten hat. Er begriff, dass die Kirche nie vollkommen ist, dass sie immer reformiert und an die Zeit angepasst werden muss. Er berief das II. Vatikanische Konzil ein.

Die Welt, die aus Millionen frommer Männer, Frauen und Kinder besteht, für die die katholische Kirche verantwortlich ist, die ihre Hilfe und Gnade brauchen, die sie allein nur bringen kann, wartete auf die Entscheidungen des II.Vaticanums, das diese Kirche wieder zum "Licht der Völker" (Lumen gentium) machen wollte.

Johannes hörte auf die Welt und sie auf ihn. Er starb zu früh. Paul der VI., sein Nachfolger, wurde mit der Aufgabe über die Sexualität und die Empfängnisverhütung zu entscheiden nicht fertig und fiel mit seinem Erlass 'Humanae Vite' hinter das II. Vaticanum zurück.

Heute sitzt auf dem Stuhl Petri der frühere Kardinal Wojtyla, der die Laisierung der Priester nicht mit unterschreiben wollte. Als Papst Johannes Paul II. bereist er die Welt und wird mit Liebe und Zuneigung empfangen. Das ist ein Zeichen dafür, was das Papsttum für die Welt sein könnte. Doch man hört nicht auf ihn. dass er an einem asketischen Priesterbild festhält und auch in Sachen *Humanae vitae* nicht mit sich reden lässt, hat viele Gläubige Abstand nehmen lassen von ihrer Kirche.

Die Ansicht vieler heutzutage ist die des Bischofs Creighton: "<<Die römische Kirche ist überhaupt keine Kirche, sondern ein Staat in ihrer Organisation; und die schlimmste Form eines Staates: eine Autokratie.>>"[40]

dass noch viele Katholiken glauben von diesem autokratischen Amt zu profitieren, das viel zu viel kostet und das die Christenheit gespalten hat, ist die heutige Grundlage seiner Existenz.

---

[39] Vgl. a.a.O., S.384ff.
[40] A.a.O.; S:536.

dass Katholiken nach dem II. Vaticanum, dass sie wieder zum "Gottesvolk" erklärte, nicht in dem Triumphalismus der Vergangenheit verhaftete blieben, ist in dieser jüngsten Zeit besonders zutage getreten.

4.5.2. Die jüngsten Ereignisse in Pressemeldungen

Die Ereignisse um die Theologen Küng, Drewermann u.a. brachten schon zahlreiche Proteste und Kirchenaustritte, aber die letzten beiden Skandale, nämlich der um die aufgedeckte Pädophilie des Wiener Bischofs Groer und die öffentlich anerkannte Vaterschaft und der damit verbundene Rücktritt des Baseler Bischofs Vogel, brachten das Fass zum Überlaufen.

Das Kirchenvolk gründete eine Initiative: Die katholische Kirche Österreichs startete ein Referendum mit fünf Grundforderungen an den Vatikan:

⇒ Mitspracherecht bei Bischofsernennungen

⇒ Zugang von Frauen zum Priesteramt

⇒ Abschaffung des Pflichtzölibats

⇒ Vorrang der Gewissensfreiheit in der

⇒ Sexualmoral und

⇒ ein Ende des strikten Kommunionsverbotes für wiederverheiratete Geschiedene.

Die Initiative betitelte sich:

"***Wir sind Kirche***".

Der katholische Theologe Thomas Plankensteiner aus Innsbruck, der die Organisation mit initiierte, erklärte: "Es kann nicht mehr sein, dass das Kirchenvolk weiterhin keine Mitsprache haben soll."
Das Ergebnis der als Kirchenvolksbegehren bezeichneten Aktion übertraf die Erwartungen um das Fünffache. Rund 97% der insgesamt 505.154 gültigen Unterschriften wurden in nur 11 Tagen von Katholiken gegeben. 4017 kamen aus dem Ausland. (vgl. Frieder Reimold in: WZ v.6.7.1995, s. Anl.)

Nun wird auch in der Schweiz und in Deutschland eine solche Aktion gestartet.

Ein neues Selbstbewusstsein hat auch bei den Katholiken Einzug gehalten, das ist deutlich daraus zu ersehen.

Am 16.9.-12.11.1995 sollen in den 11.000 deutschen Gemeinden die Unterschriften unzufriedener Katholiken gesammelt werden.

Die Schwerpunkte in Deutschland sind wohl:

1. Die Abschaffung des Pflichtzölibats und

2. die Zulassung von Frauen zum Priesteramt.

(vgl. Artikel der WZ v.24.7.95 o.N.),

Die genauen Ziele und Forderungen sind der nächsten Seite zu entnehmen (eingefügte Anlage: Kirchenvolksbegehren aus dem Publik Forum Nr.16 vom 25.8.95).

Als bisherige Reaktion des Vatikans bzw. des Papstes vermeldete die Presse:

Die Zeitschrift "Weltbild" 5/95:

"In einem neuen Dokument verlangt der Vatikan von den Priestern Glaubenstreue, Gehorsam gegenüber dem Papst und den Bischöfen, einfachen Lebensstil, eine angemessene Kleidung und den Zölibat."

"Weltbild" 6/95:

"Papst Johannes Paul II. hat die Bischöfe ermahnt, unter den Priesteramtsanwärtern eine rigorose Auswahl zu treffen. Es sei besser, man habe weniger geeignete als viele, aber für menschliche Schwächen anfällige Kandidaten."

"WZ" 7/95:

"Künftige katholische Priester sollen wesentlich besser auf aktuelle Probleme von Familien und Eheleuten vorbereitet werden und Themen wie Sexualität oder Aids ausführlicher behandeln. Das sehen Richtlinien für die Ausbildung von Priesteramtskandidaten vor, die im Vatikan veröffentlicht wurden. Als Themen werden unter anderem die pastorale Betreuung homosexueller Personen und das gründliche Studium der natürlichen Methoden der Geburtenregelung genannt.

Außerdem müssten die künftigen Seelsorger auf Fragen der Scheidung, Verhütung, Abtreibung oder künstliche Befruchtung besser vorbereitet werden. Auch Arbeitslosigkeit, neue Formen des ehelichen Zusammenlebens oder die Stellung der Frau sollte umfassender erörtert werden."

"WZ" 19.7.1995:

"Der Vatikan hat neue weitreichende Verhaltensregeln für seine 2000 weltlichen Beschäftigten erlassen, die unter anderem Empfängnisverhütung, Scheidung und die Ehe ohne Trauschein verbieten.(...) So sollen alle sechs Monate Berichte über das Verhalten und die Leistungen jedes Beschäftigten angefertigt werden. Sollte die Beurteilung negativ ausfallen, droht (...) der Verlust des Arbeitsplatzes."

Bernhard Hülsebusch, Rom, schreibt in der

Rheinischen Post vom 17.7.1995:

"Neues Dokument:

Papst rühmt Genius der Frau.

Aber nur Männer können Priester werden.

"... Die Kirche, so der Papst, dankt nicht nur der Frau als Mutter, Tochter, Schwester sowie den Ordensfrauen, sondern ebenso den berufstätigen Frauen: weil sie sich für die Einrichtung wirtschaftlicher und politischer Strukturen engagieren, die mehr Menschlichkeit aufweisen.

(...) Allzu oft habe man in der Geschichte den Weg der Frau erschwert, ihre Würde verkannt oder die Frauen sogar versklavt. Wenn sich dabei auch zahlreiche Söhne der Kirche Schuld aufluden, <<bedaure ich das aufrichtig>>. Scharf verurteilte das Katholikenoberhaupt die sexuelle Gewalt gegenüber Frauen und schneidet in diesem Kontext das heikle Thema von Schwangerschaften infolge von Vergewaltigung an. (...) Nach Vergewaltigung "ist die Entscheidung zur Abtreibung, die freilich immer eine schwere Sünde bleibt, eher ein Verbrechen, das dem Mann und der Mitwirkung des Umfeldes anzulasten ist, als eine den Frauen aufzuerlegende Schuld."

"WZ" vom 21.6.1995:

Zum gleichen Thema :

"Der Papst fordert (...) nachdrücklich gleiche Rechte für Mann und Frau. "Und das heißt gleichen Lohn für gleiche Arbeit, Schutz der berufstätigen Mutter, gerechtes Vorankommen in der Berufslaufbahn, Gleichheit der Eheleute im Familienrecht und die Anerkennung von allem, was mit den Rechten und Pflichten des Staatsbürgers in einer Demokratie zusammenhängt." (...) Frauen, die nach einer Vergewaltigung ein Kind geboren haben zollte er ein Lob für "heldenhafte Liebe."

Wie aus den zitierten Zeitungsartikeln zu ersehen ist, tut sich einiges im Vatikan. Aber im eigentlichen hat der Papst nur anerkannt, was z.B. in der Bundesrepublik bereits seit Jahrzehnten in den allgemeinen Gesetzen verankert ist. Durch seine nunmehr ausdrückliche Bekenntnis dazu, wird dies für die ganze Welt relevant, und insofern ist er wieder Vorreiter für die Menschenrechte.

Ich denke, im rechten Augenblick, wo es in Nordeuropa zu Unruhen unter den Gläubigen kommt, versucht er abzulenken und andere Probleme in den Mittelpunkt zu bringen. Er will den Gläubigen beweisen, dass er einzulenken bereit ist, wo es für ihn möglich ist. Er reagiert aber zugleich mit Strenge, wo es um die Prinzipien seines eigenen Welt-, Glaubens- und Priesterbildes geht. Just in der Zeit massiven Aufbegehrens macht er durch einen Erlass im Hinblick auf die Angestellten des Vatikans klar, was seine Position ist und was zu erwarten ist.

Das Fernsehen brachte in den Nachrichten seine Antwort auf das Referendum der Österreicher:

Als Instanz ewiger Wahrheit könne die Kirche nicht mit der Mode gehen. Sie wisse besser, was gut sei für die Gläubigen. Die Länder des Nordens seien durch ihren Wohlstand moralisch nicht relevant.(dem Sinn nach wiedergegeben)

Weitere Reaktionen der Presse entnommen:

Hansjakob Stehle stellt dazu in "Die Zeit" Nr.29 v.14.7.1995 fest:

"Tatsächlich aber wirkt in den Forderungen nichts anderes als jener Impuls, der vor drei Jahrzehnten schon beim Zweiten Vatikanischen Konzil manche Mauern durchbrach, hinter denen sich die Papstkirche bis dahin von der modernen Welt abgeschottet hatte. Damals bekehrte sich die Kirche erstmals zu "Achtung und Liebe" auch gegenüber religiös Andersdenkenden und entdeckte in den "Laien, die am priesterlichen Amt Christi teilhaben", etwas Uraltes, lange fast Vergessenes: das "Gottesvolk". Vieles, wenn auch nicht alles von diesem Konzilsgeist der innerkirchlichen Reform und des Aufbruchs hat sich seit dem verflüchtigt. Denn so überirdisch jede Religion die Menschen anspricht, sowenig schwebt sie im luftleeren Raum. Sie existiert wie die Politik, im zeitgeschichtlichen Raum."

"Joseph Ratzinger, (Dogmenhüter im Vatikan", zu damaliger Zeit noch "Professor in Regensburg und Konzilsberater, meinte schon 1970, man müsse den soziologisch missverstandenen Volk-Gottes-Begriff, so schnell wie möglich wieder aus der Debatte verschwinden lassen.

Eben dies misslang.(...)

<<*'Wir sind die Kirche'* - das ist keine Kampfparole, sondern eine theologische Wahrheit >>, so bekannte dieser Tage der Wiener Weihbischof Helmut Krätzl.

Und Johann Weber, der Vorsitzende der Österreichischen Bischofskonferenz will Fehler eingestehen, Konfliktscheu aufgeben und über alles, auch Pillenverbot und Zölibatsgebot, mit sich reden lassen (...). Derselbe Bischof hatte schon (...) am 2.Okt.1971 (...) vor der Weltbischofssynode in Rom vor jedem "künstlichen Optimismus" bei der Betrachtung der Priestersituation gewarnt: <<Die Gefahr besteht, dass viele junge Geistliche ihr Amt verlassen...Behandeln wir sie doch nicht wie Kinder, wie unreife Knaben!... Viele Seminare sind schon fast leer. In dieser Lage genügt nicht die bloße Wiederholung der traditionellen

Doktrin... Es genügt nicht, die Schuld außerhalb der Kirche zu suchen. Der Geist Christi ist der Geist der Erneuerung.>>

Der Priester, wie einst als asketische Sakralfigur idealisiert, braucht keine Frau. Heute jedoch müsste ein wirklich befreiendes Wort zum Zölibatsproblem aus Rom kommen. Kann es so schwerfallen, wenn die Streitfrage gar keine dogmatische ist?

(...) Der Papst jedoch klammert sich an sein eigenes Priester- und Frauenbild.

(...) Der << Rollenunterschied >> gehöre eben zur sakralen Ordnung...

Ob sich das eigene Rollenverständnis des Papstes von einem deutschen Volksbegehren katholischer "Protestanten" korrigieren ließe? (...) Karol Wojtyla weiß, dass Irren so päpstlich wie menschlich ist und sein Traum von Neuevangelisierung der Glaubwürdigkeit so dringend bedarf... ."

Dem ist meinerseits nichts mehr hinzuzufügen.

Weil die Thematik zur Zeit unter den Nägeln brennt und der Volksentscheid in Deutschland und in der Schweiz vor der Tür steht, will ich erwähnen, dass ich dieses Kapitel am 29.7.95 fertiggestellt habe und die Entscheidung über das Volksbegehren vom Abgabetermin dieser Arbeit her gesehen, nicht mit aufnehmen kann.

Eine Voraussicht schreibt die Rheinische Post vom 18.7.1995 :

Die Präsidentin des Zentralkomitees der deutschen Katholiken, Rita Waschbüsch, erklärte zum Thema Zölibat: Der Zölibat sei auch heute noch eine wertvolle und lebbare Lebensform, aber es werde zurecht auch darüber diskutiert, ob die katholische Kirche angesichts des Priestermangels in der Seelsorge eine Öffnung für verheiratete Priester vornehmen solle und könne. Zu dieser Frage liegt ein Beschlusspapier des ZdK vor, das auf der gemeinsamen Sitzung mit der Deutschen Bischofskonferenz im Herbst erörtert werden solle. In dem Positionspapier würden die Bischöfe gebeten, über das Thema Zölibat weiter sorgfältig mit der Amtskirche in Rom zu beraten."

Zu dem Volksbegehren *'Wir sind Kirche'* meinte Frau Waschbüsch: „Ich habe nicht den Eindruck, dass das die Leute vom Hocker reißt."

WZ 3.8.95:

3 von 4 Deutschen Katholiken (76 %) halten das Kirchenvolksbegehren zur Reform der katholischen Amtskirche für richtig. Das ist das Umfrageergebnis unter 1005 repräsentativ ausgewählten Mitgliedern der katholischen Kirche.

NRZ 3.8.95

Die NRZ ergänzt den Artikel noch mit der Angabe, dass 84 % der Befragten das Eheverbot für katholische Priester (Zölibat) für falsch ansehen und 85 % die Unfehlbarkeit des Papstes anzweifeln.

September 1995:

Leider wird aber verlautbar[41] , dass die meisten Bischöfe in Deutschland sich einige sind, das Auslegen der Unterschriftenlisten in kirchlichen Räumlichkeiten, kraft ihrer Autorität, zu boykottieren. "Insbesondere dürfe nicht in Gottesdiensten dafür geworben werden."[42] Der Vorsitzende der Bischofskonferenz, Lehmann, äußerte in einem Zeitungsinterview <<erhebliche Bedenken>> zum Inhalt und Verfahren der Aktion. Er hält es verfahrensmäßig für schlimm, den Eindruck zu erwecken, <<bei so schwierigen Fragen wie Priestertum der Frau, Aufhebung des Zölibats oder Demokratie in der Kirche genüge es, in einem Kästchen ein Kreuz zu machen>>. Das gäbe kein Gespräch, keinen Dialog. Inhaltlich kritisierte der Mainzer Bischof an der Aktion, dass <<man Kraft und Zeit vergeude, wenn man nur die Themen, die ja bis zum Überdruss im Vordergrund stehen, behandelt.>> Er frage sich, wo andere Themen wie die <<wirkliche Glaubenskrise, die Glaubenserneuerung>> blieben. Mit Hinweis auf das päpstliche Lehramt betonte Lehmann, man müsse als Katholik respektieren, <<dass es Disziplin und verbindliche Entscheidungen gibt.>>

Der Kölner Erzbischof Kardinal Meisner gab folgenden Rundbrief an die Verantwortlichen in den Gemeinden seiner Diözese heraus: (s. Anl.)

Er stellt also die Initiative <<*Wir sind Kirche*>> als etwas von außen Eindringendes dar. Es geht hier nicht um wahre gläubige Katholiken, es geht nicht um den wahren katholischen Glauben, sondern hier wollen Außenstehende die katholischen Grundstrukturen nicht respektieren. Sie sind so kirchenfern, dass sie davon gar nicht recht etwas verstehen. Sie gehen also von Voraussetzungen aus, die gar nicht gegeben sind und daher ist die ganze groß aufgezogene Angelegenheit von vornherein zum Scheitern verurteilt. Der wahre katholische Glaube steht dadurch in Gefahr, mit fremdem Gedankengut entartet zu werden. Alle Fortschritte, die doch nun durch die Pastoralgespräche gemacht wurden, sind bedroht. Demokratie ist im Katholizismus nicht möglich. Entscheidungen über Veränderungen werden nicht von der Masse bestimmt, sondern nur von den dafür ausgewählten Gremien. Das weiß doch jeder gute Katholik. Von Anfang an weiß also ein jeder, dass dieses Unterfangen nicht nur unsinnig ist, sondern auch noch zunichte macht, was schon an Fortschritt erreicht wurde. So ist, m.E., der Brief zu verstehen. Wieso eigentlich kann etwas bedrohlich sein oder

---

41 Artikel der Rheinischen Post, Dienstag, den 5.9.1995.
42 Ebd.

negative Veränderungen mit sich ziehen, wenn es doch sowieso keine Chance hat, weil es am Ziel vorbei schießt?

Jeder, der nun diese Listen auslegt, muss sich schuldig fühlen, nicht nur die katholische Glaubenslehre zu gefährden, sondern sich auch noch für ein eventuelles Scheitern der Pastoralgespräche verantwortlich fühlen. Ein strategisch sehr raffiniertes Vorgehen. Kein direktes Verbot, viel schlimmer, ein moralisches Anprangern desjenigen, der sich mit den Zielen bzw. mit der Initiative solidarisch erklärt oder sie unterstützt.

Den Initiatoren aber geht es darum, dass Kirche ein weniger <<männliches, dafür aber menschliches Gesicht>> bekommt. Der Theologe Hans Küng sagte, dass die Kirche sich nicht wundern müsse, dass sie die Sympathie vieler Menschen verloren habe. "Der gesamte Klerus sei total überaltert. Als Reaktion darauf seien Hunderttausende aus der Kirche ausgetreten und <<Millionen in die innere Emigration gegangen>>. Küng richtete den Appell an die deutschen Bischöfe, sich dem Druck des Vatikans zu entziehen, denn sie seien nicht <<römische Stadthalter, sondern Diener des Volkes>>.[43]

„Die Kirche kann sich nicht der Mode anpassen", verlautete es aus dem Vatikan. Da kann man nur noch kopfschüttelnd antworten: Hätte es etwas damit zu tun, sich "der Mode anzupassen", wenn die Kirche auf die Bedürfnisse der Zeit sorgsam achten würde. muss eine so gewaltige Institution wie die katholische Kirche, die den Anspruch erheben kann eine der größten gesellschaftsformende Einrichtung dieser Welt zu sein, sich nicht auch mit den Erkenntnissen der Humanwissenschaften befassen, um die Menschen in dieser konkreten Zeit mit ihren eben ganz dieser Epoche angepassten Ängsten und Sorgen auffangen zu können? Statt dessen hält sie an einem Glaubens- und Weltbild vergangener Jahrhunderte fest und verschließt sich zwanghaft und autokratisch jeder wirklichen Erneuerung. Diese Haltung, in der man den aufgeklärten, gebildeten und dadurch kritischen Menschen unserer Zeit wirklich nicht mehr begegnen kann, hat ja bedingt, dass christliche Werte verfielen. Wenn die verkündende Institution nicht mehr ernst zu nehmen ist, können die von ihr vertretenen Normen und Werte auch nicht mehr greifen. Da beantwortet sich die Frage, die Erzbischof Lehmann stellt. Es wird klar, dass alles miteinander verwoben ist:

Seit Feuerbachs Anthropologie und der marxistischen Lehre, die u.a. eine Auswirkung der Industrialisierung in Europa waren, trat der Intellekt des Menschen an die Stelle von Glauben und Unterwerfung. Zunehmender Wohlstand und der technische Fortschritt bestätigten den Menschen in seinen geistigen Fähigkeiten und gaben ihm scheinbar immer mehr Macht über die natürlichen Vorgänge zu herrschen. Das Streben nach Weltlichem überflügelte das Bedürfnis nach Gott. Ein gesellschaftlicher Zustand der zunehmenden Isolierung des

[43] Vgl. Artikel der Rheinischen Post, Samstag, den 16.9.1995.

einzelnen und der Alten, allgemeiner Egoismus, Hoffnungslosigkeit und Lieblosigkeit ist nun Folge davon.

In diese Krise menschlicher Grundbedürftigkeiten hinein 'strahlt' kein Zeichen, das Einsamkeit und Enthaltsamkeit zum Inhalt hat! Menschen, die an der Kälte und Isolierung dieser verrationalisierten Welt leiden und denen im Grunde nur eine Vision von Menschlichkeit und Heilsein durch tätige Liebe helfen kann, können dem Zölibat nur verständnislos und ablehnend gegenüberstehen.

Die vielen 'Singles' -die ja nicht selten aus zerstörten Partnerschaften kommen und ihr nun vereinsamtes Leben ziemlich unglücklich 'ertragen' oder diejenigen, die sich ihre Lebensform - gar nicht so bewusst - gewählt haben, wie sie glauben, stehen dem Zölibat entweder neutral gegenüber, da sie ja selbst so leben oder sie leiden mit diesen 'armen Zölibatären' mit, da sie sich ja gut in diese Situation einfühlen können.

Eines sollte klar sein, das immer mehr um sich greifende Singletum und die zunehmenden Scheidungen verkörpern nur die zeittypische Bindungsunfähigkeit, die eine Folge von Ungeborgenheit und Lieblosigkeit ist.

Was sollte also eine solche Gesellschaft mit diesem 'Zeichen' anfangen? Solange sie sich noch darüber aufregt, würde ich sagen, ist es wenigstens bewusstseinsbildend und dient dazu, das Bedürfnis nach Reform zu fördern. Das ist das einzig Positive und Gesellschaftsfördernde, was ich daran entdecken kann.

Ansonsten wertet die Heiligung des asexuellen Lebens, ob zugegeben oder nicht, auf jeden Fall die Ehe ab, weil sie ja indirekt sagt: Sexualität ist unrein.

Also, das einzige, was diese Gesellschaft retten kann, nämlich, dass sie wieder eine gesunde Einstellung zu Partnerschaft, Ehe und Familie entwickelt, wird durch die Verherrlichung des widernatürlichen Alleinlebens unterminiert. Die Angst vor der konkreten Liebe wird noch unterstrichen, weil der Zölibat ja ein Zeichen dafür setzt, dass es soviel besser ist, sich nicht darauf einzulassen, eine Hingabe an eine konkrete Liebe zu riskieren. Und solch eine Denkweise wird dann auch noch Christus unterstellt.

Um so tiefer man in diese Thematik einsteigt, um so mehr wird einem klar, was für Verirrungen in dieser Kirche passiert sind und wieviel mehr negative als positive Auswirkungen der Zölibat hat.

Die Obrigkeit der katholischen Kirche hat in ihrer Selbstherrlichkeit den Anschluss verpasst. Sie versteht die Welt nicht mehr, im wahrsten Sinne des Wortes. Solange aber dieser <<überaltete Klerus>> das Sagen hat, wird sie ihre Scheuklappen nicht abnehmen. Was nützen da die vielen wahrhaft bemühten Priester an der Basis, wenn ihnen ständig Fesseln angelegt werden und sie damit oft genug der Unglaubwürdigkeit ausgeliefert werden.

Lieber wenig Priester, aber dafür solche, die für das Leben im Zölibat geeignet sind, ist sinngemäß wiedergegeben, ein Ausspruch des Papstes in diesen Tagen. <<Wer`s fassen kann, der fasse es!>> kann ich da nur mit Jesus sagen. Was ist denn wichtiger, der Zölibat oder die Menschen, die Glaubensverkündung und - Betreuung benötigen?

Diktatorische Regime haben immer Angst vor Kritik, deshalb müssen sie autoritär sein. Sie müssen die Meinungsfreiheit zu ihrem Selbsterhalt verbieten und ihre 'Untertanen' dumm halten. Nur funktioniert das heute, in unserer demokratischen Gesellschaft, nicht mehr. Die zunehmenden Kirchenaustritte und die Kirchenvolksbegehren der jüngsten Zeit bestätigen diese Feststellung.

Die 'pastoralen Gespräche', die zur Zeit laufen, die zeigen sollen, dass die Kirche ihre Schwierigkeiten unter Anhörung der Gläubigen lösen will und nun als Grund angegeben werden für den Versuch des Unterbindens der Auslegung der Unterschriftenlisten in den Kirchen, könnten durch die Ergebnisse des Kirchenvolksbegehrens auch die Bedürfnisse der Menschen erfassen, die schon lange resigniert abseits stehen. Das aber ist so ja wohl gar nicht beabsichtigt, denn diese, zwar nicht anonyme, aber doch freiere Möglichkeit der Äußerung, ergibt sicherlich ein ganz anderes Ergebnis. Warum? Weil an den Gesprächen innerhalb der Pfarre im allgemeinen nur die Kirchennahen teilnehmen, die eben oft die besonders Konservativen sind. Die, die resigniert haben, weil sie sich in dieser Kirche nicht wiederfinden, kommen nicht zu Wort. Wie soll sich da etwas ändern? Außerdem ist auch kaum anzunehmen, dass extrem andere Meinungen zum Zuge kommen, als der harte Kern der Gemeinde hören will, weil man sich unter den Augen des Pastors und des ehrenwerten Pfarrgemeinderates wohl kaum zutrauen wird, 'aufwieglerische Reden' zu führen.

Wenn also die Kirche die freie Meinungsäußerung so zu fürchten hat, dass sie sie boykottieren muss, dann beweist das ihre Angst vor dem Fall. Wahrscheinlich aber muss dieser 'Fall' erst sein.

So endet dieser Teil meiner Arbeit mit der Feststellung: Seit 900 Jahren hat sich endlich etwas getan. Die Menschen haben sich verändert. Sie lassen sich nicht mehr unterdrücken. Sie bieten dieser Kirche die Stirn.

Das gibt zumindest Hoffnung, dass Veränderungen erzwungen werden.

4.6 Zölibat und Recht

Welche entscheidende Rolle das Recht - oft genug auch das Unrecht - in der Geschichte des Zölibats spielte, werden wir im anschließenden Teil verfolgen können.

Seit dem II.Vatikanischen Konzil wird die theologische Motivierung für den Zölibat stark betont, jedoch ohne **das Gesetz** wäre der Zölibat nicht das, was er ist. Durch die Rechtsordnung wird der Zölibat *konstituiert*, nicht bloß geregelt. Ohne die Rechtsordnung gäbe es sicherlich ehelose Priester, die aber nicht zu diesem Stand verpflichtet wären und daher auch verheiratete.

„Der Zölibat wird durch rechtliche Sanktionen durchgesetzt:

Weihehindernis, Ehehindernis, Strafen.

Ohne diese bliebe die Verpflichtung der freien moralischen Verantwortung überlassen, Vergehen zögen keine Folgen in der kirchlichen Rechtsgemeinschaft nach sich.

Die Zölibatspflicht wird, wenn überhaupt, rechtlich aufgehoben. Ohne Sanktionen und Regelung der Aufhebung könnte auch der verpflichtete Priester ungehindert eine gültige Ehe eingehen.“[44]

Die Rechtslage zu klären, ist ein wichtiger Punkt in der Zölibatsdiskussion. Ich will daher die mir am wichtigsten erscheinenden Gesetze aufführen und gleichzeitig darstellen, mit welcher Gesetzgebung das 'Charisma der Ehelosigkeit' auch im Jahre 1983 noch erhalten werden soll.

4.6.1 Das katholische Kirchengesetz

Das katholische Kirchenrecht ordnet den Vollzug der Kirche als Gemeinschaft.

Hierzu ist gleich zu bemerken, dass nach Art.137 RV[45] und den entsprechenden neuen Länderverfassungen jede Religionsgemeinschaft *ihre* Angelegenheiten selbständig innerhalb der Schranken des für alle geltenden Gesetzes ordnet und verwaltet. Zurückzuführen ist die Anerkennung des kirchlichen Selbstbestimmungsrechtes auf die Trennung von Staat und Kirche nach Art.137 Abs.3 WeimRV in Verbindung mit Art.140 GG, die *lex regia* des Staatskirchenrechtes *(M. Heckel)*.[46]

Die Autonomie der Kirche erstreckt sich daher personell nur auf die Angehörigen der Religionsgesellschaft und sachlich nur auf rein kirchliche Angelegenheiten. Der Zölibat ist

---

44 Hans Heimerl: Der Zölibat- Recht und Gerechtigkeit- Springer Verlag, Wien, New York, 1985, S.9.
45 Weimarer Reichsverfassung
46 Adalbert Erler: Kirchenrecht, 5. Aufl. C.H.Beck`sche Verlagsbuchhandlung München 1983, S.104.

eine rein kirchliche Angelegenheit und betrifft zunächst nur die Angehörigen dieser Religionsgemeinschaft. So wäre im Vorhinein die Frage: *„Wieso lässt der Staat eine Gesetzgebung wie die, die zur Einhaltung der Verpflichtung des Zölibats sanktionierende Wirkung hat und im eigentlichen gegen die Menschenrechte verstößt?"*, *zu*, bereits beantwortet.

Da aber die Auswirkungen des Zölibatsgesetzes auch in die staatlich - weltliche Interessensphäre eingreifen, z.B.,

- wenn ein Priester als Strafmaßnahme sein Amt verlassen muss und über kurz oder lang, trotz vorläufiger Hilfsmaßnahmen der Kirche, die Sozialhilfe in Anspruch nehmen muss,
- wenn ein Priester selbst durch das Gesetz psychischen Schaden nimmt und deshalb nach dem CIC aus dem Beruf ausscheiden muss.
- wenn ein Priester, um eben diesen Schaden nicht zu nehmen, freiwillig ausscheidet und dann zunächst dem Sozialamt zur Last fallen muss,
- wenn eine Frau durch das Verhalten eines Priesters, der sie nach anfänglicher Liebesbeziehung verlässt, um dem Zölibatsgesetz Genüge zu tun, psychischen Schaden erleidet und arbeitsunfähig wird,
- wenn ein Priester ein Kind gezeugt hat und das Kind nicht anerkennt, so dass die Angelegenheit strittig wird, die Kirche keinen Unterhalt zahlt, das Jugendamt und das Sozialamt tätig werden muss, etc.etc...

Man könnte noch viele Möglichkeiten der Berührungspunkte von Kirchengesetz und allgemeinem Gesetz konstruieren bzw. aufzeigen.

Das alles sind nach meinem Dafürhalten Fakten, bei denen nicht nur Menschenrechte verletzt werden, sondern auch staatliche Gesetze in Kraft treten müssen, weil der Priester als Staatsbürger dem allgemeinen Gesetz untersteht und auch die Vorzüge des Staates ggf. in Anspruch nehmen muss.

Das Kirchenrecht unterscheidet zwischen göttlichem Recht und Gewohnheitsrecht. Das göttliche Recht ist in der Offenbarung Gottes (AT und NT) mitgeteilt oder Teil des Naturrechts.[47]

Das Naturrecht ergibt sich aus der Art menschlichen Erschaffenseins, aus der Geistigkeit, der Freiheit, der Bezogenheit auf Gott, der Geschichtlichkeit, der Bezogenheit auf den Mitmenschen, der Zweigeschlechtlichkeit.

Das Naturrecht ist die Summe dieser Rechte und Pflichten im ethischen Sinne.[48]

---

[47] Vgl. Rudolf Fischer-Wollpert: Wissen Sie Bescheid? Lexikon religiöser und weltan- schaulicher Fragen, Verlag Friedrich Pustet, Regensburg 1980.S.287.

Auf das Gewohnheitsrecht geht der Can.24 ff besonders ein. Ich werde an gegebener Stelle darüber berichten.

Wie allerdings in einem solchen Rahmen ein Zölibatsgesetz existieren kann und entsprechende Sanktionen gesetzmäßig verankert sein können, ist mir unverständlich.

Das zur Zeit gültige Kirchenrecht der römisch-katholischen Kirche ist im Codex Iuris Canonici (CIC oder Kanon genannt) niedergelegt, der 1983 in Kraft trat.

4.6.2 Die wichtigsten für den Zölibat relevanten Gesetze des Codex Iuris Canonici von 1983[49]

Im Hinblick auf das Thema Zölibat und Folgen möchte ich aus dem angegebenen Kirchengesetz zitieren und gleichzeitig kurz kommentieren.

Ich schicke voraus, dass davon auszugehen ist, dass der Zölibat ein aus der Gewohnheit entstandenes Gesetz des Hl. Stuhls ist.

Can. 24

§ 1. Keine Gewohnheit kann die Kraft eines Gesetzes verlangen, die dem göttlichen Recht zuwiderläuft.

§ 2. Eine widergesetzliche und außergesetzliche Gewohnheit kann die Kraft eines Gesetzes nur erlangen, wenn sie vernünftig ist; eine Gewohnheit aber, die im Recht ausdrücklich verworfen wird, ist nicht vernünftig.

Zu § 1 möchte ich bemerken, dass die Gewohnheit, die das Zölibatsgesetz hervorbrachte, dem Naturrecht des Menschen, nämlich dem Recht auf Ehe und Befriedigung seiner natürlichen Bedürfnisse zuwiderläuft.- Ein Teil des göttlichen Rechtes ist das Naturrecht.- Damit wäre also ein Zölibatsgesetz widergesetzlich.

§ 2 spricht nun davon, dass eine widergesetzliche Gewohnheit Gesetz werden kann, wenn sie *vernünftig* ist. Unter dem Begriff 'Vernunft' versteht die katholische Kirche, keine rationale, sondern eine „vom Lichte des Glaubens erleuchtete“ Vernunft.[50]

Vernünftig ist folglich, was der Kirche dient, denn der gläubige Katholik soll seine Kirche lieben und „um so mehr er sie liebt, um so mehr ist er vom Heiligen Geist erleuchtet“, so

---

48 A.a.O.,S.385.

49 CODEX IURIS CANONICI, Auctoritate Ioannis Pauli PP.II Promulatus, Libreria Editrice Vaticana M.DCCCC.LXXXIII, Lateinisch-deutsche Ausgabe, Hrsg. im Auftrage der Deutschen und der Berliner Bischofskonferenz ua., Verlag Butzon & Bercker Kevelaer.

50 Josef Listl: Grundriß des nachkonziliarischen Kirchenrechts, Pustet Verlag, Regensburg 1979, S.62.

steht es im Art.9 des Dekrets über die Ausbildung von Priestern.[51] dass der Zölibat der Kirche dient, wird ständig betont. Insofern ist der Zölibat also als Gesetz zulässig!?

Can.27 - Die Gewohnheit ist die beste Auslegerin der Gesetze.

Can.28 - Unbeschadet der Vorschrift des Can.5 wird eine widergesetzliche oder außergesetzliche Gewohnheit durch eine entgegengesetzte Gewohnheit widerrufen; ein Gesetz jedoch widerruft nicht hundertjährige oder unvordenkliche Gewohnheiten, noch widerruft ein allgemeines Gesetz partikulare Gewohnheiten, wenn es diese nicht ausdrücklich erwähnt.

Mein Kommentar dazu kann nur sein, dass der Zölibat eine von diesen *unvordenklichen* Gewohnheiten ist. Er besteht als Gesetz ja schon seit ca. 900 Jahren -. Aber diese Einstellung, die die Gewohnheit zur besten Gesetzesauslegerin macht und kodifiziert, dass eben an althergebrachten Gewohnheiten auf jeden Fall festzuhalten sei, entlarvt einmal mehr die Unbeweglichkeit und den Starrsinn der katholischen Kirche. Wo bleibt hier der soziale Reifeprozess? Gewohnheiten bauen auf gesellschaftlichem und geistigem Niveau früherer Zeiten auf und müssen in ihrem Kontext gesehen werden. Man bedenke, wie selten in der Geschichte zu verzeichnen ist, dass nach dem höchstmöglichen Stand der Ethik gedacht und gehandelt wurde.

Und hier haben wir m.E. den Hauptgrund, warum die katholische Kirche heutzutage von Millionen von Gläubigen angeklagt wird. Sie hält fest an ihren Gewohnheiten, verbietet - trotz der Einsichten des II.Vatikanischen Konzils, das ein kritisches „Volk Gottes“ immerhin zulassen wollte - in ihren Gesetzen noch immer öffentliche verbale und schriftliche Kritik. Papst und Kurie wollen einfach nicht die alten Gewohnheiten hinterfragen.

Die Spaltung zwischen ‘Kirche von unten’ (pastoralen Entscheidungen) und ‘Kirche von oben’ (autoritär, konservativ und unbeweglich) ist enorm und gibt gleichzeitig einer gewissen Heuchelei Raum (Jein), was die Kirche unglaubwürdig macht.

Can.207

§ 1. Kraft göttlicher Weisung gibt es in der Kirche unter den Gläubigen geistliche Amtsträger, die im Recht auch Kleriker genannt werden; die übrigen heißen auch Laien.

§ 2. In diesen Gruppen gibt es Gläubige, die sich durch das von der Kirche anerkannte und geordnete Bekenntnis zu den evangelischen Räten durch Gelübde oder andere heilige Bindungen, je nach ihrer besonderen Weise, Gott weihen und der Heilssendung der Kirche dienen; auch wenn deren Stand nicht zur hierarchischen Struktur der Kirche gehört, ist es dennoch für ihr Leben und ihre Heiligkeit bedeutsam.

---

[51] Lexikon für Theologie und Kirche, 2. Aufl.: Das Zweite Vatikanische Konzil, Hrsg. Heinrich Suso Brechter u.a., Verlag Herder, Freiburg, Basel, Wien 1967, S.331.

Hier fällt mir besonders die Einstellung zur Heiligkeit des Menschen auf. (Kommentar: Paulus sagt: Ihr seid alle Heilige.) Hier aber wird klar, dass nach Auffassung der katholischen Kirche, der Zölibat bzw. die Gelübde der 'evangelischen Räte', den Menschen um so *heiliger* machen.

Der nun aufgeführte Canon ist derjenige, der dafür verantwortlich ist, dass Priesteramt und Zölibat ohne Koppelung nicht möglich sind, denn die Weihe zum Diakon (niedere Weihe) geht der Priesterweihe unweigerlich voraus.

Can.1037

Ein unverheirateter Weihebewerber für den ständigen Diakonat und ebenso ein Weihebewerber für den Presbyterat dürfen zur Diakonenweihe erst zugelassen werden, wenn sie nach dem vorgeschriebenen Ritus öffentlich vor Gott und der Kirche die Zölibatsverpflichtung übernommen bzw. die ewigen Gelübde in einem Ordensinstitut abgelegt haben.

Die folgende Canones begründen den Zölibat bzw. die 'evangelischen Räte' und erklären, man beachte genau, da das der Öffentlichkeit oft nicht klar ist, dass es sich nicht nur um Ehelosigkeit handelt, sondern um *vollkommene Keuschheit.*

Can. 599

- Der um des Himmelreiches willen übernommene 'evangelische Rat`[52] der Keuschheit, der ein Zeichen der künftigen Welt und eine Quelle reicherer Fruchtbarkeit eines ungeteilten Herzens ist, bringt die Verpflichtung zu vollkommener Enthaltsamkeit im Zölibat mit sich.

Can.277 § 1. - Die Kleriker sind gehalten, vollkommene und immerwährende Enthaltsamkeit um des Himmelreiches willen zu wahren; deshalb sind sie zum Zölibat verpflichtet, der eine besondere Gabe Gottes ist, durch welche die geistlichen Amtsträger leichter, mit ungeteiltem Herzen Christus anhangen und sich freier dem Dienst an Gott und den Menschen widmen können.

§ 2. - Die Kleriker haben sich mit der gebotenen Klugheit gegenüber Personen zu verhalten, mit denen umzugehen die Pflicht zur Bewahrung der Enthaltsamkeit in Gefahr bringen oder bei den Gläubigen Anstoß erregen könnte.

§ 3. - Dem Diözesanbischof steht es zu, darüber eingehende Normen zu erlassen und über die Einhaltung dieser Pflicht in Einzelfällen zu urteilen.

Nach den Verhaltensvorsorgeregelungen kommen nun die Sanktionen:

---

[52] Die Gelübde der Mönche und Nonnen werden mit dem Begriff:'evangelische Räte' bezeichnet. Sie beinhalten: Keuschheit, Armut und Demut sowie den Gehorsam gegenüber Gott.

Can.184

§ 1. Ein Kirchenamt geht verloren (...) durch Amtsenthebung(...).

Amtsenthebung kann erfolgen z.B. bei:

Can.1741

1° Verhaltensweisen, die für die kirchliche Gemeinschaft (...) Verwirrung verursachen; (...)

3° Verlust des guten Rufes bei rechtschaffenen und angesehenen Pfarrangehörigen oder Abneigungen gegen den Pfarrer, die voraussichtlich nicht so bald aufgehoben werden;

Irregularität :

Can.1087

Ungültig schließen die Ehe, die ein heilige Weihe empfangen haben.

Die Wertigkeit, die die Kirche diesem Ehehindernis beimisst ist ersichtlich aus der rigorosen Einschränkung der Dispensierbarkeit.

Wer trotz des Ehehindernisses der heiligen Weihen eine Eheschließung - sei es auch nur eine bürgerliche - versucht hat, ist für den Empfang weiterer Weihen und für die Ausübung der empfangenen Weihen irregulär, d.h. diese ist ihm dauernd verboten, selbst, wenn die Ursache - Zivilehe- aufgehört hat (can. 1040; 1041, 3°; 1044 §1, 3°). Der Eheversuch wird dabei als Straftat bezeichnet (can. 1044, § 1,3°).

dass die Irregularität die Ausübung der Weihe verbietet will verhindern, dass Kleriker, die den Zölibat brechen, weiterhin ihr Amt ausüben können.

Dispens von Suspension und Irregularität, beides muss Hand in Hand gehen, ist der Kurie (römisch päpstliche Behörde) vorbehalten (can. 1047).

Beim Amtsverlust von Gesetzes wegen besteht keine Unterhaltspflicht der Kirche (can. 195).

Jedenfalls ist an dieser Stelle bemerkenswert, wie ungeheuer wichtig der Kirche der Zölibat ist und, dass ein Vergehen gegen das Zölibatsgesetz im Kirchenrecht gleichgestellt ist mit Mord und Totschlag. Deshalb will ich auf dieses für meine Arbeit besonders relevante Thema 'Konkubinat' besonders eingehen.

4.6.3 Das Konkubinat

Can. 1395 § 1

Ein konkubinarischer Kleriker sowie einer, der in einer anderen äußeren Sünde gegen das VI. Gebot ärgerniserregend verharrt, muss mit Suspension bestraft werden, der bei Fortdauer des Deliktes trotz Mahnung, andere Strafen, bis hin zur Entlassung aus dem Klerikerstand, hinzugefügt werden können.

Die Tradition - aus dem Mittelalter - verstand unter Konkubinat jede Geschlechtsgemeinschaft eines Klerikers mit einer Frau, sogar die Fortsetzung einer gültigen Ehe nach Empfang höherer Weihen. Im Tridentinum entschied man die Gleichsetzung anderer Frauen, die auch nur den Verdacht erregen könnten, und so wurde jede häufige Begegnung mit einer Person, die dem Zölibat gefährlich werden könnte, strafbar.

Nach geltendem Recht aber, versteht man unter Konkubinat „eine Geschlechtsgemeinschaft von wenigstens gewisser Dauer, die nicht von Ehewillen getragen ist[53] oder ein eheähnliches Geschlechterverhältnis geschlechtsverschiedener Personen ohne Ehewillen."[54]

Flirts oder Bordellbesuche, aber auch geschlechtliche Freundschaften, deren baldiges Ende bewusst vorauszusehen ist, stellen kein Konkubinat dar.

Wohngemeinschaften, berufliche Zusammenarbeit oder gemeinsame Interessen sind auch dann kein Konkubinat, wenn die Beteiligten sich persönlich nahekommen, ohne aber dauernde Geschlechtsgemeinschaft zu üben.

Die 'Sünde' gegen den Zölibat muss äußerliche Folgen haben, Ärgernis erregen - bei gefestigten Gläubigen Anstoß erregen. Gelingt es das Vergehen zu verbergen, entsteht keine Strafbarkeit.[55]

Straffolgen:

Bei einem Vergehen gegen das Keuschheitsversprechen erfolgt zunächst, aber wie gesagt, nur dann, wenn jemand Anstoß nimmt,

1. die Voruntersuchung und bei Bestätigung des Verdachtes,

2. die „Mitbrüderliche Ermahnung".

Setzt der Kleriker trotzdem sein Verhalten fort, kommt es zur

3. Versetzung und gleichzeitigen Verwarnung.

Bei weiterem nachgewiesenen Zuwiderhandeln erfolgt

4. die Amtsenthebung mit gleichzeitiger Entlassung aus dem Klerikerstand und Verlust der Bezüge.

---

53 K. Lüdicke: Eherecht, Essen 1983, 78 in H.Heimerl"Der Zölibat", Wien 1985 S.38f.

54 N.Ruf: Das Recht der Katholischen Kirche, Freiburg 1983, 366 in H.Heimerl:Der Zölibat, Wien 1985, S. 38.

55 H.Heimerl, S.41.

4.6.4 Dispens

Zu diesem Kapitel ist aus Hans Heimerls Buch: Zölibat - Recht und Gerechtigkeit - zu entnehmen, dass die Praxis bis zum 2. Weltkrieg sehr streng gehandhabt wurde. So ist eine Äußerung aus Kanonistenkreisen aufgenommen, die besagt: Wenn ein Priester es wagt um Dispens von der Zölibatsverpflichtung anzusuchen, landet sein Gesuch oft ohne die geringste Prüfung im Papierkorb. (...) man müsse die Vorsehung für diese unerbittliche Haltung segnen, denn die höheren Interessen der Kirche seien den Preis leidvoller Einzelschicksale wert."[56]

Erst die Wirren des 2. Weltkrieges und ihren Auswirkungen veranlassten die Päpste, die Frage der Zölibatsdispens neu zu überdenken.

Am 2.2.64 dann endlich (im Rahmen des 2. Vatikanischen Konzils) ergingen an die Ortsordinarien und Ordensgenerale „Normen zur Behandlung von Fällen" und die Benachrichtigung, dass eine Sonderkommission eingerichtet worden sei.[57]

Die Normen waren ein Geheimerlass (etwa der 'Instruktion' des geltenden CIC entsprechend) der sich nur an Verwaltungsbehörden richtete. Das Dispensverfahren glich einem Gerichtsverfahren. Die Dispens musste geheim gehalten werden.

Aber mit der Flut der Dispensanträge ging man großzügig um. Auch die Geheimhaltung konnte nicht rigoros durchgeführt werden.

Durch eine Umfrage bzgl. des Pflichtzölibats in den Niederlanden kam es zu Ergebnissen, die den Papst zwangen, den Dispensgesuchen derjenigen Priester stattzugeben, „die sich aus Gründen unglücklicherweise in einer Lage befinden, die es ihnen vollständig unmöglich macht, weiterhin auszuharren" (Brief vom 2.2.1970;AAS 1970)

Die Normen von 1964 wurden durch den Papst nach Einberufung einer Vollversammlung der Glaubenskongregation aufgehoben. Sie gelten also sicher nicht mehr.

1970 erschien eine Approbation neuer Normen.

Im Rahmen dieser Arbeit interessiert die Feststellung, dass als Dispensgrund <<der bloße Wille zu heiraten>> allein nicht genügt.[58]

Papst Johannes Paul II. verfügte 1980 wieder neue Normen für das Dispensverfahren, da er über die große Anzahl der Dispensanträge schockiert war. Diese Normen enthalten als wesentliche Änderung nur, dass die erbetene Suspension nach Ermessen des Ordinarius erteilt oder nicht erteilt werden kann. Eine rasche Behandlung in Rom wird nicht mehr

56 Dict.Droit.Can.III,"Célibate" 143 in H.Heimerl: Zölibat, S.55.
57 Heimerl,S.55f
58 Declaratio 1972,II. in Heimerl: S.58.

versprochen. In dem Begleitscheiben aber verfügte Johannes Paul II., dass nur Dispensgesuche von Priestern angenommen werden, die schon lange das priesterliche Leben verlassen haben und „ihre Situation", die sie nicht aufgeben können, in Ordnung bringen wollen, weil die zuständigen Oberen nicht rechtzeitig klug und geeignet beurteilen konnten, ob der Kandidat wirklich zum dauernden zölibatären Leben geeignet war. Außerdem bringt das Begleitschreiben zum Ausdruck, dass nur Gesuche, die im Geist der Demut vorgebracht werden, angenommen werden.

Dazu ist zu sagen, dass die Dispensierung kein Recht (Can.59) darstellt, sondern eine 'Gnade', die der Papst allein gewähren kann. (Can.51 § 1).

Die Frage, ob die Normen 1970 von denjenigen 1980 aufgehoben werden, beantwortet Heimerls Kommentar so:

Die Normen 1970 gelten gemäß Can.22 CIC/1917 weiter, da die Normen 1980 „die Materie nicht zur Gänze" neu ordnen. Die Bedingungen für den Laisierten und die Laisierung werden nicht berührt.[59] Soweit jedoch die neuen Normen von den früheren abweichen, sind sie maßgebend.[60]

Außerdem sind die Normen der Dispensierung keine gesetzliche Festlegung. Der Papst kann sie mildern oder verschärfen.

Die derzeitige Praxis zeigt, dass „ohne Beweise und moralische Sicherheit im gerichtlichen Sinne" dispensiert wird, wer nicht mit innerer Einsicht dem Zölibat voll zustimmen kann, wenn auch die Verantwortlichkeit dafür fehlt und daher die Eignung.

Es sei dahingestellt, wie weit die Sicht der Eignung den heutigen Verhältnissen entspricht.

Die weitere Kategorie von Priestern, denen Dispens erteilt wird, sind:

- die Zivilverheirateten, die das priesterliche Leben schon lange verlassen haben,
- die nichteheliche Gemeinschaften, die von innerem Ehewillen getragen sind und wegen der moralischen Bindung an die Partnerin und der Verpflichtung gegenüber Kindern nicht aufgegeben werden können, weiterhin
- die Homosexuellen, deren Neigungen unüberwindlich sind.

⇒ Die Unmöglichkeit von Seiten des Priesters, die Lebenssituation zu ändern, ist Dispensvoraussetzung.

---

59 Heimerl, S.59.

60 Begleitschr.1980,4 Vgl. Toscanel, Apollinaris 1981,25 in Heimerl, S.60.

4.6.5 Unterhaltsanspruch

Can. 292

Der Unterhaltsanspruch geht verloren, wenn der Kleriker aus seinem Stand ausscheidet, sowie wenn er von rechts wegen des Amtes enthoben wird, durch das seine Existenz gesichert wird.

(Can 195), nicht jedoch durch Kirchenstrafen, ausgenommen die Entlassung aus dem Klerikerstand (Ca.1350 §1).

Hierzu Heimerl:

„Der Priester, der bereit ist seinen kirchlichen Dienst zu verrichten, von diesem jedoch wegen Zölibatsvergehen - Zivilehe ausgenommen- suspendiert wird, behält seinen Vorsorgeanspruch gem. Can.1350 § 1.)

Der Priester, der eine Zivilehe eingeht, verliert seinen Anspruch an die Kirche.

Der Unterhaltsanspruch ist also durch den kirchlichen Dienst bedingt und erlischt bei Aufgabe aus eigenen Bestrebungen, da der Vorsorgeanspruch aus einem vertragsähnlichen Verhältnis rührt und der eine Teil seiner eingegangenen Verpflichtung nicht erfüllt wird.

4.6.6. Nothilfe

Can. 1350 §2

Bei einem aus dem Klerikerstand Entlassenen, der wegen der *Strafe wirklich in Not* geraten ist, soll der Ordinarius dafür sorgen, auf möglichst gute Weise Vorkehrungen zu treffen.

Einen mit Zölibatsdispens laisierten Priester soll der Ordinarius nach Möglichkeit in dem zum angemessenen Lebensunterhalt Notwendigen unterstützen.

Diese Weisung (Normen 1970,Art.VI,5) steht im Zusammenhang mit der Mahnung pastoraler Sorge.

Sie ist als Parallele zur Nothilfe für den strafweise Laisierten gedacht und sehr angemessen.

Ein Grund ihrer Aufhebung ist ersichtlich, und so ist sie als weiterhin geltend anzusehen.[61]

Hier wird nicht ausdrücklich erwähnt, dass es sich um eine *bloße Liebespflicht* des Ordinarius handelt, dennoch hat der Laisierte keinen Rechtsanspruch darauf; denn sein Rechtsanspruch auf Unterhalt ist durch seinen Verlust des Klerikerstandes aufgehoben.

---

61 Vgl.Heimerl, S.85

Die pastorale Sorge jedoch ist Pflicht und die Unterstützung wird ein notwendiger Teil in vielen Fällen sein.

Staatliche Regelungen in der BRD und in Österreich verlangen die Nachentrichtung von Sozialversicherungsbeiträgen für die geleistete Dienstzeit.[62]

In dem Fall, dass der Priester eine Zivilehe eingeht und dadurch sein Amt verliert, besteht keine ausdrückliche Regelung. Es ist jedoch anzunehmen, dass eine Unterstützung gewährt wird, wenn eine ausdrückliche Notlage vorliegt.

Einen Anspruch auf Existenzsicherung für die Übergangszeit bis zur Erlangung eines Amtes oder einer anderen kirchlichen Existenzgrundlage schließt Ca.195 in diesem Falle aus, während er bei Enthebung durch Verwaltungsakt besteht.[63]

Heimerl bemerkt hier: „Hinsichtlich der Nothilfe lässt er eher eine Lücke, die durch Analogien aus c.1350 §2 geschlossen werden muss. Sonst ergäbe sich die Absurdität, dass der wegen Zivilehe automatisch suspendierte und seines Amtes enthobene Kleriker keine Nothilfe erhalten kann, wenn er aber als zusätzliche Strafmaßnahme aus dem Klerikerstand entlassen wird, sollte ihm wohl eine solche zuteil werden.“[64]

Wenn wir den CIC von 1983 mit dem von 1917 vergleichen, so müssen wir feststellen, dass sich auch in der Zölibatsgesetzgebung einiges verändert hat. (s.Gesetze zum Zölibat v. 1917 in der Anlage) Er wurde gekürzt und vereinfacht.

Aber, was die Auslegung wieder kompliziert ist die Aussage der Can.4, 5 und 6 von 1983:

Can.4- Wohlerworbene Rechte und ebenso Privilegien, die vom Apostolischen Stuhl bislang physischen oder juristischen Personen gewährt wurden, in Gebrauch sind und nicht widerrufen wurden, bleiben unangetastet, es sei denn, dass sie durch die Canones dieses Codex ausdrücklich widerrufen werden.

Can. 5- §1.

Bis jetzt gegen die Vorschriften dieser Canones geltende allgemeine oder partikulare Gewohnheiten, die durch die Canones dieses Codex verworfen werden, sind gänzlich aufgehoben, es sei denn, dass im Codex ausdrücklich etwas anderes vorgesehen ist, oder dass sie hundertjährig oder vordenklich sind; diese dürfen nämlich geduldet werden, wenn sie nach dem Urteil des Ordinarius den örtlichen und persönlichen Umständen entsprechend nicht beseitigt werden können.

§ 2. Bis jetzt geltende allgemeine oder partikulare Gewohnheiten bleiben bestehen.

---

[62] G.Fahrenberger, HdbKathKR 221,A.30 in Heimerl,S.86.
[63] Vgl.Schwendenwein,a.a.O.117 u.542,A.105 in Heimerl, S.86.
[64] Heimerl, S.86.

Nach Can.6.-§1 (des Codex...von 1983) sind der Codex Iuris Canonici und auch die anderen allgemeinen und partikularen Gesetze von 1917 (s. Anl.) aufgehoben, die den Vorschriften des Codex (v.1983) zuwiderlaufen (...).

Nun stellen sich die Fragen: Was ist noch gültig? Was läuft zuwider?

Die Frage, ob die alten Gesetze überholt sind, ist m.E. nicht definitiv zu beantworten, da die Rechtsgrundlagen (göttliches Recht und Gewohnheitsrecht) des CIC m.E. nicht wirklich fassbar sind und die Gesetze nach den Can.4, 5 und 6, besonders aber nach Can.5, sehr beliebig gehandhabt werden können. Dies unterstreicht noch Can.29 CIC v.1917, den ich in Josef Listls Kommentar: Grundriss des nachkonziliarischen Kirchenrechts [65] fand: „Bei Zweifeln, ob ein früheres Gesetz durch ein späteres aufgehoben ist, spricht die Vermutung gegen den Widerruf des früheren Gesetzes. Das frühere und das spätere Gesetz sind in diesem Fall durch Interpretation nach Möglichkeit in der Weise in Einklang zu bringen, dass beide nebeneinander Bestand haben können."

Ich muss hier nun 'Vermutungen' aussprechen, da die von mir diesbezüglich. angeschriebenen relevanten Institutionen sich einer Antwort enthielten.(s. Anl.)

Welche Zölibatsgesetzgebung letztendlich maßgeblich ist, kann ich also nur *vermuten.* Nach meinem Dafürhalten, in Anbetracht der Can.4, 5, 6, sind im Entscheidungsfalle beide Codices noch möglich anwendbar, ganz nach Einstellung und „pastoraler Entscheidung" des jeweiligen Bischofs.

Das würde allerdings auch bedeuten, - und das ist interessant für den Personenkreis für den ich diese Arbeit erstelle -, nämlich für die betroffenen Priester im Amt und ihre heimlichen Partnerinnen, dass es noch erlaubt wäre, dass „ein Priester, der mit seiner Gefährtin bereit ist, wie Bruder und Schwester zu leben" (Ca. 2252 v.1917), und das müssen beide dem Bischof schwören, eine Partnerschaft eingehen kann. Ich kenne dafür ein Beispiel, dass es so etwas auch in der Praxis gibt.

Mit diesem Ergebnis will ich den rechtlichen Teil, der sicher zu wünschen übrig lässt, abschließen.

Ich habe den Eindruck, dass die ganze kirchliche Gesetzgebung wenig greifbar ist. Sie bringt Gefahr der willkürlichen Abhandlung, des allzu persönlichen Urteils, des Ausgeliefertseins des 'Abtrünnigen'. Ich wähle dieses Wort aus Überlegung, denn in allen gesetzlichen Verfügungen bzgl. des Zölibats, ist Abwertung der Persönlichkeit eines Priesters zu spüren, der sich ehrlich zu sich selbst und zu seiner Ehewilligkeit bekennt.

---

[65] Josef Listl u.a. (Hrsg.): Grundriß des nachkonziliarischen Kirchenrechts, Verlag Friedrich Pustet, Regensburg 1980.

Im Naturrecht und daher in den Menschenrechten und in jedem Grundgesetz ist die Eheberechtigung eines jeden gesunden Menschen verankert. Diese Rechte obliegen dem Kirchenrecht.

Es ist ein Skandal und unbegreiflich, dass ein Recht, dass sich auf das göttliche Recht und das Naturrecht beruft, ein Zölibatsgesetz überhaupt enthält und das Recht des Menschen auf persönliches Glück, gesetzlich verweigert werden bzw. sogar unter Strafe gestellt werden kann. Wiederum aber ist gleichzeitig gesetzlich verankert, dass, was nicht an die Öffentlichkeit gelangt, am besten großzügig zu übersehen ist. Heuchelei wird also gefördert, während man Ehrlichkeit bestraft. Warum das so ist, ist logischerweise so zu beantworten: Die Kirchenobrigkeit will, dass dieses 'Zeichen priesterlicher Heiligkeit' erhalten bleibt, weil das ganze katholische Kirchenbild an diesem Priesterbild festgemacht ist und die Glaubensinhalte wiederum dieses zölibatären Priesters bedürfen.(Das werde ich an anderer Stelle näher erklären). So darf am besten nicht nach außen dringen, was es für Schwierigkeiten mit der Verwirklichung dieses Ideals gibt.

Die Aussage: „Man dürfe in puncto Zölibat alles tun, nur nicht heiraten (auch nicht mit Dispens)," scheint zuzutreffen, wenn man bedenkt, dass Priester nach schweren Vergehen wie Homosexualität, Missbrauch Minderjähriger oder Konkubinat oft noch eine mittlere priesterliche Karriere machen können, während dem verheirateten Laisierten sogar kirchliche Laienämter für immer verwehrt werden.

Die Zölibatsgesetzgebung erweckt den Eindruck, diese Lebensform brutal und listig aufzudrängen.

Schon um der Glaubwürdigkeit der Kirche und ihrer notwendigen Funktion um das Heil der Gesellschaft willen, ist nach diesem Gesichtspunkt der Pflichtzölibat abzuschaffen. Jedoch würde die katholische Kirche dann von ganz anderen Charakteren geleitet und sich dadurch wahrscheinlich von Grund auf verändern. Deshalb, weil der Zölibat die Grundstruktur katholischen Glaubens und Denkens berührt, ist er eben nicht „mit einem Federstrich" zu beseitigen, denn es hängen Weltbilder und viele menschliche Ängste damit zusammen.

Hoffnung auf Lockerungen könnte man vielleicht doch in das Kirchenvolksbegehren der Schweizer, Österreicher und Deutschen setzen, da die Befragung des holländischen Klerus 1968, der dem Zölibatsgesetz insgesamt (bis auf 5%) negativ gegenüberstand, zu einer Lockerung der Dispensmöglichkeiten und zu rascher Bearbeitung der diesbzgl. Anträge im Jahre 1970 führte.

Inwieweit jedoch dieser Papst nachgibt ist fragwürdig, denn das Fernsehen berichtete über eine Reaktion, die folgendes ausdrückte. „Was wären wir für eine Kirche, die von einer Mehrheit von Laien das umstoßen ließe, was die Kirche für richtig erkannt hat."

Hier kommt das Autokratische des Vatikans ganz zum Vorschein. L`église c`est moi.
Eine wichtige Feststellung, die der Zölibatsdiskussion überhaupt einen Sinn gibt, die aber m.E das Thema nur oberflächlich betrachtet, ist noch zu treffen. Sie schrieb mir Herr Prof. Dr. Brosseder in seinem Brief vom 16.6.1995. Er erklärte u.a.: „Welche theologische Begründung auch immer für den Zölibat angeführt wird, er ist ein Kirchengebot, kein göttliches Gebot und kann, wie alle anderen Kirchengebote, auch sehr wohl von der Kirche geändert werden. Anderes hat sie selbst auch nie behauptet."

„Es handelt sich lediglich um ein disziplinäres Problem im Rahmen der Kirchenordnung!"

4.7 Aspekte der Fortentwicklung bzw. der Veränderung

Der Zölibat darf nicht mehr im Mittelpunkt stehen, d.h. die Positionen bestimmen.

Weder sollen die verheirateten Diakone wie Randexistenzen behandelt werden, noch die Erziehung der Priesteramtskandidaten den Zölibat im Zentrum haben. Endziel muss sein, dass der Zölibat eine mögliche Lebensweise ist, die freiwillig gewählt wird ohne die priesterliche Existenz zu berühren. Das Zölibatsgesetz muss völlig wegfallen.

Für den Fall einer Lockerung, die wohl der erste Schritt sein könnte, ist zu beachten, dass nach den Grundsätzen des kanonischen Rechtes (der im Lichte der Offenbarung gesehenen Würde des Menschen) kein Recht auf Befreiung von der Zölibatspflicht besteht. Diese Befreiung wird als Recht geschuldet und nicht als >Gnade< gewährt werden müssen.

Die Privatsphäre des Priesters hat ihm allein zu gehören, d.h. im Rahmen eines nach den Regeln des Anstandes geführten Lebens.

Der allzu große Spielraum der Verwaltung bzgl. der Dispens müsste besser gesetzlich umschrieben werden.

Die notwendigen Entscheidungen sollten im Namen einer humaneren und christlicheren Kirche, mutig gefällt werden.

Der Zölibat ist Ausdruck und Ergebnis des katholischen Wert- und Normensystems und nur ein Überdenken und Erneuern dieses Systems kann ihn überflüssig machen. Es benötigte daher m.E. eines neuen Konzils, um eine diesbzgl. Veränderung zu bewirken.

5 Theologische Analyse:

5.1 Theorien kirchengeschichtlicher Hintergründe des katholischen Glaubens mit Folgerung auf den Zölibat

An dieser Stelle will ich noch einmal klarstellen, dass es mehrere Ansätze gibt, die die Wurzeln des Zölibats zu kennen glauben.

Viele Einflüsse, sozial bedingte und theologisch fixierte, prägten den katholischen Glauben, so dass ich von „Glaubensgefüge“ sprechen will.

Einflüsse und Wurzeln des Zölibats:

- Alttestamentlicher Reinheitskult, der zuerst, bereits in der zweiten Generation nach Christus, von den Judenchristen wieder eingeführt wurde und der sich dann zum Keuschheitsgebot ausweitete.
- Gnostische Einflüsse
- Griechisch-philosophische Einflüsse: Plotin (Neuplatonismus),
- Römisch-heidnische Einflüsse: Kultmentalität der Vestalen,
- Mönchsleben wurde zum Vorbild für Kleriker : Paulus: Ihr aber lebt nicht im Fleisch... unter Berücksichtigung der Origenesischen Auslegung,
- Konkurrenz um die Heiligkeit zwischen Priestern und Mönchen
- Jungfräulichkeitsideal des Mittelalters,
- Zölibatsgesetz zur Durchsetzung des Enthaltsamkeitsgebots, gegen die Vererbung von Kirchengut
- Sinngebung für das Zölibat auf dem Konzil von Trient: Reinheit des Priesters als Sakramentsspender,
- Zweites Vatikanisches Konzil: Neue theologisch-ethische Sinnfindung für den Zölibat: Um des Himmelreiches willen passend zum Priesterbild „Lumen gentium“.

5.2 Vom Verständnis der Heiligkeit und Reinheit

Ich möchte voraus nehmen, dass mich die in den beiden folgenden Kapiteln angeführten Theorien zu fruchtbaren Zweifeln brachten.

Nachdem ich mich mit amtierenden Priestern über die Angaben des Religionswissenschaftlers William E. Paden in seinem Buch: Am Anfang war Religion unterhalten hatte, war ich mir nicht mehr sicher, ob behauptet werden kann, dass der katholische Glaube ganz klar an die alttestamentlichen Reinheitsvorschriften und an archaische Heiligkeitsempfindungen anknüpft, denn man sagte mir, dass eher wohl von Paulus` Aussagen über die Ehelosigkeit auszugehen ist. Andere wieder hielten 'die Empfehlung' Jesu, „um des Himmelreiches willen" (Mat.19:12) für relevant.

Zur Erforschung dieser Diskrepanz schrieb ich verschiedene Theologen an (s.Anl.), fand aber dann Erhellung in der Analyse Carl Andresens, die in dem Buch: Die Kirchen der alten Christenheit [66] niedergeschrieben ist. Weiterhin diente mir Edward Schillebeeckx` Analyse:" Christliche Identität und kirchliches Amt".

5.2.1 Kultische Reinheit

Religiös sein heißt dem Heiligen verpflichtet sein. Heiligkeit und Reinheit sind zwei sehr wichtige Schlüsselbegriffe,[67] wenn man an die Wurzeln des Zölibats und zum zentralen Verständnis des katholischen Glaubens gelangen will, so behauptet es Prof. William E. Paden.

Ich denke, diese Angaben, die den Ursprung des Zölibats im Reinheitsdenken des Alten Testaments und in Elementen griechischer Philosophie suchen, nachzugehen, hat sich als richtig erwiesen.

Es ist jedoch durch Schillebeeckx` und Andresens Analyse noch ein Aspekt hinzugekommen, nämlich, dass mit der Anerkennung des Christentums als Staatsreligion (380 n.Chr.), und in Vorbereitung dessen, es bereits unter Konstantin d.Gr. zur Bemühung der Kleriker kam, sich dem, für eine *wirkliche Religion* im römischen Reich geforderten, Kultdenken anzupassen. Gleichzeitig mit der Anerkennung bei den Heiden, glaubte die *Reichskirche*, sich auch deren Reinheitskult anpassen zu müssen, der einem archaischen Kult gepaart mit

---

66 Carl Andresen: Die Kirchen der alten Christenheit, Verlag W. Kohlhammer,Stuttgart Berlin Köln Mainz, 1971.

67 Es gibt mehrere hebräische und griechische Wörter, die sowohl das, was rein und sauber ist, als auch den Akt des makellosen, fleckenlosen Zustandes, das Freiwerden von allem, was beschmutzt, verfälscht und verdirbt.
Diese Wörter bezeichnen manchmal die physische Reinheit, häufiger aber die sittliche und geistige. Oft überschneiden sich physische und rituelle Reinheit. Das hebräische Verb "tahér" (rein sein, reinigen) bezieht sich gewöhnlich auf rituelle oder sittliche Reinheit. Ein hebräisches Synonym von "taher" ist "barar", und dieses Wort mit seinen verschiedenen Formen bedeutet "ausscheiden", "auslesen", "sich reinhalten", "sich rein erzeigen", "säubern". Wir finden die entsprechenden Begriffe in Hes. 20:38; Prediger 3:18; Ps 18:26; Jr. 4:11.
Das griechische Wort "katharos", das "rein" bedeutet, wird im physischen, sittlichen und religiösen Sinn angewandt (s.Mt 5:26; 5:8; Tit. 1:15).
"Unreinheit" ist die Wiedergabe des hebräischen Wortes "tamé" und des griechischen "akatharsia" (s.3.Mos.5:2; Mt.5:27; Gal.5:19)

dem griechisch - philosophischen Neuplatonismus entsprang. Die Eucharistie wurde dadurch, als Opferritus mit alttestamentlichen Elementen, in den Mittelpunkt gestellt. Damit die christlichen Priester den heidnischen an Ansehen gleichkamen, entsprach man immer mehr deren Denkweise von Heiligkeit und Reinheit. Wie von den Vestalinnen (Priesterinnen röm.heid.Kultes) wurde nun auch von den Kirchenbediensteten ein Keuschheitsgelübde gefordert.

Mit dem Phänomen des Heiligen verbinden die Menschen gleichzeitig Ängste und Hoffnungen. Der Begriff 'Reinheit' entspricht einem tiefen menschlichen Verlangen nach Ganzheit, Wahrheit, Gutheit, Echtheit, das wiederum den Vorstellungen vom 'Heiligen' entspricht. So gibt es im eigentlichen eine mentale und affektive Verbindung zwischen diesen Begriffen. Auch das Bedürfnis 'heil' zu sein, frei von Schuld und körperlichen Gebrechen, sauber und schön dem Vollkommenen gegenüberzutreten, seiner würdig zu sein, schwingt da mit.

Dieses allzu menschliche Verlangen ist der Hintergrund für archaische Reinheitsgebote in den Religionen.

Im Alten Testament nehmen die Reinheitsvorschriften in den mosaischen Gesetzen einen zentralen Platz ein, weil die Priester als Mittler zwischen Gott und den Menschen gesehen wurden. Da die Reinheitsgebote des mosaischen Gesetzes sich besonders auf die Sexualität bezogen, wurde einem Priester der Geschlechtsverkehr nur zur Zeugung erlaubt und nur an Tagen, an denen er keine priesterlichen Dienste zu tun hatte.

Es ist hier zu erwähnen, dass das Priestertum nur dem 'Stamm der Priester', den Leviten, übertragen wurde. Es war also erblich.

Der Begriff 'Unreinheit' bezieht sich im AT besonders auf das Sexualleben, weil alle körperlichen Ausscheidungen als unrein empfunden wurden.

Wir finden eine Reihe von speziellen Reinigungsvorschriften, z.B. Lev 15,18: „Liegt ein Mann bei einer Frau und erfolgt Samenerguss, so müssen sie sich in Wasser baden; sie sind unrein bis zum Abend".

'Unreinheit' erfasste die Frau bei der Menstruation oder bei der Entbindung. Zeitweise galten Krankheiten wie z.B. Aussatz, die Berührung von Leichen und der Genuß von bestimmten Speisen als unrein.

Zu biblischen Zeiten galten die Reinheitsgebote für das ganze Volk Israel. Nur wer rein war im Sinne des mosaischen Gesetzes, der durfte in die Nähe des allerheiligsten Gottes kommen. Ein Jude riskierte dabei sein Leben. Heute gelten sie noch für Juden und Moslems.

5.2.2 Jesus und sein Standpunkt zur Reinheit

Die von den Juden treu befolgten Gesetze der Reinheit erschienen Jesus unwichtig. „Ihr gebt Gott preis und haltet euch an die Überlieferung der Menschen“,(Markus 7,1-23) sagte Jesus, als die Pharisäer ihm vorhielten, seine Jünger äßen ohne sich vorher die Hände zu waschen.

Auch den Unterschied zwischen reinen und unreinen Speisen erklärte Jesus für hinfällig: „Nichts, was außerhalb des Menschen in ihn eingeht, macht ihn unrein, vielmehr das, was aus dem Menschen herauskommt, das macht ihn unrein.“(Markus 7,15)

Der Gedanke der Reinheit wurde bereits von den Propheten von Pflanzen- und Tieropfern auf Rechtschaffenheit, Gerechtigkeit und die Reinheit des Herzens übertragen.

Jesus stellte die leeren, äußerlich formalen Akte, der ‘wahren innerlichen Rechtschaffenheit` gegenüber. Er verdammte die äußerliche, oberflächliche Frömmigkeit:

„Wehe euch, Schriftgelehrte und Pharisäer, ihr Heuchler, ihr seid wie weißgetünchte Gräber, die äußerlich ordentlich und gepflegt erscheinen, aber innen nur Gebein und Unrat enthalten.“(Mat.23/27)

Reinheit und Unreinheit sind also in den Augen Jesu sittlicher Qualität. Jesus geht es nur um die Reinheit des Herzens, die Rechtschaffenheit und um ein Gerechtigkeitsempfinden, das er im Gleichnis vom Weinberg näher erklärt. (Mat.20,1-16).

Im Judentum sowie im katholischen Glauben (auch in fundamentalen protestantischen Glaubensrichtungen) hat Gott eine monarchische Macht über die Welt.

Es entsteht eine unüberbrückbare Distanz zwischen der Heiligkeit des Schöpfers und der Endlichkeit der Schöpfung und damit eine innere Verbindung mit den Sinnbildern der Macht - was die Königstums - Symbolik widerspiegelt -, die so typisch für die Götter des antiken nahen Ostens ist.

(An dieser Stelle ist eigentlich klar, warum das alttestamentliche Denken bzgl. des Priesteramtes, mit Christi Wirken und Aussagen aufgehoben wurde.)

Die unüberbrückbare Distanz zwischen Gott und Mensch sollte durch den *Neuen Bund* ein für allemal überwunden werden.(Jeremia 31,31-34) Christus wurde zum Mittler: „Ich bin der Weg, die Wahrheit und das Leben, und niemand kommt zum Vater denn durch mich.“(Joh.14,6)

Eine neue Theologie, ein neues Gottesbild hat mit Christus begonnen. Der Schwerpunkt des christlichen Glaubens ist nach dem Neuen Testament, dass Christus von nun an der einzige Mittler zwischen Gott und den Menschen ist.

Dennoch entwickelte sich schon in der zweiten Generation nach Christus ein asketisches Reinheitsbedürfnis -auf die Hintergründe dieser Entwicklung werde ich noch näher eingehen -, das durch das philosophische Gedankengut der Griechen (vor allem Plotin: Ich schäme mich, dass ich einen Körper habe... und das Ideal des Gleichmutes (-Stoische Schule -) stark beeinflusst wurde und wie wir aus der Geschichte des Zölibats entnehmen werden, ebenso zur Wurzel des Zölibats gehört. Jedenfalls möchte ich an dieser Stelle vorwegnehmen, dass der Rückfall in das kultische Reinheitsdenken zunächst etwas mit den jüdischen Wurzeln der ersten Christenheit zu tun hatte, die in neuerliche Ungeborgenheit verfiel, als die Naherwartung der Wiederkehr des Herrn nicht eintraf und das 1000jährige Friedensreich nicht anbrach. Sie kehrten zurück in die synagogische Observanzfrömmigkeit, deren Lehren sie teilweise bekämpften, deren patriarchalischen Struktur sie aber übernahmen. An Jesu Lehren jedenfalls ist diese Liturgie und diese Hierarchie, die sich in den Gemeinden bereits schon in der Generation nach den Aposteln ausbreitete, nicht festzumachen, denn Jesus sagte: „Aber ihr sollt euch nicht Rabbi nennen lassen, denn einer ist euer Meister, ihr aber seid alle Brüder." (Mat.23,8)

5.2.3 Sakramental

Um das ganze Verständnis speziell auf die katholische Kirche zu beziehen, will ich es noch einmal in einem extra Kapitel zusammenfassen.

Das Göttliche kommt auf uns zu durch Gotteserfahrungen, die ganz verschiedener Art sind. Es können Grenzsituationen sein, es kann Angst sein, es kann Glück sein, es kann die Natur mit ihren vielfältigen Erscheinungen sein. Aber auch die Vermittlung kultureller Formen, z.B. Gottesdienste, Sakramente und der Kontakt mit tiefgläubigen, liebevollen, überzeugenden Menschen, kann uns Gott näher bringen.

„Für die Katholiken ist die Kirche vor allem eine von Gott eingesetzte Institution für die Austeilung der Sakramente."[68]

Die katholische Christenheit konzentriert sich auf die Gegenwart Gottes im Ritual der Messe.

Die Hostie verkörpert nach der Wandlung durch die geweihte Person, den Priester, die göttliche Gegenwart. - Das Heilige ist nicht nur ein äußeres Objekt, sondern der innere Zustand des Geweihten -, Reinheit nicht nur ein Zustand wohl gefügter Ordnung, sondern etwas, was verdient sein will, etwas Wertvolles darstellt, etwas, was durch Akte der Entsagung, des Opfers und der Weihe erlangt werden kann.

68 Paden, S.180.

Heilige Dinge können aber nicht heilig sein, wenn sie nicht außerordentlich behandelt werden.

„Wo die Gegenwart des Heiligen so kraftvoll verdichtet ist wie in der geweihten Hostie des Christentums, muss es Regeln geben, die den Zugang reglementieren und verhindern, dass das heilige Objekt kompromittiert wird. Nur die Reinen dürfen sich dem Reinen nähern.“[69]

Der große mystische Gegensatz zwischen menschlicher Sünde und göttlicher Heiligkeit hat endlose Arten christlicher Reinheit hervorgebracht, was auch zu schlimmen Auswüchsen führte.

Im Katholizismus waren die Heiligen weltabgewandte Vorbilder für Selbstverleugnung und Weltverleugnung[70], sagt Paden. Diese Aussage halte ich jedoch für zu pauschal, obwohl die meisten Mönche waren, deren Ideal eben die Selbstverleugnung ist.

Von der Tradition her gesehen, wird jedenfalls dem Zölibat und dem Klosterleben ein höherer Stellenwert zuerkannt als der Ehe.

Erst nachdem die Ehe zum Sakrament erhoben wurde, musste die Sexualität in der Ehe als *rein* anerkannt werden, was aber bis heute in den Köpfen streng gläubiger Katholiken nicht wirklich akzeptiert ist, weil die Sexualität gerade durch das Festhalten der Kirche am Zölibat, immer noch mit dem Begriff *'Unreinheit' = Schuld* assoziiert wird.

Die Gegenwart Gottes wird im christlichen Glauben besonders durch die Sakramente und das Wort Gottes wahrgenommen. Gott ist grundsätzlich das, was empfangen, aufgenommen wird. Damit eng verbunden ist das Gespür des Numinosen, eine Erfahrung, die als dramatisch empfunden wird, weil dieses unsichtbare, mächtige 'Andere' so unendlich viel größer ist als man selbst. Ehrfurcht, Verwunderung, ekstatische Gefühle ruft sie hervor.

Der Religionshistoriker Rudolf Otto sah „dieses Gespür für das Heilige als Ursprung von Religion“ an und folgerte, dass Dogmen und Rituale lediglich aus dieser numinosen Erfahrung hervorgingen.[71]

5.3 Die kirchengeschichtlichen Hintergründe des früh- und altkatholischen Glaubensgefüges

Carl Andresen macht in seiner Analyse die folgenden bemerkenswerten Feststellungen:

..."die frühkatholische Kirche konnte den an sie gestellten Anforderungen auf die Dauer nicht gerecht werden. Morphologisch[72] gesehen war sie eine von spätjüdisch- synagogischer-

[69] Paden, W.E.: Am Anfang war Religion, S.177.
[70] Paden: Am Anfang war Religion, S.180.
[71] Vgl.a.a.O., S.161.

Observanzfrömmigkeit erfüllte Glaubensgemeinschaft, die in gleicher Weise von der Synagoge" lebte, „wie auch aus dem Gegensatz zu ihr." Von ihr hatte sie nicht nur eine eigentümlich chiliastisch[73] orientierte, aus der Diasporasituation abzuleitende Ekklesiologie der Vorläufigkeit übernommen, sondern auch die Presbyterialverfassung. Von ihr war sie als Minderheitenreligion ferner in ihrem sozialen Gefüge festgelegt worden. Mit der allmählichen Loslösung von der Synagoge, die das zwangsläufige Ergebnis des Wachstumsprozesses war, mussten sich an der frühkatholischen Kirche Schwächen zeigen. Im steigenden Maße wirkte das ekklesiologische Konzept, das auf die Wiedervereinigung aller „Vertriebenen im Lande der Väter (Palästina) „wartete", naiv, und nicht zufällig machte jene intellektuelle Bewegung, die das Hineinwachsen des frühkatholischen Christentums in die griechisch-römische Kulturwelt signalisierte, die Ohnmacht des Frühkatholizismus gegenüber den neuen Ansprüchen offenbar. Man kann von einem Überfremdungsprozess sprechen, der daraus resultierte, dass das kirchliche Selbstverständnis in seiner Geschlossenheit zerstört war. Die Substanz der frühkatholischen Kirchlichkeit war innerlich ausgehöhlt worden. Deshalb konnte die Kirche des frühkatholischen Episkopats an sie auch nicht anknüpfen. Es wäre daher unpräzise, dieselbe als eine Entwicklungsphase zu bezeichnen. Es kam vielmehr erstmals zur Diskontinuität in der Geschichte der altchristlichen Kirchen.

Man sollte sich nicht davon irritieren lassen, dass die altkatholische Ekklesiologie mit dem Konzept der apostolischen Sukzession und des apostolischen Vikariats die Kontinuität zu den Anfängen der Christenheit herausstellt.[74]

„Morphologisch gesehen ist eher das Gegenteil der Fall, so dass man dazu neigt, in der Betonung apostolischer Tradition, eine Art von ekklesiologischem „Überbau" zu sehen."[75]

Wichtig scheint mir die Erkenntnis, dass „...keine der gegenwärtigen Kirchen in ihrem Selbstverständnis sich mit den altchristlichen Kirchen identifizieren kann."[76]

Hierarchie in der Theologie bedeutet: Ordnung der Kirche nach der Absicht Jesu überlegt - der Ursprung ist heilig, so gab es von Anfang an eine Hierarchie, die auf Jesus zurückgehend die Apostel als Autoritäten sah. Jedoch die unter Bedrängnis durch häretische Gruppen sich bildende kirchliche Hierarchie hatte eine andere Komponente. Wegen der Besorgnis um die reine Lehre führten die Bischöfe die Gemeinden mit strenger patriarchalischer Hand und dogmatisierten die Lehre.

---

72 morphologisch gr.= Morphologie= Gestalt-lehre (Formenlehre)

73 chiliastisch gr.= chilioi= 1000 = Lehre vom 1000jährigen Friedensreich auf Erden vor der Endverwirklichung des Heils, die sich auf Offb.20 stützt.

74 Vgl.Andresen: S.688.

75 Ebd.

76 Andresen:S.690.

Carl Andresen stellt fest, dass Gemeinden in nicht gefährdeten Gebieten (z.B. Philippi) keine patriarchalische Struktur aufwiesen. Die Hierarchiebildung hatte also sowohl mit dem Gesellschaftsbild der Juden, das ja auf dem mosaischen Gesetz gründet, als auch mit der Bedrängnis durch häretische Gruppen zu tun, in der man sich wohl altbewährter Strategien besann.

Carl Andresen schreibt dazu:

„Das frühkatholische Gemeindeleben ist von patriarchalischer Autorität reguliertes Familienleben“[77] „Die Gemeindeältesten sind sozusagen gemeindliche Familienväter und können von den Gemeindemitgliedern die gleiche Unterordnung erwarten, wie die Männer von den Frauen. (vgl.1.Petr.5:5 mit 3:5).“[78]

Das übergemeindliche Regulativ gründet darauf, dass alle Glieder des auserwählten Volkes sich als eine höhere Familieneinheit verstehen.

Im 2.Jh. wurde das Gemeindeleben durch die Presbyterialverfassung bestimmt.[79]

Der Unterschied zwischen den heidenchristlichen Gemeinden und den judenchristlichen Gemeinden bestand darin, dass die Heidenchristen sich nach dem 1. Korintherbrief (12.14) richteten. Die Bezeichnungen „Bischof und Diakon“ waren in ihren Gemeinden höchstens als technisches Amt (Phil1,1c) zugelassen.

Das patriarchalische Amt des „Ältesten“ (Presbyter) wird durch die Pastoralbriefe, die aus dem kleinasiatischen Raum stammen und auch Paulus zugeschrieben wurden, ebenfalls mit der Autorität des Paulus legitimiert.[80]

Die presbyteriale Gemeindeordnung und die episkopale Ämterordnung stehen sich zunächst gegenüber. Im 2.Jh. jedoch durchdringen sie sich gegenseitig.

„Der 1. Klemensbrief macht den Geist der Ämterordnung deutlich (1.Clem.3,3f.). Er zeigt an, dass wir uns im Bereich patriarchalischen Denkens befinden, indem er die Unterordnung unter die Leitenden (Presbyter) fordert“. Religiöse Integrität der Gemeinde ist hier mit Intaktheit der presbyterialen Ordnung identisch. Dazu erwächst eine ins Kosmologische[81] ausgeweitete (1.Clem.20) Dogmatik der Ordnung“, in der den Espiskopen (Kultusbeamten) eine besondere Funktion zufällt. „Sie haben bei der gemeindlichen Eucharistiefeier die

77 A.a.O., S.59.
78 Ebd.
79 A.a.O.; S.50.
80 Der Titus- und Thimoteusbrief bringen folglich Amtsspiegel für Bischöfe und Diakone (Tit.1:5-9)(1.Tim.3:1-13), wobei der Titusbrief die Anweisung für die Einsetzung von "Presbytern" mit einem Bischofsspiegel verbindet, die von den Gemeinden besoldet werden (1.Tim.5,17ff).
81 Kosmologisch= Kosmologie= Lehre von der Weltordnung.
Kosmologischer Gottesbeweis: Beweis für das dasein Gottes, der von der Existenz der Welt auf einen Urhaber, von der Bedingtheit alles Seienden auf ein letztes, alles andere bedingendes, selber aber unbedingtes, absolutes Wesen schließt, dass die nicht weiter zurückführbare Ursache von allem ist.

„Opfergaben Gott darzubringen" (1.Clem.40,4). „Sie sind darin nicht nur die Nachfolger des alttestamentlichen Priestertums, sondern können sich auch einer anderen heilsgeschichtlichen Tradition rühmen: diese geht über die als „Presbyter" bezeichneten Apostelschüler, die Apostel und Christus selbst, unmittelbar auf den göttlichen Heilswillen zurück."[82]

Eine Art Beamtenaristokratie ist hier unverkennbar. Es ist nicht zu leugnen, dass eine patriarchalische, hierarchische Kirchenordnung eher dem Geist des alttestamentlichen Priestertums entspricht, und die nun allerorts vollzogene Eucharistiefeier einem Prophetenzitat der Didache[83] : „An jedem Ort und zu jeder Zeit soll man mir ein reines Opfer darbringen, denn ich bin ein großer König, spricht der Herr, und mein Name ist wunderbar unter den Heiden"(Mal.1,11/14) nachkommt.

Durch Justin erfahren wir, dass man im Spätjudentum diese Stelle (Maleachi 1,11-14) auf die Diaspora der während des babylonischen Exils in Palästina verbliebenen Juden bezog. Wiederum ist anzunehmen, dass die christliche diasporale Ekklesiologie, die der spätjüdischen Exegese zugrunde lag, dieses Prophetenwort adaptierte. Gerade in den eucharistischen Mahlgebeten der Didache tritt dieser ekklesiologische Kontext offen zutage.[84]

Gegen Ende des 3.Jh. vollendete Hippolyt seine Kirchenordnung, in der die Hierarchie Bischof, Presbyter, Diakon, Subdiakon festgelegt wurde. Nach der Kirchenordnung des Hippolyt steht der Klerikertitel jedoch nur dem Bischof und den Presbytern zu.

Der Klerikerstand war damit geboren.

5.4. Geschichtliche Zusammenfassung; abschließende theologische Erkennt-nisse bzgl. es Priesteramtes und der möglichen Aufhebung des Pflicht-zölibats

5.4.1 Geschichtliche Zusammenfassung

Das Zölibatsgesetz war der Abschluß einer langen Vorgeschichte, die sich vom 4. bis ins 12. Jh. erstreckte und in der nur ein Enthaltsamkeitsgesetz für verheiratete Priester gegolten hatte. Es wurde in der Lateinischen Kirche zuerst implizit auf dem Ersten Laterankonzil (1123) und dann ausdrücklich in Canon 6 und 7 des Zweiten Laterankonzils von 1139 erlassen. Erwachsen ist es aus einem Enthaltsamkeitsgesetz, welches in Kraft gesetzt wurde, um die Enthaltsamkeitsvorschrift wirksam durchzusetzen.

---

82 Andresen, S.51

83 Didache gr.= <<Lehre>>; Apostellehre, die älteste christliche Gemeindeordnung, um 100 n.Chr. in Syrien entstanden.

84 Vgl. Andresen, S.62.

In der frühen und der alten Kirche gab es von Anfang an verheiratete und unverheiratete Amtsträger. Warum einige unverheiratet blieben, dafür lagen persönliche, soziale oder religiöse Gründe vor.

Fest steht, dass in der biblischen nachapostolischen Zeit hervorgehoben wurde, dass die Amtsträger „der Mann einer Frau" sein mussten (1. Tim 3,2; 3,12; 2 Tim 2,24; Tit 1,6). d.h. sie mussten ungeteilt ihre Frau lieben. dass es unmöglich ist, wieder zu heiraten, wird nicht erwähnt. „Auf Todesanzeigen jener Zeit stand oft: <<Er war der Mann einer Frau >>, d.h. er liebte seine Frau."[85]

In den ersten Jahrhunderten wurden jedoch die Gelübde der Mönche - ihre ethischen Motive - für viele kirchliche Amtsträger Inspiration. Sie wählten aus eigenem freien Antrieb das ehelose Leben. Gegen Ende des 4.Jh. kam es dann - im Zusammenhang mit der Anerkennung der christlichen Religion als römische Staatsreligion und den erwähnten Voraussetzungen, die für eine wirkliche *religio* in den Augen der konkurrierenden heidnischen Vestalen galten - zum 'Knick' in der Reinhaltung der Lehre und den überlieferten altkatholischen Bräuchen.

Die *Reichskirche* entstand. Eine total veränderte Kirche, die darauf aus war, der Kultmentalität der Römer zu entsprechen und mit neuen Gesetzen aufwartete. Es ist feststellbar, dass das Enthaltsamkeitsgesetz hier seinen Ursprung hat. Man weiß nicht bestimmt, ob es unter Papst Damasus (366-384) oder Papst Siricius (384-399) entstand. Sicher ist nur, dass Siricius, wie schon vorher erwähnt (s.S.31), sich schriftlich dazu geäußert hat.

Aus den Dokumenten >Canones synodum Romanorum ad Gallos<, so schreibt der niederländische Jesuit, Edgar Schillebeeckx, gehe hervor, dass das alles beherrschende Hauptmotiv für die Einführung eines *Enthaltsamkeitsgebots* die >rituelle Reinheit< ist. Es ging hier nicht um ein Zölibatsgesetz, sondern um ein Enthaltungsgesetz wegen der rituellen Reinheit mit Blick auf die Eucharistie, ein liturgisches Gesetz, das den sexuellen Umgang in der Nacht vor der Eucharistie verbot. Sowohl das liebevolle Zusammenwohnen der Priester mit ihrer Frau als auch ihre Verpflichtung zur Enthaltsamkeit war kanonisches Gesetz.

5.4.2 Abschließende theologische Erkenntnisse bzgl. des Priesteramtes und der möglichen Aufhebung des Pflichtzölibats

Es geht also um eine veraltete Anthropologie und eine antike Auffassung von Sexualität, die den historischen Ursprung des anfänglichen Enthaltungsgesetzes und späteren Zölibatsge-

[85] Schillebeeckx, S.289.

setzes bilden. Jedenfalls brachte diese mit sich, dass ein Denken wie es Hieronymus in Worte fasste: „Omnis coitus immudus" möglich werden konnte.

Das Motiv, was im 12.Jh. (1139) ein Zölibatsgesetz möglich machte und Hauptmotiv für den Amtszölibat wurde ist aus dem Text des 2.Laterankonzils[86] deutlich zu ersehen:

„Damit die 'lex continentiae` (Gesetz der Enthaltsamkeit) und die Gott wohlgefällige Reinheit sich unter den Klerikern ausbreite, setzen wir fest..."

Das Zölibatsgesetz wurde ausdrücklich als drastisches Mittel gesehen, um endgültig dem Enthaltungsgesetz wirksam Achtung zu verschaffen, da es zwischen dem 5. und 10.Jh. bei den verheirateten Priestern nach Berichten zu schließen, nur wenig Beachtung fand. Nach allerlei fruchtlosen Verhängungen von Sanktionen und *ökonomischen* Strafen, griff man nach dem drastischsten Mittel, nämlich dem, die Ehe für Priester zu verbieten. Erst von diesem Moment an wurde das Priestertum ein ungültiges Ehehindernis.

Das Enthaltungsgesetz ist tatsächlich das einzige ausschlaggebende, das eigentlich bestimmende Element der kirchlichen Gesetzgebung gewesen. Das alles entscheidende und einzige Hauptmotiv ist somit die >rituelle Reinheit< auch nach dem 2. Laterankonzil, wie ich nach eigenen Nachforschungen feststellen konnte und was mir Schillebeeckx` Analyse[87] bestätigt.

Von einem „religiösen Zölibat um des Himmelreiches willen" ist überhaupt nicht die Rede. <<Man berührt den Altar und die geweihten Gefäße nicht mit 'besudelten` Händen >>, so lautete die heidnische und nun durch Christen übernommene Sicht.[88]

Schillebeeckx spricht darüber hinaus davon, dass es seines Erachtens ungerecht ist, ideologisch das Zölibatsgesetz als ein Mittel für kirchliches Machtstreben anzusehen, jedenfalls im Altertum und im Mittelalter. In späteren Zeiten, als das Gesetz einmal bestand, konnte es dafür missbraucht werden, aber das hat nichts zu tun mit seinem Entstehen.

Die neutestamentlich kritische Frage, wie es möglich war, dass Christen von neuem antike Reinheitsgesetze haben in Kraft treten lassen, wenn Jesus und die Autoren des NT die rituellen Vorschriften des AT abgeschafft und für ungültig erklärt hatten, *„denn es ist eine Tatsache, dass alle kirchlichen Dokumente, bis in die Enzyklika >Sacra Virginitas< aus dem Jahre 1954 von Pius XII., im Zusammenhang mit dem Zölibat von Priestern immer auf die levitischen Reinheitsgesetze verweisen (zitiert werden vor allem: Ex 19,15; 1 Sam 21,5-7;*

[86] Vgl.a.a.O.,S. 292f.
[87] A.a.O.,S.293.
[88] Vgl. ebd.

Lev 15,16-18;22,4).[89] , habe ich mit Andresens analytischen Feststellungen (s.S.48) und Schillebeeckx ergänzenden Erklärungen (s.S.29) beantworten können.

Zusammenfassend möchte ich noch dazu sagen, dass Christen auch Kinder ihrer Zeit waren. Die Stoiker verdammten den sexuellen Verkehr als >unvernünftig<, da er eine ‘kleine Epilepsie` erzeugt, die den Menschen seiner Sinne beraubt. Diese Sichtweise wird aus dem philosophischen Ideal des >>Gleichmuts<< verständlich.

Es waren auch Christen, die die Forderung der Ehelosigkeit für alle Getauften geltend machten. Sie standen unter dem Druck der heidnischen Umgebung und standen trotz Bekenntnis zur *Heiligkeit der Ehe als Schöpfergabe Gottes*, dem was man den >>ehelichen Vollzug<< nannte, äußerst reserviert gegenüber. Nur im Hinblick auf die Fortpflanzung wurde dieser gebilligt und die damit verbundene Lust schamvoll verschwiegen.

Es ist historisch nicht zu leugnen, dass das Zölibatsgebot im Zeichen der Überzeugung steht, dass sexueller Umgang, selbst in der sakramentalen Ehe, als etwas Unreines und leicht Sündhaftes gesehen wird.

Allerdings ist zu erwähnen, dass unterschieden werden muss zwischen dem Zölibat der Ordensleute und dem der Kleriker. Die Mönche lebten ihre Gelübde um des Himmelreiches willen, schon immer, die Kleriker aus >sakramentalen Reinheitserwägungen<.

Nach dieser ausführlichen Darstellung möchte ich mich wiederum der Aussage Prof. Dr. Johannes Brosseders aus Königswinter anschließen, der mir schrieb (s.Anl.):

„Welche theologische Begründung auch immer für den Zölibat angeführt wird, wichtig ist, dass keine einzige ihn auch nach dem Selbstverständnis der römisch-katholischen Kirche, also der lateinischen Kirche, zwingend macht. Es werden lediglich theologische oder bestimmte biblische Erwägungen angestellt, die diese Regelung verständlich machen sollen. Jedermann weiß (auch Papst und Lehramt), dass diese Erwägungen, unbeschadet der Hochachtung, die man ihnen entgegenbringt, nicht stringent sind.“

---

[89] Vgl.a.a.O.,S. 291.

II Aktuelle Ansichten und theologische Erklärungen über den Zölibat

1 Glaube in unserer Zeit

Gott, was ich nicht mehr will und was ich will

Ich will nicht mehr betteln.

Diese Erniedrigung passt nicht zu einem Sohn Gottes.

Ich will nicht mehr unterwürfig knien.

Dann kann ich deine Augen nicht sehen und gehe an

deinem Angebot vorbei.

Ich will mich nicht mehr verstecken und bewusst tun was ich tue, auf dem Weg in die Reife.

Ich will mich nicht entschuldigen wie einer, der immer ungenügend ist.

Du hast mich doch gemacht.

Ich will mein Gesicht nicht vor dir verdecken.

Du sollst sehen, wer ich bin,

und ich will mich nicht mehr schämen.

Ich will mich nicht mehr verurteilen wie einer, dem es immer um Schuld geht und nicht um Wachstum.

Ich will keine Angst vor der Sünde haben, weil die Angst der Sünde die Macht gibt.

Ich will nicht mehr so tun, als hätte ich keine Sehnsüchte und Träume.

In ihnen steckt der Hunger nach Leben.

Ich will keine Angst mehr vor dir haben, weil Angst trennt.

Ich will leben, bunt und auf dich zu, wie eine Blume sich zur Sonne streckt.

Ich will weniger fromme Worte gebrauchen.

Ich will das Komplizierte an mir lieben.

Ich will freier mit dir sein, ohne Angst.

Ich will ein Sohn sein, der erwachsen wird.

Ich will aufrecht gehen.

Ich will denken ohne schlechtes Gewissen.

Ich will meine Phantasie ehren.

Ich will meine Freude genießen.

Ich will meinen Schmerz verstehen.

Ich will meinen Körper würdigen.

Ich will voll verantwortlich für mich sein.

Ich will echter werden.

Ich will mit mir ehrlich sein.

Ich will auf dich zugehen, weil ich es will.

Ich will mein Leben besitzen, damit ich es weggeben kann,

wenn ich es will.[90]

Nachdem Ulrich Schaffer die Glaubensmentalität unserer Zeit so treffend auszudrücken vermochte, will ich nun praktische Erfahrung zu Wort kommen lassen:

1.1 Die heute am häufigsten angewandten Argumente gegen den Zölibat

1.1.1 Eine Gemeinde stellt Fragen

Protokoll über das Glaubensforum vom 9.Mai 1994

(berichtigte Fassung nach einem Nachgespräch)

Thema: Z ö l i b a t

Referent: Pfarrer Ludwin Seiwert

von der katholischen Pfarre Heilig

Geist in Ratingen-West

Ort: Ev. Versöhnungskirche, Ratingen-West

Anwesende: 145 Personen beider Konfessionen aus den verschiedenen Pfarren Ratingens, aus Düsseldorf und Langenfeld.

Zeit:: Beginn: 20.00 Uhr Ende: 22.00 Uhr.

---

[90] Schaffer, Ulrich: Neues Umarmen, Stuttgart - Ed.Schaffer im Kreuz Verlag, 1989, S.24-25.

Einleitung:

Als Einführung in das Thema erklärte Seiwert, dass die Diskussion um die Aufhebung der Zölibatsverpflichtung bzgl. des Priesteramtes in der katholischen Kirche nicht neu sei, sondern so alt wie der Zölibat selbst. Als markantes Beispiel aber sei zu nennen, dass im Jahre 1819 ein offizieller Antrag von Universitätsprofessoren an die damalige Regierung gestellt wurde, den Pflichtzölibat aufzuheben.

Der Zölibat als solcher sei niemals eingeführt worden, sondern habe sich im Laufe der Jahrhunderte entwickelt.

Im Mittelalter erst sei der Zölibat gesetzlich geregelt worden, nachdem er vorher schon allgemein und freiwillig im Bestreben auf die wirkliche Nachfolge Christi gelebt worden sei.

Auch sei der Zölibat kein Hinderungsgrund für Solidarität.

Der heilige Martin sei z.B. ein überzeugter Zölibatär gewesen, während sein Freund, der Bischof Hillarius, verheiratet war und beide aber bestes Einvernehmen verband.

In dieser Zeit bringe die veränderte Einstellung zur Sexualität, nämlich, dass Intimverkehr vor der Ehe normal und natürlich sei, mehr Argumente gegen den Zölibat auf den Plan.

Sein Sinn soll heute Abend überdacht werden.

Pfarrer Seiwert stellte das Thema unter die Gesichtspunkte: Pro und Contra.

Zunächst nannte er **8 Argumente gegen den Zölibat**, die ihm die häufigst erwähnten und wichtigsten erscheinen.

1. Einsamkeit des Zölibatärs
   Es ist nicht gut, dass der Mann allein ist. Mann und Frau gehören zusammen.
2. Einschränkung der persönlichen Freiheit und somit des Rechtes auf Selbstverwirklichung
3. Änderung der Lebenseinstellung muss möglich bleiben
   Was ein junger Mann voller Illusionen verspricht, muss ein durch Erfahrungen gereifter und zu neuen Erkenntnissen gelangter Priester, revidieren können.
4. Priestermangel
5. Verheiratete Pfarrer können besser Rat und Hilfe in Familien- und Eheproblemen geben.
6. Amtsaufgabe vieler Priester
7. Zölibat macht unglücklich
8. Die psychische Entwicklung des Menschen wird gehemmt

zu 1) Einsamkeit des Zölibatärs

Seiwert stellte fest, es gäbe zu viele,-auch Katholiken -, die glauben, dass Priester den Zölibat ja nur in Kauf nähmen, aber eigentlich gerne heiraten würden, wenn sie nur dürften.

Als er nach dem Abitur seinen Eltern eröffnet habe, dass er Theologie studieren wolle um Priester zu werden, seien diese so dagegen gewesen, (aus Gründen der Verkoppelung der Ehelosigkeit mit dem Priesteramt) dass er bis zur Volljährigkeit (damals mit 21 J.) zunächst etwas anderes studieren musste. Erst danach habe er gegen den Willen der Eltern das Theologiestudium begonnen und bis zur Priesterweihe ständig einen Disput darüber mit seinen Eltern gehabt. Er sei also sehr bewusst in diesen Beruf gegangen.

Er habe den Zölibat als Lebensform „gewählt".

Zunächst sei aber zu sagen, dass es schlecht ist, wenn Menschen dies tun, weil sie Probleme mit ihrer Sexualität haben, weil sie als junge Männer Angst vor Frauen haben.

Ein in seiner Entwicklung gestörter Mann gehöre nicht in ein Priesteramt.

Die richtige Vorbereitung auf dieses Amt ist wichtig, und er halte es für bedenklich jeden zu weihen, der glaubt berufen zu sein.

Er habe weder etwas von einer Berufung an sich selbst erfahren, noch könne er von einer persönlichen Gotteserfahrung berichten.

Er wisse nicht, ob es Gott gibt.

(Gemeint ist, wie Gott aussieht, wie er sich Gott vorstellen könne.)

Für ihn sei Jesus wesentlich, ja, das Wichtigste in seinem Leben und der Zölibat ein Zeichen, das er setzen möchte.

Es sei ihm so wichtig, die Menschen auf Jesus und den von ihm gezeigten Weg aufmerksam zu machen, dass er sein ganzes Leben dafür zu opfern bereit sei.

Der Zölibat ist für ihn die Entscheidung für Jesus, dem Gott wichtiger war als alles andere, und so sei es auch für ihn. Und Jesus habe in der Ehelosigkeit gelebt und diese Form „um des Himmelreiches willen" empfohlen. Das sei für ihn Vorbild.

zu 2) Heutzutage wollen alle soviel Freiheit und soviel Selbstverwirklichung wie nur möglich.

Ich gebe zu, dass der Zölibat und das Priesteramt da zu Einschränkungen zwingt.

zu 3) Änderung muss möglich sein

Ich bin für den Pflichtzölibat!

Das Zeichen der Ehelosigkeit und Armut und Keuschheit soll dafür stehen, dass der Priester sein ganzen Leben Gott geweiht hat, und somit als leuchtendes Beispiel für einen tiefen Glauben und tiefe Hingabe überzeugt.

Nicht Worte, sondern vorbildliches Leben ist notwendig und kann überzeugen.

Der Zölibat muss aus dieser inneren Einstellung geleistet werden, nicht als Inkaufnahme, um einer diffusen Berufung zu folgen.

zu 4) Priestermangel

Die Erfahrungen der Kirche sind da unterschiedlich.

Es gab auch in diesem Jahrhundert schon Priesterüberschuss, d.h. nicht alle, die das Amt begehrten, konnten angenommen werden.

Ich glaube, dass die Bewerbungen um das Priesteramt so zurückgegangen sind hat nicht unbedingt etwas mit dem Zölibat zu tun, sondern etwas damit, dass das Interesse an Kirche und Glauben vermindert ist. Dadurch, dass es weniger Gottesdienstteilnehmer gibt, sind auch die Zahlen der am Priesteramt Interessierten zurückgegangen.

Ich gebe zu, dass wenn der Zölibat aufgehoben würde, wahrscheinlich zunächst mehr Theologiestudenten sich für das Priesteramt entscheiden würden.

Aber grundsätzlich sehe ich die Werte und Normenverschiebung der Gesellschaft als verantwortlich für den Priestermangel an.

zu 5) Verheiratete Pfarrer können besser

Rat in Familien- und Eheproblemen geben.

Es gibt Nachteile, Einschränkungen, die man sehen muss.

Hier muss ich mich allerdings fragen, ist das für das Amt eines Priesters wesentlich?

Ist das Aufgabe eines Priesters?

Ich bin nicht Priester geworden, um Eheberatungen zu machen!

Ich räume ein, da nicht viel mitreden zu können und schicke Leute, die sich in dieser Beziehung an mich wenden zur Eheberatung.

zu 6) Amtsaufgabe

Ich denke, hier handelt es sich um Problemverlagerung.

Es gibt genug Menschen, die eine einmal getroffene Entscheidung, eine Verpflichtung nicht ein Leben lang durchhalten können.

Das ist nicht nur beim Zölibat so, sondern auch bei Ehen.

Es ist festzustellen, dass im Jahr im Bistum Köln soviel ich weiß, 3-5 Priester aus dem Amt scheiden.

Andere wieder wollen ihre Existenz nicht verlieren und haben eine Beziehung zu einer Frau nebenbei.

Das ist auch bei Ehen nicht viel anders.

Ob durch die Abschaffung jedoch etwas besser würde?

(Kommentar aus dem Publikum: Weniger Heuchelei!)

Die Tatsache, dass es Priester gibt, die heimliche Beziehungen haben, ist kein Argument gegen den Zölibat, genauso wenig, wie die vielen außerehelichen Beziehungen nicht gegen die Ehe selbst sprechen.

Der Zölibat macht einen Priester nicht zu einem besseren Menschen. Die Konflikte liegen in der unreifen Persönlichkeit des Betroffenen.

Wenn jemand glaubt seine Entscheidung nicht mehr leben zu können, dann muss er eine neue Lebensentscheidung treffen, darf aber nicht damit rechnen, dass andere sie ihm abnehmen oder ihm danach den Weg ebnen.

Jedoch, man sollte zusammen mit dem Bischof eine Lösung für diese Priester finden. Ich weiß, dass ausscheidenden Priestern ein neues Studium finanziert wird. Ansonsten weiß ich wenig darüber. Aber es muss dann eine würdige Lösung gefunden werden.

Aber grundlegend sage ich:

Man muss wissen, was man will und danach klar handeln!

Es liegt nicht am Zölibat, sondern an der Persönlichkeit, wie gesagt. Heuchelei ist darin begründet, dass einer Persönlichkeitsdefizite hat und die hat er dann auch in der Ehe. Kann er dem Zölibat nicht treu bleiben, wird er der Frau auch wahrscheinlich nicht auf Dauer treu sein.

Deshalb glaube ich auch nicht, dass durch die Abschaffung etwas grundlegend verbessert würde. Leute die den Zölibat nicht durchhalten, halten dann wahrscheinlich die Ehe nicht durch.

Das Zeichen der Ehelosigkeit als tief empfundene Nachfolge Christi würde gar nicht mehr verstanden, sondern man würde glauben: „Der hat keine mehr mitbekommen."

Seiwert fiel noch ein, dass die evangelischen Kirchen wesentlich weniger Gottesdienstbesucher haben und er glaube, dass dies mit dem Zölibat zusammenhänge.

(Einwände aus dem Publikum: Das Sonntagsgebot, die schwere Sünde, die Messe versäumt zu haben, früheres Gebot der Kirche, sei noch immer in den Hinterköpfen der Katholiken.)

Pfarrer Seiwert glaubte jedoch an das „leuchtende Zeichen der Nachfolge Christi", das die Menschen bewusst oder unbewusst anspricht und dazu auffordert: Tu` was!

zu 7) Zölibat macht unglücklich

Leiden und Unzufriedenheit werden auf die Mitmenschen übertragen.

Aber sind das Folgen des Zölibats?

Gibt es nicht genauso unglückliche Ehen und unglückliche Singles?

Es hängt von der Kontaktfreudigkeit des Menschen ab.

Nur, wenn der Zölibat als notwendiges Übel in Kauf genommen wurde, geht das schief. Solch ein Mensch kann nicht damit glücklich werden, und es kommt zur Aufgabe des Berufes oder zu seelischen Erkrankungen.

Der Zölibat von sich aus, macht keinen Menschen unglücklich oder unreif.

Zu 8) Die psychische Entwicklung des Menschen wird gehemmt:

Es gibt, wie gesagt, verkrachte Existenzen unter den Priestern, die in ihrer psychischen Entwicklung etwas verpasst haben, so Seiwert.

Sie gehören nicht in ein Priesteramt. Es sind nach Seiwerts Meinung Einzelfälle.

Der Zölibat darf kein Verzicht sein.

Der Zölibat, wie er zu sehen sei, als Zeichen, das ein tiefgläubiger Mensch durch Hingabe seines ganzen Lebens den Mitbrüdern und - Schwestern setzen möchte, damit sie zum wahren Glauben finden, kann keine Hemmnis für die psychische Entwicklung sein. Es ist ja eigentlich erst möglich zu solch einer inneren Einstellung zu finden und sie in Echtheit weiterzugeben, wenn Reife da ist. Dann ist der Zölibat nicht unglücklich, sondern tief aus dem Inneren her gelebt.

Wenn das aber so ist, kann ich mit Menschen beider Geschlechter ohne Schwierigkeiten umgehen, brauche keine künstliche Distanz.

Die oft noch auf dem früheren Verständnis des Priesters als 'Hochwürden` beruhende Distanz zu den Gläubigen halte er für gefährlich. Durch die Überhöhung werde der Priester nicht kritisiert und dann fehle die natürliche Korrektur, die sonst durch nahestehende Menschen, bzw. durch die Ehefrau erfolgt. So wird Entwicklung gehemmt.

(Einwand aus dem Publikum: Zölibat werde als elitär empfunden. Der Ehestand stehe dem nach, das sei nicht richtig.)

Darauf kam keine eindeutige Antwort.

(An dieser Stelle bemerke ich, dass ich die Pros. und die Contras gar nicht feinsäuberlich nacheinander aufreihen kann, denn sie gingen im Verlauf des Abends immer mehr ineinander über).

Es gab jedoch den zweiten Teil der die Punkte hervorheben sollte, die ganz konkret für den Zölibat stehen.

Was ist eigentlich wichtig?

Die persönliche Entscheidung: Ich möchte Menschen mit meiner ganzen Existenz aufmerksam machen auf Jesus. Dafür setz` ich mein Leben ein. Gott an 1. Stelle.

Seiwert zitiert:

„Sucht zuerst das Reich Gottes und alles andere wird euch dazugegeben."

Mein Maßstab soll Christi Leben sein, Ehelosigkeit, Armut und Einsatz für die Menschen.

Ich muss sagen, dass der Grund der Ehelosigkeit Jesu nicht bekannt ist, aber nachzuvollziehen ist.

Im Judentum musste ein Gläubiger eigentlich verheiratet sein. Das ist ein Widerspruch. Daraus sieht man, das Jesus die Ehelosigkeit bewusst gewählt hat, um Gott an die erste Stelle in seinem Leben zu setzen und für seine Aufgabe ganz und gar dasein zu können.

Dennoch ist die Ehelosigkeit nur eine Empfehlung Jesu, kein Zwang. (Mat.19,12)

Um es nochmals zu sagen, sie soll kein Verzicht, sondern positive Entscheidung für Gott sein, der so wichtig ist, dass alles andere zweitrangig wird.

Erst seit dem Mittelalter gibt es das Zwangszölibat, wurde der Rat Jesu zur Norm.

Um es nochmals zu verdeutlichen:

Jesus war nicht verheiratet. Der Lebensstil Jesu ist Modell und Maßstab für mein eigenes Leben. Ich bin Priester geworden, weil mir kein Mensch überzeugender und wichtiger ist als Jesus, keine Gotteserfahrung, keine Berufung, nur dies.

Der Zölibat soll die Menschen zum Nachdenken motivieren.

Der Priester sollte insofern als leuchtendes Zeichen stehen, bezeugen: Gott ist wichtiger als alles andere im Leben.

Seiwert referierte weiter:

Die Kirche hat aus der Empfehlung ein Gesetz gemacht aus Sorge, dass die Empfehlung untergeht.

Als allgemein verpflichtend empfand Jesus die Gebote und setzte sein Gebot der Liebe über alle.

Individuelle Ratschläge gab er auch: „Gib alles, was du hast und folge mir nach." Armut, Martyrium und Ehelosigkeit um Gottes willen.

(Einwand aus dem Publikum: Die Signalwirkung des Zölibats werde in der heutigen Zeit nicht mehr verstanden. Ein evangelischer Pfarrer gelte soviel wie ein katholischer. Warum sollte also der Zölibat aufrecht erhalten werden? Ehelosigkeit mache eher fern vom Menschen. Seiwert gab zu, man solle, wenn das so sei, das Zölibat abschaffen und eine überzeugendere Form der Zeichensetzung finden.

Ein treues Priesterbild, zeitlos aber auch weltfremd.

Wichtige Unterthemen wurden nicht angesprochen, die aber die Gläubigen auf den Plan bringen, Kirche unglaubwürdig und den Zölibat zum Schreckgespenst machen.

Sicher brauchen wir Vorbilder, heile Menschen, heile Familien, wieder die Werte und Normen, die uns Christus am deutlichsten vermitteln wollte. Aber, wie gesagt, das Zeichen der Ehe, die für heile Familie steht und eine Basis für eine bessere Gesellschaft wäre, für Liebe die Menschen gesund macht, die die Welt friedlicher macht, wäre wichtiger, weil von allen benötigt.

Der Zölibat ist künstlich, seine Bedeutung fußt auf menschlichem Bedürfnis, sich das ewige Leben durch ein besonders heiliges Leben zu erringen. Göttliche Asexualität, da Einssein und menschliche Sexualität, da Zweisein, stimmen nicht überein. Man möchte daher das Irdische, die Notwendigkeit der Aufgespaltenheit, überwinden, strebt ein in sich Einssein, eine ideologische Vollkommenheit an, eben eine „Seinserhöhung", die den Gläubigen als Zeichen für das kommende Reich Gottes vorgeführt werden soll. Priester sollen die Leuchttürme sein für diese anzustrebende Existenz des gläubigen Katholiken. „Wer`s fassen kann, der fasse es."(Mat.19,12)

Diese Ideologie ist existentiell für den katholischen Glauben und daher meine ich, dass der Zölibat im eigentlichen eben nicht nur ein disziplinäres Moment des Kirchenrechtes ist, sondern viel tiefer geht und für die konservativ Gläubigen eben einen unverzichtbaren Wert darstellt. Für die Abschaffung, so habe ich es jedenfalls nach intensivem Studium der Materie erkannt, müßte der ganze katholische Glaube hinterfragt werden. Ein neues Konzil wäre dafür nötig, das sich mit der Christologie befasst.

Meine Meinung teilt das Buch: Der alarmierende Trendergebnisse einer Umfrage beim holländischen Klerus - [91] . In dem Kapitel : Glaubenseinsicht und Empirie kommt das Pastorale Institut der Niederlande, Kirchenprovinz Rotterdam zur Einsicht: „Trotzdem kann man diese Entscheidung" (Entkoppelung des Zölibats vom Amt) „nicht als eine rein disziplinarische Maßnahme bezeichnen. Denn es drücken sich darin zwei Momente aus: ein bestimmtes Kirchen- bzw. Amtsverständnis und die Wertung einer bestimmten menschlichen Seinserfahrung. Die pastorale Entscheidung der lateinischen Kirchenordnung (...) kann daher nicht ausschließlich von einer christlichen Glaubensintuition abgeleitet noch ausschließlich aufgrund einer bloßen Tatsachenanalyse beurteilt werden." „Letzteres macht eine soziologische Untersuchung erforderlich."[92] Und diese ergab beim holländischen Klerus und in holländischen Gemeinden im Jahre 1968, dass pastorale Fruchtbarkeit durch Fakten nicht ersichtlich war, also die Ehelosigkeit in Koppelung mit dem Amt durch die Praxis zur Ideologie erklärt werden.

Die Zölibatspflicht hat danach zu urteilen, keinen praktischen Sinn. Sie abzuschaffen würde auch mit sich bringen, dass in Zukunft weniger Skandale, aber mehr Glanz dieser dann freiwilligen Lebensweise angedeihen würde.

Kurzum: Alles ist ideell zu sehen. Und so wollen wir dann auch davon ausgehen, dass andererseits ein glücklich verheirateter Priester ein wunderbares und zutiefst benötigtes Zeichen für die Werte Jesu setzen würde. Ein Zeichen, das alle nachvollziehen können.

Ich sehe alles aus der Sicht einer evangelischen Christin, aber mir scheint die zweite Ansicht bzgl. eines Zeichens, eines Leuchtturms für die Menschheit, sinnvoller. In diesem Sinne steht für mich der Zölibat - im Gegensatz zu Seiwert- nicht an erster Stelle.

---

[91] Osmund Schreuder(Hrsg.) Der alarmierende Trend -Ergebnisse einer Umfage beim holländischen Klerus- Chr.Kaiser Verlag München 1970, S.207.

[92] A.a.O.S.208.

2 Die heute am häufigsten angewandten theologischen Argumente :

Hier will ich nochmals näher darauf eingehen, was sich durch das II.Vaticanum geändert hat.

Beim Zweiten Vatikanischen Konzil (so geht es jedenfalls aus seinen kanonischen Dokumenten hervor) kam man zum ersten Mal in der ganzen Kirchengeschichte zu der Einsicht, dass die traditionelle Begründung des Zölibatsgesetzes in der heutigen Zeit unhaltbar geworden ist. Zum ersten Mal berief man sich im Zusammenhang mit dem Amtszölibat auf Mt 19,11-12, den sog. religiösen Zölibat um des Gottesreiches willen. Dieses Konzil vermeidet es überdies sorgfältig, alle die alten Motive aufzuführen, es spricht sogar absichtlich nicht von 'perfecta castitas', vollkommener Keuschheit (um die Ehe nicht herabzusetzen).

Wichtig ist zu bemerken, dass seit dem Zweiten Vatikanischen Konzil das Zölibatsgebot auf eine ganz andere Grundlage gestellt wurde, als es in der bisherigen Kirchengeschichte der Fall war. Die Entstehungsgeschichte weist aber auf jeden Fall auf ideologische Elemente hin, die mitspielen.

Die heute meist zur Verteidigung des Zölibats aufgeführten Begründungen sind:

- Der Zölibat ist ein Charisma (Geschenk von Gott
- Er gehört zum apostolischen Wirken für das Reich Gottes
- Jungfräulichkeit mit dem Vorbild Maria, als Bedingung für ihre Auserwählung
- Jungfräulichkeit, einem Engel gleich, ist Voraussetzung für die
- Priesterweihe, bei der der Priester zum Mittler, zum Anwalt zwischen Gott und den Menschen wird. (s. Anl. Weihe-Predigt des Kardinals Meisner).

2.1 Analyse der heutigen Argumente für den Zölibat

2.1.1 Geschenk (Charisma) von Gott

Die Begründung, die Ehelosigkeitsforderung auf Mt 19:12 zurückzuführen, oder den Apostel Paulus heranzuziehen, der auch das ehelose Leben um des Himmelreiches willen empfiehlt, ist heute eine der häufigsten Erklärungen. Wie wir sehen hatten frühere Jahrhunderte andere Argumente. Die Vorstellung, dass die Ehelosigkeit eine Gabe Gottes sei, findet sich aber weder bei Mt 19,12 noch beim Apostel Paulus.*Der Apostel Paulus wies warnend darauf hin, dass eines der kennzeichnenden Merkmale des bevorstehenden Abfalls der Zölibatszwangs sei, denn er sprach von Personen, „die verbieten zu heiraten“ (1 Tim.4:1,3)* . *Einige Apostel u.a. Petrus , auf den die katholische Kirche sich bezieht, waren verheiratet (1 Kor.9:38). Die Erfahrungen in der Ehe statteten sie ja auch schließlich mit dem nötigen Verständnis und der nötigen menschlichen Reife aus, um der Christenversammlung erfolgreich zu dienen und den in der Bibel für Hirten festgelegten Bedingungen zu entsprechen. (1 Tim 3,11;2,12;Tit. 1,5-6).*

In seinem Buch: „Die Geschichte des Zölibats" zitiert Georg Denzler die Aussage Heinz-Jürgen Vogels, die er als Ergebnis seiner bibeltheologischen Untersuchung „Pflichtzölibat" macht. Er erklärt, dass selbst das II.Vatikanische Konzil noch eine zwiespältige Haltung einnahm, wenn in der Konstitution „Lumen gentium" einerseits „die kostbare göttliche Gnadengabe, die der Vater einigen gibt (vgl. Mt 19,11; 1.Kor.7,7), die Jungfräulichkeit oder der Zölibat, in dem man sich leichter ungeteilten Herzens (vgl. 1.Kor. 7, 32-34) Gott allein hingibt", hochgeschätzt und andererseits im selben Dokument vom „Gesetz des Zölibats, das in Kraft bleiben muss", die Rede ist. Das Dilemma zwischen Gesetz und Gnade konkretisiert sich in der Frage, wie lässt sich die priesterliche Ehelosigkeit als Geschenk Gottes mit der im Codex Iuris Canonici enthaltenen Verpflichtung des Priesters zum Zölibat vereinbaren? Die Antwort (...) heißt: Ein Charisma darf man nicht per Gesetz erzwingen; und außerdem: Wer von der Gabe Gottes für sich überzeugt ist, wird sie dankbar in Empfang nehmen, so dass ein Gesetz und Androhung von Sanktionen überflüssig sind."[93]

Weiterhin erwähnenswert ist der Jurist Hans-Urs Willi, der nach dem Gesichtspunkt der Menschenrechte die Ehelosigkeit ablehnte, da das Priestertum theologisch eben nicht Ehelosigkeit zur notwendigen Voraussetzung habe. Folglich dürfe das Recht auf Ehe eines jeden Menschen durch keine rechtlichen Sanktionen verhindert werden. Diese Behauptung unterstützt der Tübinger Dogmatiker Peter Hünemann: „Ein Gesetz ist ja nicht schon dadurch sittlich gerechtfertigt und möglich, dass die verordnete Beschränkung vorher freiwillig bejaht wird. Die Beschränkung muss viel mehr auch aus sich und in sich eine sittlich mögliche sein, unabhängig von den Beweggründen und Zielsetzungen, die zu dieser Entscheidung führten.

Damit trifft dann aber auch die Zölibatsgesetzgebung auf das fundamentale Personenrecht des Menschen, seine Freiheit zur Ehe."[94]

2.1.2 Apostolisches Wirken für das Reich Gottes

Weiterhin wird die Feststellung getroffen, ein Priester müsse ganz und gar für seinen Beruf leben, und allein das Zölibat garantiere die hundertprozentige Erfüllung dieser Verpflichtung zur Liebe für alle gleichermaßen.

[93] Denzler: S.106.
[94] Publik-Forum, 1.12.1978.

Der kanadische Priester, John H. McGoey beschreibt in seinem Buch: „Lieben kann ich das?“ seine heutige, nach schwerer Krankheit und Entscheidungsphase, durchlebte und durchlittene Sicht der Zölibatsverpflichtung, und gerade zu der Pflicht der vollkommenen Nächstenliebe hat er einiges zu sagen:

2.2 John Mc.Goey: Der Zölibat ist Verpflichtung zur Liebe; Thesen eines Betroffenen

„Liebe ist der lebendige Ausdruck des christlichen Glaubens, für den der Zölibatär sein Leben hingeben soll. Sonst ist der Zölibat eine Illusion und eine sehr unglückliche Lebensweise.“

„Das Christentum ist keine Einrichtung, keine Struktur, kein System, sondern eine persönliche Begegnung mit der Wahrheit, mit Gott - durch eine ehrliche Anstrengung zu lieben-. Da das Christentum der Beruf der Zölibatäre ist, sollten sie die ersten sein, die Christus, den Weg, die Wahrheit und das Leben, die Offenbarung Gottes in der Welt, in den Menschen lieben können.

Christlicher Zölibat ist wesentlich ein Glaubensakt Gott gegenüber, seinem offenbarten Wort, Jesus Christus und gegenüber der Abschiedsgabe Christi an die Menschen, dem Geist der Liebe, der in den *Menschen* lebt.

Wo nicht tatsächlich geliebt wird, gibt es keine Religion, kein wahres Verhältnis zu Gott, und dann ist ein liturgischer Gottesdienst ein leeres Possenspiel.“

„Im Leben des liebenden Zölibatärs gibt es Platz für alle, die er lieben soll, für die er sich einsetzen soll, denen er sich mitteilen muss. Seine Liebe ist sehr menschlich und persönlich aber nicht „engelgleich“ oder rein geistig; sie ist immer zum besten des geliebten Menschen da.“

„Wahre Liebe, die für den Zölibatären äußerst lebenswichtig ist, wird nicht sehr leicht erworben, und daher kommt es, dass es nur wenige erfüllte Zölibatäre gibt.“

„Bevor Zölibatäre jemals genügend Vertrauen zum Lieben schenken können, müssen sie lernen, dass so oder so Gottes Wege immer besser, sicherer und immer richtig sind und, dass er von ihnen erwartet, dass sie lieben, und sie müssen daran glauben, dass er ihnen beistehen wird. Sie müssen einen tiefen Glauben an Gott und nicht an sich selbst haben“.

„Es ist natürlich, dass es nur wenige echte Zölibatäre gibt, aber diese wenigen sind Menschen, die nur deshalb auf genitalen Sex verzichten, damit sie besser und mehr lieben können, deren geschlechtliches Leben geopfert worden ist, d.h. heilig gemacht worden ist, und zwar dadurch, dass sie sich durch einen außerordentlichen Dienst der Liebe, Gott und den Menschen gewidmet haben. Ihre rein geschlechtliche Erfüllung wird durch eine viel umfassendere Erfüllung in persönlicher Liebe ausgeglichen werden können. In diesem Sinne kann man den Zölibat eine Lebensweise nennen, die nicht alltäglich ist."

„Liebe leerer Zölibat bringt kleinkarierte, knickrige Menschen hervor, die zu einer zänkischen Eifersucht neigen und immerzu die Freundschaftsbande anderer beargwöhnen, ein Zeichen ihrer eigenen Lieblosigkeit. Eine derartige Lebensweise von Zölibat ist negativ, grausam, ja sogar sadistisch. Einem solchen Zölibat kann manch ein Nervenzusammenbruch zugeschrieben werden.

Die Opfer eines Liebe leeren Zölibates, die klug genug sind zu verstehen, dass ein Nervenzusammenbruch kein Lobpreis Gottes sein kann, sind gerettet, wenn sie sich an jemanden wenden können, der sie lieben kann, dem sie trauen können und der durch das falsche Bild von Heiligkeit, das sie projizieren, hindurchblicken kann."

„Die echte Liebe solch einer Person wird sie realistischer zu ihrer Arbeit zurückschicken, wirksamer und hingabefreudiger als je zuvor, da wahre Liebe die zeitweilige Abhängigkeit des Geliebten niemals missbraucht, sondern sich über seine Stärke und Güte freuen kann."

„Zölibat ist ein Weg, ein liebevolles Leben führen zu können, die Ehe ein anderer.

Menschen, nicht Lebensstände, haben die Fähigkeit zu lieben. Aber große Liebe ist nicht nur eine unter vielen Aufgaben zölibatärer Menschen, sie ist vielmehr ihr Berufsziel."

„Ihre auf Gott und die Menschen ausgerichtete Liebe ist eine Täuschung, wenn ihre Sexualität in ihren liebenden Beziehungen nicht eingeschlossen werden darf. Zölibatäre ohne Liebe haben der Welt absolut nichts anzubieten, einer Welt, die so unerfüllt lebt, wie sie nicht gelernt hat zu lieben."

„Der intelligente, aber lieblose Mensch weist auf, dass er es ist, der in Wirklichkeit zurückgeblieben ist."

„Jene, die viel lernen, werden klug, aber jene, die lieben, werden gut."

„Für viele Zölibatäre kann das Wort Liebe kränkliche Furcht vor einem Skandal mit sich bringen, ein kulturelles Erbe geschichtlicher Fehler, die mit Liebe nichts zu tun haben, aber viel mit Stolz, Hochmut und Ausbeutung."

„Furchtsame Menschen, die viel mehr zur Scham vor der Sünde als zur Reue über sie fähig sind, begreifen nicht die Bedeutung persönlicher Liebe und auch nicht den schrecklichen Skandal persönlicher Lieblosigkeit. Ihre Arbeit wird mehr von der Schwäche der Sünder als von der Stärke der Heiligen angefeuert.

Ehrliche Fehler gegen die Keuschheit sind sicherlich weniger skandalös als Machtkämpfe zwischen religiösen Orden oder als der Hochmut aufgeblasener Kirchenmänner, die es wagen, ohne zu zittern die Stelle Gottes bei anderen vertreten zu wollen."

„Die Welt hat keinen Anlass dazu, an eine Liebe zu glauben, die von Zölibatären abgelehnt wird, weil jene nicht die Tugend besitzen, sie zu praktizieren."

„Jungfräulichkeit ist immer dann möglich, wenn die tiefste Verbundenheit zweier Menschen, echte Liebe ist. Jungfräulichkeit aber ist ebenso unchristlich wie Zölibat, wenn sie ohne Liebe sind."

„<<Gut>> wurde mit legalistischen Negativen definiert, und zwar in dem Maße, dass sie in mystischer Weise als liebend betrachtet werden konnten, ohne dass sie auch nur eine Person persönlich liebten."

„Man forderte sie auf, wahre Männer und Frauen zu sein, während sie ihre Geschlechtlichkeit und positive Sexualität total ignorieren mussten. Was allein nur allzu häufig damit erreicht wurde, war das Unterlassen eben jener Liebe, die die einzige Rechtfertigung für den Zölibat ist."

„Die gegenwärtige Ablehnung des Zölibates kann zu einem großen Teil auf diese geschichtliche Entwicklung mit einer Verpflichtung, niemand als Gott zu lieben, zurückgeführt werden. Eine solche Art von Zölibat ist sowohl unchristlich wie lieblos. Christus (...) hat nur ein Gebot hinterlassen: zu lieben."

John H. McGoey zeigt Perspektiven des Zölibats und der Liebe auf, die in unsere Gesellschaft kaum noch verstanden werden, die aber auch einmal den Zölibatären gerecht wird, für die der Zölibat den Wert darstellt, der im Konzilstext gemeint ist. Aber wie wir gesehen haben, steht dahinter keine Lebensauffassung der Distanz und des sich ängstlich Bewahrens, sondern Lockerheit und Lebensart. Inwieweit McGoey „diese Gnade des echten Zölibatärs" wie er es auch nennt, in seine Lebenswirklichkeit umsetzen kann, wissen wir nicht, d.h., ob er diese neue Einstellung ausgeglichen und frei lebt ist nicht bekannt; Psychologen haben aber nach neuestem Stand ihrer Wissenschaft herausgefunden, dass eine tiefe Überzeugung es möglich macht, die natürlichen Triebe zu sublimieren ohne seelischen Schaden daran zu nehmen.

Auf jeden Fall sollte man die Ideologie des Zölibates kennen, aus der heraus viele den Beruf des Priesters als Berufung angesehen haben und aus der heraus immer wieder junge Männer diesen Weg versuchen zu gehen, um besser zu verstehen und gerechter zu urteilen[95] , da durch die Medien gerade diese Lebensform immer wieder ins Zwielicht gestellt wird und die ans Licht gezerrten Negativbeispiele sie mehr als fragwürdig erscheinen lassen.

Es kommt also entscheidend auf den einzelnen Menschen an, wie viel oder wie wenig er für seinen Beruf investieren kann. Nicht weil er von den Verpflichtungen einer eigenen Familie entbunden ist, wird er wirklich mehr tun und ganz und gar in der Nächstenliebe aufgehen. Das wäre doch gemeint damit, dass die Zölibatäre sich ganz und gar dem Beruf widmen können. Es ist nicht das, dass einsame Menschen sich in die Arbeit stürzen ohne Luft zu holen, von Termin zu Termin hetzen, um sich selbst und dem Alleinsein zu entfliehen.

Als Unterdrückung wird der Zölibat dann empfunden werden, wenn zur inneren und äußeren Bewältigung Kräfte aufgeboten werden müssen, die zur Neurose führen und dann eine Erfüllung der Berufsaufgaben gar nicht in vollem Umfange möglich ist.

In der Hochscholastik vertraten führende Theologen wie Thomas von Aquino und Bonaventura die Argumentation, dass der Priester, anstatt natürliche Nachkommen zu zeugen, mit der „geistlichen Zeugung" beauftragt sei, denn „in seiner Person zeige sich der Mittlerdienst Christi als Lehrer, Priester und Hirte." „Er soll, wie Christus selbst, durch die ungeteilte, von allen irdischen Bindungen befreite Hingabe an die Verkündigung der Heilslehre die Glaubenswilligkeit seiner Hörer fördern, indem er durch seinen eigenen Lebensstand ein unübersehbares Zeugnis des Glaubens ablegt. Schließlich soll er den Universalismus der Hirtenliebe Christi bekunden, indem er keiner menschlichen Liebe lebt, die dem Universalismus seiner Hirtenliebe Eintrag täte."[96]

Auch diesem Denken ist mit McGoeys Thesen eines zutiefst betroffenen Zölibatärs und im Amt gebliebenen Priesters würdig entgegenzutreten.

Georg Denzler übermittelt: „Die Vollversammlung der Bischofssynode im Jahre 1990 beendete ihre Beratung über das Priesteramt mit einer Botschaft an das Volk Gottes. Darin heißt es in blumiger - mystischer Sprache: „Der priesterliche Zölibat in der Kirche erstrahlt in neuer Sicherheit und in neuem Licht als vollkommene Hingabe an Gott und zum Dienst an den Menschen, in Gemeinschaft mit Christus, dem Bräutigam, der die Kirche, seine Braut, so geliebt hat, dass er sein Leben für sie hingab. Für uns Priester ist die Befolgung der 'evangelischen' Räte ein sicherer Weg zur wahren und vollen Freiheit des Geistes und zur sittlichen und geistlichen Reife. Sie ermöglicht eine radikalere Nachfolge Christi, der sein Kreuz trug und den Willen des Vaters erfüllte."[97]

95 John H.McGoey: Lieben kann ich das?, S.234ff
96 Georg Denzler: Die Geschichte des Zölibats, S.107.
97 L'Osservato Romano, 29/ 30.10.1990 in: Georg Denzler: Die Geschichte des Zölibats, S.108.

Papst Johannes Paul II. fasste diesen Wortlaut 1992 in dem Schreiben „Pastores dabo vobis“ wie folgt zusammen:

„(...) das enge Band, das den Zölibat mit der heiligen Weihe verbindet, die den Priester Jesus Christus, dem Haupt und Bräutigam der Kirche, gleichgestaltet.“ Der Priester müsse die Kirche vollständig und ausschließlich lieben, wie Jesus sie geliebt habe. „Der priesterliche Zölibat ist also Selbsthingabe in und mit Christus an seine Kirche und Ausdruck des priesterlichen Dienstes an der Kirche in und mit dem Herrn.“[98]

Denzler meint dazu , dass dieser Gedanke von der innigen Verbundenheit des Priesters mit Jesus Christus in der Kirchengeschichte oftmals schon eine falsche Identifikation - bzw. Repräsentationsmystik zeitigte, indem der Priester zum „Zweiten Christus“ erhoben wurde. Als Beispiel für diese Denkweise nennt Denzler das alte Kirchenlied: „Ein Priesterherz ist Jesu Herz.“[99]

Was mir bei der Botschaft der Vollversammlung an das Kirchenvolk auffällt, ist die Berufung auf die „evangelischen Räte“.[100] Dieses Gelübde der Mönche ist doch wohl kaum mit dem Zwangszölibat der Weltpriester zu vergleichen, die alles andere als arm sind, sondern in eigenen oft viel zu großen Häusern wohnen, die Besoldung eines Oberstudienrates monatlich erhalten und auch sonst wohl jeder Sorge um ihre weltliche Existenz enthoben sind.

Eugen Drewermann erwähnt dazu in seinem Buch: Kleriker - Psychogramm eines Ideals -: „<<Die Besoldung des Priesters, bei der gewiss der Geist evangelischer Armut ausschlaggebend, die aber nach Möglichkeit angemessen und ausreichend sein soll, ist eine Forderung der Gerechtigkeit und muss auch die sozialen Versicherungen einschließen.>> Statt um eine Spiritualität wirklicher Armut geht es jetzt um den <<Geist>> der Armut, und entsprechend wenig ist denn auch von <<Armut>> speziell im deutschen Klerus zu merken.“

„Das <<unendliche>> Vorbild“ Christus, dem der Priester folgen soll, „zielt ja rein logisch schon auf die prinzipielle Unmöglichkeit“. - Es geht eigentlich gar nicht um das wirkliche Leben, sondern um die Verbreitung eines chronisch schlechten Gewissens.- Doch „eben diese Unmöglichkeit soll gerade in Zerknirschung, Büßergesinnung und permanentem Schuldgefühl spürbar festgeschrieben werden“. (...) So „dient die kirchliche Armutsforderung an ihre Kleriker nicht dazu, eine existentielle Wahrheit des menschlichen Lebens auszudrücken, sondern sie verfolgt geradewegs den Zweck, ein bestimmtes neurotisches Lebensge-

[98] Papst Johannes Paul II.:Pastores dabo vobis.69. in: Georg Denzler: Die Geschichte des Zölibats, S.108.
[99] Denzler,S.109.
[100] Gelübde der Keuschheit, der Demut und der Armut

fühl der <<Armut>> im Sinne der Unfähigkeit, Abhängigkeit und Wertlosigkeit der eigenen Person zu erzeugen und zu fixieren."[101]

Weiterhin spricht das <<Osservato Romano>> von „wahrer Freiheit und geistlicher Reife". Das ist spätestens der Punkt, an dem sich nun ein psychoanalytischer und ein ethischer Teil, in dem diese Aussage noch hinreichend untersucht werden wird, rechtfertigen.

Zunächst aber soll noch ein Argument beleuchtet werden, dass als Rechtfertigung für die zölibatäre Würde, Gefäß Gottes zu sein wie Maria, die Mutter Jesu, immer wieder in bezug gesetzt wird.

2.2.1 Jungfräulichkeit und Maria

Maria, die Mutter Jesu, die im NT[102] mehr am Rande, fast ausschließlich zur genaueren Definition über ihren göttlichen Sohn, Jesus, erwähnt wird, stand im Mittelalter im Mittelpunkt einer blühenden Frömmigkeit.

Es fing eigentlich damit an, dass beim Konzil von Ephesus (431 n.Chr.) ein christologischer Disput aufkam, ob Maria nur die Mutter Jesu oder auch die Mutter Christi sei.

Der ethische Aspekt, die sog. Eva-Maria-Parallele wurde im Mittelalter gezogen. Ganz wichtig war dabei Marias immerwährende Jungfrauenschaft, da die geschlechtliche Unversehrtheit als Bedingung für ihre Auserwählung als Mutter des Gottessohnes Jesus Christus gelten konnte. Dem folgte bald die Auffassung, Maria sei sündenlos gewesen. (s. Anl.)

So kam es zur verhängnisvollen Verengung des Marienbildes, einer Mariendevotion auf Mutterschaft und asketisch verstandener Jungfrauenschaft. Jeder Zölibatär konnte von nun an in die Ahnenreihe Mariens treten.

In Maria sah man die ideale Frau, insofern, dass die Reinheit der Frau im Mittelalter als höchstes Ideal erschien. Es war die Hochzeit der Marienverehrung.

Schon im 2. und 3. Jahrhundert übte das Ideal der Jungfräulichkeit eine einzigartige Faszination aus. Die Zeit der blutigen Märtyrer ging zu ende. An ihre Stelle traten die asketisch lebenden Christen. Der Kampt gegen die *böoo* Welt sollte speziell durch Beherrschung der menschlichen Natur, durch Fasten und sexuelle Abstinenz gewonnen werden. Durch ein öffentliches Gelübde der *virginitas* wurde diese Form christlichen Lebens stark aufgewertet.

<< Die Ehe ist der Natur gemäß, die Jungfrauenschaft aber über der Natur erhaben.>>[103]

---

[101] Eugen Drewermann: Kleriker- Psychogramm eines Ideals- S.370f.

[102] „NT" = Neues Testament

[103] Vgl. Robert Bellarmin, Jesuit, in seinem Werk: Ausführliche Erklärung der christlichen Lehre", 1598, in Georg Denzler: Die Geschichte des Zölibats, S.113.

Ein solches Ideal bringt als logische Folge die Abwertung der Frau.

Dazu kam Augustinus` Erbsündenlehre, die verkündete, dass die Frau als Tochter Evas, den Mann schnell in die Niederungen der Sexualität herabzuziehen drohe, wie die erste Eva. Das bewirkte, dass Nonnen und Mönche weit über den *verdorbenen* und andere *verderbenden* Ehefrauen rangierten, weil sie auf Sexualität ganz verzichteten.

Der Priester, Hüter des Heiligtums, durfte keineswegs hinter ihnen zurückbleiben. Sünden waren aber nicht vermeidbar, und so blieb dem unreinen Priester, angewiesen auf Verzeihung und Gnade, die Hilfe der Mutter Gottes.

Damit Maria zur Mutter Gottes aufgewertet werden konnte, musste ihre Mutter, Anna, von der Erbsünde befreit werden und konnte damit Maria *unbefleckt* empfangen haben.

(1. Mariendogma 1854).

Das war die Voraussetzung für Mariens Freisein von der Erbsünde.

Der nun sündenlose Zustand Mariens machte sie zum Symbol für die ursprünglich sündenlosen ersten Menschen, Adam und Eva.

Da viele Theologen den Sündenfall als sexuellen Verstoß der ersten Menschen deuteten, wirkte sich die Interpretation auf Maria als die von sexueller Verfehlung frei gebliebene Jungfrau aus.

Deshalb fühlten sich die Priester von Maria angesprochen, denn nur sie konnte ihnen bei ihrem täglichen Kampf gegen die Versuchungen des Fleisches helfend und fürbittend beistehen.

Der katholische Publizist, Walter Dirks (+1991) formulierte es einmal ganz deutlich:

„ Weil man die biologische Mutterschaft bei gleichzeitiger Wahrung ihrer Jungfräulichkeit in den Vordergrund gestellt habe, eignet sich Maria vortrefflich dazu, den Zölibatären die Sublimation zu erleichtern, die Frau in ihrer Jungfräulichkeit und ihrer Mutterrolle zu bestätigen, aber sie zugleich auch darauf zu beschränken, die Virilität der Männer zu bändigen, die 'standesgemäße Keuschheit` der Jünglinge und der Ehemänner zu stützen."[104]

Sehr zum Schaden für den eigentlichen Sinn jeder Marienverehrung (er liegt im *Ja* Mariens zum göttlichen Heilsplan der Menschwerdung des Gottessohnes Jesus), wurde Maria als starke Helferin im Kampf gegen die Geschlechtlichkeit umfunktioniert.

Damit war sie Vorbild für die ehelos lebenden Priester, woraus negative Konsequenzen entstanden, denn viele Priester blieben in ihrer Mutterbindung gefangen, versuchten dies in

---

[104] W. Dirks: Der Mann in der Kirche in : Georg Denzler: Die Geschichte des Zölibats, S. 115.

ihrer Liebe zu Maria zu sublimieren, konnten aber nie eine reife Beziehung zu Frauen entwickeln.

Eugen Drewermann stellt in seinem Buch: Kleriker[105] fest, dass die gegebene Form der Marienverehrung eng zusammenhängt mit der klerikal geprägten Unterdrückung der Sexualität.

Die Freigabe der Ehe für die Geistlichen in den reformatorischen Kirchen musste der Marienfrömmigkeit nach und nach den Boden entziehen, weil die Sublimationsfigur bzw. ihr Beistand nicht mehr gebraucht wurde.

Was die Marienverehrung, wie im Mittelalter so noch heute, für viele Priester bedeutet, sagt beispielhaft der Jesuit und Universitätsprofessor Dominikus Thalhammer aus Innsbruck: „Zarte Marienminne lässt sein Herz niemals altern und in junggesellenhafter Ichsucht verkrampfen. Sie breitet vielmehr über sein ganzes Wesen den Hauch einer nie welkenden Jugendlichkeit (...). In seiner Seele quillt's und sprosst's immerfort, und von dieser sprudelnden Fülle empfängt jeder, der hilfe- und Trost suchend zu ihm kommt. In jeder einzelnen Menschenseele, in seiner Gemeinde, in der Kirche im Großen, spiegelt sich ihm immer wieder neu das Bild der einen ewigen Frau, die er 'minnt` und die er 'meint` und die sein ganzes priesterliches Menschenherz in Bann genommen hat.

So füllt sich die Leere in seinem Innern, die das Jungfräulichkeitsgelöbnis aufgerissen hat."[106]

Der evangelische Psychologe, Karl Guido Rey, erklärte, dass die Gestalt Mariens männliche Gefühle und rationale Idealvorstellungen in sich zu vereinigen zu vermag. Maria ist das weibliche Element in einer vornehmlich männlich orientierten Kirche, in dem der Priester Ruhe, Ergänzung (das ganz andere) und Halt findet. Maria dient daher tatsächlich als Sublimation. Sobald aber die himmlische geliebte Frau wegfalle, sei die Sehnsucht nach einer wirklichen Frau nicht weit.[107]

2.2.2 Jungfräulichkeit und das engelsgleiche Leben

Historisch beweisen lässt sich, dass bestimmte kirchliche Kreise das Engelsideal den Niederungen des Materiellen und der Sexualität entgegengesetzt haben.

Ein Wort Jesu wurde zu einem leibfeindlichen Missverständnis. Als Jesu die Fangfrage gestellt wurde, welchem Mann eine Frau gehören würde, die sechsmal geheiratet habe, gab

105 Kleriker, S.512
106 D. Thalhammer: Maria und die Priester in G.Denzler: Die Geschichte des Zölibats, S. 116f.
107 Vgl. G.Denzler: Die Geschichte des Zölibats, S. 117.

er die Antwort: „Nur in der Welt heiraten die Menschen, Die aber, die Gott für würdig hält, an jener Welt und an der Auferstehung von den Toten teilzuhaben, werden dann nicht mehr heiraten. Sie können auch nicht mehr sterben, weil sie den Engeln gleich und durch die Auferstehung zu Söhnen Gottes geworden sind“ (Lk 20,34-36).

Wie dies Wort Jesu zu verstehen ist, darüber stritten sich die Exegeten. Ein Teil aber hielt den jenseitigen Zustand bereits in diesem Leben für erstrebenswert. Das ‘engelsgleiche Leben` wurde besonders für die christlichen Asketen zum Ideal eines paradiesisch - leidenschaftslosen, engelgleich - jungfräulichen Lebens.

Das Traktat des Bischofs Athanasius von Alexandria (+373) erhebt das engelhaft-enthaltsame Leben bereits in den Himmel:

„ O Enthaltsamkeit, von Gott geliebt und von den Heiligen gepriesen! O Enthaltsamkeit, von der Menge gehasst, nur denen , die deiner Wert sind, vertraut! O Enthaltsamkeit, die du dem Tod und dem Hades entrinnst und von der Unsterblichkeit aufgenommen wirst! O Enthaltsamkeit, du Freude der Propheten und Ruhm der Apostel! O Enthaltsamkeit, du Lebensweise der Engel und Ruhmeskranz der heiligen Menschen!“[108]

Dahinter steht, wie bei Lukas die Annahme, dass das asexuelle Leben eine Vorstufe zum ewigen Leben darstellt.

Bischof Ambrosius von Mailand dachte bei seinen Vorstellungen vor allen Dingen an die gottgeweihten Jungfrauen, die Nonnen. Für ihn „bedeutet Jungfräulichkeit vollzogene Auferstehung, die hier schon schenkt, was allen für die jenseitige Ordnung verheißen.“[109]

„Das Konzil von Trient bekräftigte die Verpflichtung des Priesters zur Ehelosigkeit und erwartete von ihm ein engelhaftes Leben, da er ja bei der Eucharistie <<das Brot der Engel>> austeile.“

Der Jesuit Bellarmin sprach es tatsächlich aus. In Anlehnung an den Apostel Paulus und an das Konzil von Trient, lehrte er in seinem Glaubensbuch, dass dem jungfräulichen Leben ein höherer Wert zukomme als der Ehe, „weil die Ehe etwas Menschliches und die Jungfräulichkeit etwas Englisches ist.“[110]

„Vergleiche des Priesterlebens mit dem Leben der geistigen Engel sind in offiziellen Dokumenten der Kirche schon seit längerem nicht mehr anzutreffen“, sagt G. Denzler, in seinem Buch: Die Geschichte des Zölibats.[111]

---

[108] H.Chadwick: Enkrateia, in : G.Denzler:Die Geschichte des Zölibats, S.119.
[109] G.Denzler:Die Geschichte des Zölibats, S. 120.
[110] A.a.O.,S.121.
[111] Ebd.

III Der Zölibat aus der Sicht anderer Wissenschaften

1 Zölibat und theologische Ethik

Um den Geist des Zölibates zu verstehen, will ich versuchen ihn ethisch zu beurteilen.

„Alle höchsten Lebensformen der Kultur entspringen den beiden Trieben Weltangst und Weltsehnsucht.“[112]

Der Mensch nimmt intuitiv wahr, dass er in einer Wirklichkeit lebt, die er von ihrem Ursprung und vom Sinn her nicht verstehen und nicht durchdringen kann. Nur auf sinnlicher, intuitiver Ebene ist er fähig mit dieser unsichtbaren Wirklichkeit in Verbindung zu treten.

Das Unbegreifliche, dessen Anwesenheit durch das Walten der Natur spürbar und sichtbar wird, lässt ihn erkennen, wie ohnmächtig er ist. Das macht ihm Angst.

Um so mehr sinnliche Wahrnehmungsgabe ein Mensch entwickelt hat und um so mehr geistige Fähigkeiten vorhanden sind mit denen sich das sinnliche Gespür verbinden kann, um so mehr Demut wird der Mensch vor diesem Mysterium verspüren.

Aus der Lebensangst erwächst Religiosität, das Bedürfnis zu beten.

Aus der Erkenntnis der Seinsposition des Menschen erwächst ebenfalls Religiosität und das Gebet.

Es gibt also den intuitiven und den intellektuellen Weg zur Religion.

Das Gebet ist einerseits ein Ausdruck der Demut, die auch eine Folge von Ergebenheit in eine nicht änderbare Schicksalshaftigkeit ist, gleichzeitig aber auch ein Kampf gegen diese.

Ein sich seiner geistigen Kräfte bewusstes Wesen befindet sich in einem Zustand zwischen der Einsicht, seine natürlichen Grenzen zu akzeptieren und dem Drang, Wege zu finden, diese Grenzen zu überschreiten. Diese Grundposition des menschlichen Lebens ist zugleich ein Antrieb zur Vervollkommnung, und zwar zur Erkennung dessen, was dem Leben dienlich und dessen, was dem Leben abträglich ist. Außerdem ist diese Polarität, die die ganze Schöpfung durchwirkt, der Urgrund menschlicher Freiheit ohne die Entwicklung des Seins nicht möglich wäre.

In der natürlichen Angst liegt eine doppelte Funktion, die Lebenserhaltung und die Fortentwicklung. D.h., die Angst erhält unser Leben, weil sie zur Vorsicht oder zur Flucht antreibt;

---

112 Oswald Spengler in : Karl Heim: Die christliche Ethik- Tübinger Vorlesungen- Katzmann Verlag Tübingen 1955, S.149.

die Angst ist gleichzeitig der Motor der Fortentwicklung, denn das Bedürfnis und der Wille sie zu überwinden, macht erfinderisch. So ist sie der Grund für die Entstehung der Kultur. In der Angst liegt gleichzeitig das Bewusstsein einer Einheit des Ganzen, damit bietet sie den Urgrund der Ethik.

Im Gebet schreit die Seele ihre Angst in das Unbekannte hinein und erwartet ein Echo. Das Gebet ist also eine Kampfhaltung einerseits und andererseits ein Ventil.

Zur 'Ich`-Erkenntnis des Menschen gehört das 'Du`. D.h. der Mensch kann sich nicht als 'Ich` definieren ohne ein gegenüber, ein 'Du' zu erkennen.

Um die Lebensangst zu ertragen, braucht der Mensch die Hoffnung auf Veränderung seiner naturgegebenen Seins-Misere, das 'Du', das größer und mächtiger ist als er selbst, ja im eigentlichen das göttliche 'Du', damit die Seinsangst vergehen kann.

So entstand das Gottesbild vom allmächtigen Gott.

Im Vertrauen auf diese Hilfe kann der Mensch sich von der Lebensangst befreien und die 'Ich-Entwicklung' betreiben.

Aber er will mehr, er will sich die Harmonie, die im Irdischen Ahnung gibt von einer Vollkommenheit, die das Leben in der Welt nicht erreichen kann, irgendwie erringen.

Ein tieferes Seinsbewusstsein, eine gleichbleibende Harmonie der Seele und des Geistes kann der Mensch durch Konzentration auf das Geistliche und das Gebet finden. Diese Konzentration aber ist um so mehr möglich, wenn ihn die alltäglichen Sorgen um Brot und Familie nicht ablenken. Diese Hintergründe sind u.a. Wurzeln des Zölibats. Heute, d.h. seit dem II.Vatikanischen Konzil, werden sie zu den Hauptgründen erklärt.

Wenn wir aber das ganzheitliche menschliche Dasein betrachten, so ist unbedingt die andere existentielle Seite der Schöpfung einzubeziehen, die der Lebensweitergabe. Was anderes kann aber damit gemeint sein als die Sexualität.

Die Sexualität ist der Urgrund menschlicher Kommunikation und *das* Faktum menschlicher Entwicklung im speziellen und im allgemeinen. Was das Dasein der Individuen aber im doppelten Sinne 'erhellt` und 'erhält` ist die Liebe.

Die Liebe ist die Anwesenheit Gottes im Menschen.

In der Liebe erkennt das 'Ich' sein innerstes Bedürfnis im 'Du', d.h. die Liebe ist immer auch Projektion der eigenen Bedürfnisse auf das Gegenüber. Um so mehr 'Befriedung' das 'Ich' durch das 'Du' findet, um so mehr ist es bereit zu entäußern.

Der Sinn der Liebe ist das Geben bis zur Hingabe des Selbst, was in der körperlichen Hingabe mit dem Höhepunkt der Vereinigung und Verschmelzung durch die Zeugung gipfelt. Dieser Moment heiliger Einheit ist gleichzeitig Verschmelzung mit dem Göttlichen und findet in Ekstase, im Abheben, in Glückseligkeit statt. Dieser Höhepunkt gebiert das neue Leben.

Das ist die Wirklichkeit, die das menschliche Leben durchdringt, und nirgendwo ist Gott - wenn nicht hier - anwesend und erfahrbar.

Insofern ist die Sexualität die heiligste Handlung des Menschen und sie allein führt in unvergleichlicher Weise zum Allerheiligsten, zu Gott.

Eine solche Betrachtung des Ursprungs menschlichen Daseins kann den Zölibat nur ad absurdum führen. Leben muss fließen, wo es gestaut wird, verdorrt es. Ewige Askese verwüstet die Seele.

Wer die existentielle Seite menschlichen Lebens einer Ideologie einseitigen und auch egoistischen Bedürfnisses nach vermeintlicher Heiligkeit opfert, stellt sich Gottes Willen durch uns und in uns zu wirken, entgegen. Hiermit ist nicht nur die Lebensweitergabe im sexuellen Sinne gemeint, sondern die 'Lebensweitergabe' durch konkretes Lieben. Wer aber durch den Zölibat blockiert wird, kann nicht lieben, denn er kann nicht erfüllen, weil er blockiert ist und blockieren muss. Er kommt selbst nicht zur Erfüllung und bleibt leer. Wer aber leer bleiben muss kann kein Quell der Liebe sein, auch nicht der Agape. Liebe findet nicht in der Abstraktion statt, sondern in der Praxis. (Jesus liebte so konkret, dass die gläubigen Juden daran Anstoß nahmen).

Inneres Leben kann nur im ganzheitlichen Sein zur Vollkommenheit gelangen.

Der Zölibat steht nach diesen ethischen Erwägungen auf der Seite, die dem Leben entgegenwirkt, und das ist im theologischen Sinne 'Sünde'.

Da Jesus in jedem Sinne für das Leben eingetreten ist, kann er ein Leben in ewiger Askese nicht empfohlen haben.

Diese Gedanken sind als ewige Wahrheiten zu verstehen. Ethik ist ein grundsätzliches Denken. Das ist zu erwähnen, weil jedem vernünftigen Menschen natürlich auffällt, wie weit doch Ideal und Wirklichkeit hier auseinanderklaffen. dass das so ist, verursacht das psychische Leiden in der Welt. Außerdem wirft dieser Text Fragen auf. Z.B. die Frage nach der Empfängnisverhütung, da wir in einer Welt der Überbevölkerung und des Hungers wohl kaum die unendliche Vermehrung empfehlen können - wie es aber der jetzige Papst tut. Weiterhin wird die Frage nach der Existenz Gottes berührt.

Die Empfängnisverhütung soll nur im Rahmen dieses Textes und deshalb erwähnt werden, weil die Einstellung, die die von mir proklamierte Ethik zur Lebenserneuerung vermittelt, der

Enzyklika *Humanae Vitae* zugrunde liegt. Sie ist ethisches Grundsatzdenken. Die katholische Kirche vertritt dieses Denken ohne jegliche Einschränkung, und das macht sie zur ideologischen Institution. Ich möchte hierzu sagen, dass der Grundsatz der Menschenwürde nicht nur das ungeborene Leben betrifft, sondern vor allen Dingen die, die ihr Leben auf dieser Welt bereits unter lebensunwürdigen Umständen fristen müssen. Deren Verhältnisse durch uneingeschränkte Geburten noch armseliger würden oder deren Gesundheit weitere Schwangerschaften nicht duldet. Außerdem sind da diejenigen, die einem Verbrechen zum Opfer gefallen sind und die Frucht dieses Traumas dann austragen müssten. Es muss der Sinn dieser göttlichen Liebe erfüllt sein, und es ist eine verantwortliche Zeugung gemeint, um diese Ethik in vollem Umfange anwenden zu können.

So wie nicht gesagt werden kann, dass jede Ehe von Gott gefügt ist, so meine ich jedenfalls, weil Ehen aus allen möglichen Gründen entstehen und auch wieder enden, so entspricht auch nicht jeder Geschlechtsakt ethischen Bedingungen, eher im Gegenteil. Es genügt also nicht, sich auf das Ideal der Ethik zu berufen und als einzig erlaubte Empfängisverhütung die ‘heilige Enthaltsamkeit’ zu proklamieren. Damit ist der Würde und dem Grundbedürfnis des Menschen nach Liebe, auch nach körperlicher, nicht Rechnung getragen.

Auch sollte mein Text nicht aussagen, dass Gott eine Projektion des Menschen ist, sondern eher- und da widerspreche ich den materialistischen Philosophen, insbesondere Feuerbach- dass die Urangst des Menschen ihn dahin führt, Gott zu suchen, d.h., dass die Bedürfnisse Gott und Liebe, das lebenserhaltende Ganzheitliche - Geist und Körper- , dem Menschen natürlich mitgegeben sind. Gott ist nicht nur in mir, sondern auch Geist außer mir, der mich und alles durchwirkt. Projektion ist dann der Spiegel des ‘Ich’ im ‘Du’. Sowohl in der Gott-Menschbeziehung als auch in der Mensch-zu-Menschbeziehung. Beides ist Liebe.

Die Liebe ist der Spiegel des ‘Ich’ im ‘Du’, d.h., was das ‘Ich’ besonders liebt und braucht findet es beim ‘Du’, deshalb beginnt es zu lieben und diese Ergänzung des ‘Selbst’ ergibt den idealen Seinszustand. In der Ergänzung des ‘Ichs’ durch das ‘Du’ liegt die Ganzheit. Aus dem Gespaltensein wird Harmonie in der Zweiheit, weil Gott den Menschen als Mann und Frau schuf, als harmonische Ergänzung, und in dieser Zweiheit liegt die Einheit.

Der Mensch, der Gott außerhalb des Menschen in einer nicht zu definierenden Abstraktheit sucht, findet weder sich selbst noch Gott. Er findet eine Projektionsfigur seiner Angst und verbleibt in ihr, weil die Erlösung zutiefst erlebt werden muss. Der Mensch, der nicht wahre Liebe erlebt hat, kann Christus nicht wirklich verstehen. Da die Liebesfähigkeit in unserer Gesellschaft aber scheinbar von Generation zu Generation mehr reduziert wird, ist auch die Glaubensfähigkeit immer weniger anzutreffen.

Liebe zu Gott	Liebe zum Menschen	Liebe zum Leben
	ist **Dreieinigkeit:**	
Vater	Sohn	und Heiliger Geist.

Wenn diese Welt also kaputt geht, dann an ihrer Lieblosigkeit.-

Der Zölibat kann vor dem Hintergrund der Ethik nur ein tragischer Irrtum von Seinsangst verblendeter Menschen sein und dürfte in der christlichen Erlöserreligion eigentlich gar nicht existieren. Er ist ein Zeichen von der verzweifelten Suche nach dem Angenommensein durch Gott. Christus aber hat uns das Gotteskindsein zugesichert durch die Taufe, also ein uneingeschränktes Angenommensein mit all unserer Schuld, die wir immer wieder auf uns laden. Der Zölibat ist aus dieser Sicht wiederum ein Irrtum, denn er glaubt Gott nicht, der Auferstehung nicht, Christi letztem Opfer zur Erlösung der Menschheit nicht, sondern will sich den Himmel mit Opfern verdienen. Opfer, die das eigene Leben zum Unleben machen. Also Gottes Geschenk, das Leben, zurückweisen.

Dieses Bedürfnis des Menschen, zu opfern, kann nicht Gottes Wille sein, sondern hat den neurotischen Hintergrund, dass Opfer bringen den Menschen selbst zum Opfer macht. Und der Mensch als Opfer hat eine ganz spezielle narzisstische Befriedigung. Er bekommt Aufmerksamkeit, Anerkennung und Sympathie. Er ist enthoben von bestimmter Verantwortung für sein Tun, darf klein und hilflos sein. Aber mit all dem hat er eine ganze Menge Macht über seine Umwelt.-

Der Zölibat hat vor dem Hintergrund einer neurotischen Einstellung zur Sexualität, Eitelkeit und Überheblichkeit hervorgebracht, die sich in einer Hierarchie „Klerus-Laien", aber auch innerkirchlich äußert. Christi Anliegen - alle Menschen seien Brüder und nur einer sei ihr Vater, der im Himmel - wird hier ganz und gar geleugnet.

So ist der Zölibat nicht nur ein tragischer menschlicher Irrtum, sondern auch ein vorsätzliches, gefährliches Mittel zur Machterhaltung und Unterdrückung, nicht nur um die Priester abhängig zu halten von der Kirchenobrigkeit, sondern er trennt die katholische Kirche vom eigentlichen christlichen Glauben.

2 Der Zölibat in den Humanwissenschaften

Der Zölibat ist kulturgeschichtlich gesehen ein religiös motiviertes Liebesverbot als Opfer an ein göttliches Wesen, genauer: *Teilopfer* des menschlichen Lebens.[113] Zur Versöhnung mit diesem Gott und zur Stärkung des Egos wird ein wichtiger Teil geopfert. Vor allen Dingen die Geschlechtsorgane, die wegen ihrer starken Wirkung auf die Körperchemie, die wiederum Auswirkungen auf die Vernunft des Menschen hat, Ängste auslösten, wurden bevorzugt für solch ein Opfer gewählt.

In archaischen Religionen kennt man die Kastration von Priestern (Kybelekult z.B.) oder die Beschneidung von männlichen Neugeborenen (Juden, Moslems) oder sogar die Beschneidung von 12 jährigen Mädchen in afrikanischen Stammeskulturen.

Im eigentlichen handelt es sich dabei um schwere körperliche und seelische Verletzungen mit religiöser Legitimation, deren Beendigung dadurch erschwert wird, dass diesen Traditionen eine starke Angstdynamik zugrunde liegt.

Bezogen auf den Priesterzölibat ist festzustellen, dass dieser keine körperliche Beschneidung, aber ein personales Opfer ist, das eine tiefe seelische Verletzung zur Folge hat bzw. dem diese oft bereits vorausging.

Dr. Anton Grabner-Haider, laisierter Priester und Prof. für Religionspädagogik in Graz, sagt dazu: "Man kann [den Zölibat] durchaus eine seelische Beschneidung oder Exzision nennen, denn es sollen bestimmte menschliche Gefühle ausgelöscht werden.(...) Es sind asketische Gruppen, die Verbote von Ehe, Kinderzeugung und Liebe durchsetzten; sie bewerten entfaltete Sexualität als moralische >>Befleckung<<, die sich nicht mit dem Dienst am Heiligen vertrage. Asketen sind marginalisierte Randgruppen der Gesellschaft, die wenig Möglichkeit zu entfaltetem Leben haben. Sie entwickeln eine Ideologie der Verweigerung (...), sie verweigern Liebesbeziehungen und die Weitergabe von Leben, zu der in alten Kulturen jeder Mensch verpflichtet ist. Gewiss sind sie emotional schwer verletzte und depravierte Personen, die sich durch ihre Ideologie an anderen Menschen dafür rächen wollen. Daher streben sie, ihre Liebesverbote möglichst vielen anderen aufzuerlegen, Schuldgefühle zu erwecken und die Beziehung der beiden Geschlechter zu stören. Dies muss bei einem guten Anteil christlicher Asketentheologie mitbedacht werden. Denn ein Großteil der christlichen Theologie, vor allem die Moraltheologie, ist das Werk von Asketen und Liebesverweigerern. Von daher wird ein stark destruktiver und lebensfeindlicher Zug verstehbar, der mit der Lebensform Jesu und der Jesusbewegung nichts zu tun hat. Asketen

---

[113] F.Heiler: Erscheinungsformen und Wesen der Religion, in : Bernd Marz (Hrsg.): Alles für Gott -Priester sein zwischen Anspruch und Wirklichkeit-,Patmos Verlag Düsseldorf 1990, S.86.

werten das leibliche Leben ab, sie schämen sich ihres Körpers, haben Angst vor Sexualität, verweigern den Schöpfungsauftrag der Lebensweitergabe. Männliche Asketen werten die Frauen fundamental ab, sie nennen sie >>Tor des Bösen<<, sie stören die natürliche Geschlechterbeziehung, und sie bilden im Endeffekt eine stark aggressive und lebensfeindliche Kultur."[114] Diese Zusammenhänge beginnen wir erst heute durch die Erkenntnisse der Humanwissenschaften zu sehen.

"Daraus wird verständlich, warum die meisten von Liebesverbot Betroffenen mit Akribie und Fanatismus daran festhalten wollen und warum sie ständig von neuem Menschen in diese Verbote hineinzwingen wollen, mit den edelsten religiösen Motiven."[115]

Diese zutiefst verletzten Menschen, die diese Lebensform des Zölibats geschaffen haben und sich in den Nachfolgegenerationen immer wieder von dieser für sie passenden Lebensform angezogen fühlen, haben die Gesellschaft durch ihre Sexualangst, ihre Leibfeindlichkeit, ihre Liebesverbote und ihre Schuldkultur von Anbeginn der Zeiten bis heute geprägt, ihr ein rigides, autoritäres Gottesbild aufoktroyiert. Grausame Verfolgungen und Ermordungen von sog. 'Ketzern` und 'Hexen` gehen auf ihr Konto. -Auch Paulus beteiligte sich vor seiner Bekehrung daran, was auf seine seelische Beschaffenheit schließen lässt -.

Heute nimmt die Zahl der christlichen Laien, die diese asketischen Werte für ihr eigenes Leben annehmen, rapide ab, was ja auch die Kirchenvolksbegehren in Österreich, der Schweiz und Deutschland bestätigen.

Was Anton Grabner-Haider weiterhin zu diesem Thema zu sagen hat, halte ich für so beachtenswert, dass ich ihm in meiner Arbeit sozusagen ein Statement einräumen möchte. Ich zitiere also weiter:" Die Folgewirkungen der asketischen Lebensform sind zwiespältig. Sie mögen auf den ersten Blick positiv aussehen: Menschen haben Zeit für >>Gott<< - aber für welchen >>Gott<<? Sie haben mehr Zeit für den Dienst an den Mitmenschen- aber für welche Form des Dienstes? Ohne Zweifel haben in unserer Kultur zölibatäre Menschen viel getan für die christliche Nächstenliebe, für den Dienst an Armen, Kranken, Gefangenen, und sie tun diesen Dienst heute noch in vielfältiger Weise. Doch hier müssen wir mit Eugen Drewermann fragen: Wie geht es diesen Menschen seelisch und körperlich wirklich? Ist ihr vielfältiges seelisches Leiden gerechtfertigt? Und können emotional behinderte Menschen tatsächlich Zuwendung, Wärme und Geborgenheit geben? Könnten dieselben Menschen es nicht ungleich besser, wenn sie ohne Liebesverbote leben könnten?

Die zölibatären Asketen bestreiten stereotyp ihre Liebesverbote, sie sagen, dass sie alle Menschen liebten. Doch was für eine >>Liebe<< meinen sie? Die Ehrlichsten unter ihnen

---

114 Anton Grabner-Haider in Bernd Marz (Hrsg.):Alles für Gott, S. 86f.
115 Ebd.

erkannten längst, dass sie mit dieser idealisierten >>Liebe<< im Grunde niemanden wirklich lieben. Denn sie lassen sich auf die Dramatik einer zwischenmenschlichen Beziehung nicht ein, sie bleiben immer auf Distanz, sie müssen sich nie riskieren. Gewiss haben sie Angst vor Beziehungen und ein schwaches Selbstwertgefühl, doch beides könnten sie überwinden, wenn es ihnen nicht verboten wäre. So neigen sie zur Idealisierung von menschlichen Beziehungen, sie erzählen den Menschen die schönsten Dinge von >>Liebe<<, sie predigen eine platonische Traumwelt. Tatsächlich kann niemand so schön über >>Liebe<< reden wie zölibatäre Kleriker, allzu viele fallen auf diese Verführung durch Sprache herein" (besonders Frauen)." Wir haben hier ein eigenartiges Paradox, dass Menschen mit Liebesverboten lange Zeit monopolhaft die christliche >>Liebe<< verkündet haben und es zum Teil noch heute tun. Nicht erst Nietzsche hatte bemerkt, dass hier eine Pervertierung menschlicher Erfahrung vorliegt.

Gewiß können manche Menschen aufgrund ihrer Lebensgeschichte als zölibatäre Asketen gut leben. Wenn ihre Beziehungsängste und Liebesverbote früh grundgelegt wurden und sehr tief gehen, so dass sie kaum veränderbar sind, dann ist dies für sie die optimale Lebensform. Sie sollte als Möglichkeit auch niemandem genommen werden. Doch diese Menschen haben kein Recht dazu, andere Menschen in ihrer persönlichen Entwicklung zu behindern; sie haben auch kein Recht dazu, schon Kinder und Jugendliche für diese Lebensform anzuwerben oder Menschen auf diese Lebensform zu fixieren. Das sind Verstöße gegen die Grundwerte der Humanität und auch der Ethik Jesu. Demokratische Rechtsstaaten müssen sich", spätestens jetzt zur Zeit des Kirchenvolksbegehrens endlich, "ernsthaft überlegen, ob sie das weiterhin tolerieren wollen. Denn Humanität ist grundsätzlich unteilbar und muss für alle gelten."[116]

Diese institutionalisierten Liebesverbote sind schwerste Eingriffe in die Entwicklung eines Menschen. Ihre Vergesetzlichung bedeutet den Verstoß gegen die Grundrechte:

Vom Theologischen her sehen die Befürworter "dieses Eingriffs in die menschliche Person", Zölibat genannt," ihn als Opfer für einen strengen autoritären Gott, dem sie aber weiterhin Liebe zusprechen. Sie sagen, personale Reife sei auch ohne ganzheitliche Beziehung zu erreichen und >>Liebe<< sei auf alle Menschen zu beziehen. Doch sie pflegen damit ein inhumanes Menschenbild, das sie fanatisch verteidigen. Gerade dieses wird von immer mehr Zeitgenossen abgelehnt. Es ist auch nicht das Menschenbild Jesu und der früher Kirche.

Im Grunde ist das fanatische Festhalten am Priesterzölibat ein Kampf gegen Erkenntnisse der Humanwissenschaften. Dieser wird genauso wenig zu gewinnen sein wie dreihundert Jahre vorher der Kampf gegen die Naturwissenschaften.(...) Doch er wird wohl noch sehr

---

[116] Anton Grabner-Haider in Bernd Marz (Hrsg.): Alles für Gott,S.88f.

lange dauern“, meinte Graber-Haider, "denn hier sind vor allem emotionale Prozesse im Spiel. Es wachsen aufgrund defizienter Sozialisation immer wieder rigide und autoritäre Personen nach, die ein autoritäres Gottesbild und ein asketisches Menschenbild benötigen. Viele von ihnen drängen in kirchliche Ämter. Wir dürfen diese Personen nicht abwerten (...) Aber wir müssen uns vor ihnen schützen, denn sie haben kein Recht auf ein Monopol für ihr Menschenbild, weder in der Gesellschaft noch in der Kirche."[117]

Hier ist nun erwähnenswert, dass Grabner-Haider im allgemeinen genau die Ansichten vertritt, die ich in dieser Arbeit bisher proklamiert habe.

Besonders interessant an Grabner-Haiders Aufsatz aber ist die Folgerung, dass zwei tendenziell verschiedene Sozialisationsgeschichten (offen, tolerant, liebesfähig / rigide, angstbesetzt, autoritär) auch zwei Glaubensformen hervorgebracht haben, einmal die offene tolerante und andererseits die geschlossene und fanatische.

Die Folgewirkungen sind durch die Humanwissenschaften konkret erfasst worden.

Da unsere Sozialisation und Kultur ganz eng mit dem kirchlichen Einfluss verbunden ist, hängt auch der Fortbestand unserer humanen und demokratischen Lebensformen davon ab, wieviel Zeit es brauchen wird, um destruktive und autoritäre Glaubensformen in lebensfreundliche und tolerante Glaubensweisen umzuwandeln. Insofern ist das Kirchenvolksbegehren viel ernster zu nehmen als ein großer Teil der Bevölkerung wohl annimmt. Es geht bei der Diskussion um den Priesterzölibat auch insofern um weit mehr, als es zunächst den Anschein hat.

2.1 Psychologie: Enthaltsamkeit in der Psychoanalyse

In der Anfangszeit der Psychoanalyse erschien es so, dass sexuelle Enthaltsamkeit des Erwachsenen (und gemäß der Auffassung von Wilhelm Reich, auch des Kindes) nur um den Preis psychischer Störungen möglich sei. Die Libido bedürfe unbedingt eines >Abflusses< in die Sexualität. Jegliche Behinderung (z.B. Coitus interruptus) oder gar völlige Unterdrückung zögen nach Freuds Auffassung schwerwiegende Störungen nach sich.

Wilhelm Reich vertrat die These, dass die Libidotheorie mit dem <Primat auf Genitalität> nahelegte, dass der gesunde Erwachsene seine Sexualität direkt leben müsse und Sublimierung nur in beschränktem Maße möglich sei.

[117] Anton Grabner-Haider in: Berd Marz (Hrsg.) Alles für Gott, S.90.

Die von Heinz Hartmann entwickelte psychoanalytische „Ich-Psychologie“ ermöglichte, als allgemeine Theorie menschlicher Entwicklung und menschlichen Verhaltens, einen neuen Zugang zum Thema der sexuellen Enthaltsamkeit.[118]

Hartmanns Theorie (1972) richtete sich in erster Linie auf die Rolle, die das 'Ich` in der innerseelischen Dynamik spielt.

Die Sublimierungsfähigkeit, die Freud nicht akzeptieren konnte, tritt bei Hartmann als übergeordnetes Konzept, als das der Triebneutralisierung hinzu.[119]

Hier wird die Möglichkeit eingeräumt, „dass sexuelle Enthaltsamkeit bei einer psychisch gesunden Persönlichkeit bestehen kann und keine negativen Konsequenzen haben muss. Eine psychisch gesunde Persönlichkeit besitzt die Fähigkeit, Triebenergien zu neutralisieren und dem Ich für seine Aufgabe zur Verfügung zu stellen.“[120]

Auch zieht Hartmann das Phänomen des Funktionswechsels in Betracht. D.h. am Anfang der Entwicklung kann ein Verhalten konfliktbeladen gewesen sein, später aber eine größere Autonomie erreicht werden, so dass es quasi konfliktfrei wird.

Von dieser Überlegung ausgehend kann die Psychoanalyse heute nicht mehr mit Sicherheit behaupten, sexuelle Enthaltsamkeit sei unbedingt als Zeichen psychischer Störungen zu betrachten und müsse zwangsläufig neurotische Symptome zur Folge haben.

Um zu beurteilen, ob eine Entwicklung gesund oder pathologisch verläuft, ist zu beobachten, wie die Persönlichkeit mit sexuellen Impulsen umgeht.

Die Sexualität ist als eine der fundamentalen Triebkräfte im menschlichen Leben zu betrachten und daher ist es außerordentlich schwierig in diesem Bereich eine lebenslange Neutralisierung vorzunehmen, so dass der Zölibat anzuzweifeln ist. Eine lebenslange sexuelle Enthaltsamkeit „kann nur die Umschreibung eines Idealzustandes sein, ein angestrebtes Ziel, dem sich die Betroffenen anzunähern versuchen“,[121] meint Udo Rauchfleisch in Unkenntnis der Zölibatsgesetzgebung, muss ich dazu sagen.

Kommt es zur Verdrängung oder Verleugnung sexueller Triebregungen, so dass diese an ihrer unmittelbaren Realisierung gehindert werden, aber „dennoch wirksam“ bleiben und weiterhin gegen das Bewusstsein andrängen, manifestieren sie sich in Form verschiedener neurotischer Symptome.

---

[118] Vgl. Udo Rauchfleisch: Psychoanalyse und theologische Ethik-Neue Impulse zum Dialog, Universitätsverlag Freiberg i.Ue., Verlag Herder Freiburg i.Br.1986, S.47.

[119] Vgl.Rauchfleisch: S.24.

[120] Rauchfleisch, S.47.

[121] Rauchfleisch,S.45-48.

Bei einer tatsächlichen Neutralisierung findet ein bewusster Verzicht aus innerer Überzeugung statt.[122]

Wichtig ist, dass es sich um keine Forcierung handelt.

Es ist entscheidend, ob eine Forderung normativer Art als Ideal ins Über-Ich rückt oder im Ich-Ideal lokalisiert wird. Das bedeutet bzgl. der Zölibatsforderung:

Ein „blindes Diktat" zur Einhaltung, mit unmittelbarer Strenge bewacht, das Über-Ich manipuliert durch die Kirche, und die Nichterfüllung der Forderung nicht nur mit schweren Schuldgefühlen, sondern mit Strafmaßnahmen geahndet bis zum Existenzverlust, kann nur die Verleugnung bzw. Verdrängung auslösen und zur Neurose führen.

Ein angestrebtes Ich-Ideal hingegen, bringt mit jeder größeren Annäherung an das Ideal ein Mehr an Selbstachtung und narzisstischer Gratifikation.

Es ist entscheidend, ob das Über-Ich eine verbietende oder eine im Sinne der Liebe einschränkende Instanz ist.

Eine weitgehende Neutralisierung ist dort eher möglich, wo eine solche Lebensform in eine religiöse Gesamtstruktur eingebettet ist, also z.B. im Kloster. Die narzisstische Gratifikation ist in diesem Falle durch den umfassenden Sinnbezug stärker als das Triebbedürfnis.

Es ist nicht nur die Norm - und Wertewelt, sondern auch das soziale Umfeld, das einwirkt und bestimmt, ob eine Sublimierung möglich wird.[123]

3 Psychologie: Der Zölibat und die Formen der Angst

3.1 Die vier Grundformen der Angst (nach Fritz Riemann)[124]

1. Die Angst vor der Selbsthingabe, als Ich-Verlust und Abhängigkeit erlebt;
2. Die Angst vor der Selbstwerdung, als Ungeborgenheit und Isolierung erlebt;
3. Die Angst vor der Wandlung; als Vergänglichkeit und Unsicherheit erlebt;
4. Die Angst vor der Notwendigkeit, als Endgültigkeit und Unfreiheit erlebt.

Riemann kam zu diesem Forschungsergebnis, und stellte die These auf, dass alle möglichen Ängste letztlich immer Varianten dieser vier Grundängste sind und mit den vier Grundimpulsen zusammenhängen, die ebenfalls zu unserem Dasein gehören und sich auch paarweise

[122] Vgl.ebd.
[123] Vgl.S.49.
[124] Vgl.Fritz Riemann: Grundformen der Angst,- Eine tiefenpsychologische Studie-, Ernst Reinhardt Verlag, München Basel, 510 Tsd.1994, S.20-58.

ergänzen und widersprechen: Als Streben nach Selbstbewahrung und Absonderung, mit dem Gegenstreben nach Selbsthingabe und Zugehörigkeit; und andererseits als Streben nach Dauer und Sicherheit, mit dem Gegenstreben nach Wandlung und Risiko. Zu jeder Strebung gehört die Angst vor der Gegenstrebung, und doch scheint eine lebendige Ordnung nur möglich zu sein, wenn wir eine Gleichgewichtigkeit zwischen diesen antinomischen Impulsen zu leben versuchen.

Diese Gleichgewichtigkeit ist nicht statisch, sondern voller innerer Dynamik, weil sie nie etwas Erreichtes, sondern immer wieder Herzustellendes ist.

Dabei ist zu beachten, dass die Art der jeweils erlebten Angst und ihr Intensitätsgrad in großem Maße abhängig sind sowohl von unserer mitgebrachten Anlage als auch von den Umweltbedingungen, in die wir hineingeboren werden; sowohl von unserer körperlichen und seelisch-geistigen Konstitution also, wie auch von unserer persönlichen Biographie, der Geschichte unseres Gewordenseins.

So ist Angst bei jedem Menschen verschieden, weil durch Anlage und Umwelteinflüsse mitgetönt, was zum Teil auch erklärt, warum uns manche Ängste anderer schwer einfühlbar sind - sie entstanden bei ihnen aus Lebensbedingungen, die von den unseren zu sehr abwichen.

Der weitgehend gesunde Mensch - der in seiner Entwicklung nicht Gestörte - wird im allgemeinen mit den Ängsten umgehen und sie vielleicht auch überwinden können. Der in seiner Entwicklung Gestörte hingegen erlebt Ängste intensiver und häufiger, und eine der Grundformen der Angst wird bei ihm das Übergewicht haben.

Das Überwertigwerden einer der vier Grundängste -, oder von der anderen Sicht her gesehen, das weitgehende Aufgeben eines der vier Grundimpulse - führt zu vier Persönlichkeitsstrukturen, die vier Arten des In-der-Welt-Seins. Diese Persönlichkeits-strukturen sind also zu verstehen als einseitige Akzentuierung in Bezug auf die vier Grundängste.

Ein Zeichen von seelischer Gesundheit ist es, wenn jemand die vier Grundimpulse in lebendiger Ausgewogenheit zu leben vermöchte - was zugleich bedeutet, dass er sich auch mit den vier Grundformen der Angst auseinandergesetzt hat.

Wird die Akzentuierung zu ausgesprochener Einseitigkeit, erreicht sie Grenzwerte, die als Zerrformen oder Extremvarianten der vier normalen Grundstrukturen zu verstehen sind. Wir stoßen damit auf die neurotischen Varianten der Strukturentypen, wie die Psychotherapie und Tiefenpsychologie in den vier großen Neuroseformen der Schizoidie, der Depression, der Zwangsneurose und der Hysterie beschrieben hat. Diese neurotischen Persönlichkeiten spiegeln also jeweils nur in zugespitzter oder extremer Form allgemeinmenschliche Daseinsformen, die wir alle kennen.

Verlust und Trennungen von wichtigen Beziehungspersonen, von entscheidenden psychischen und physischen und sozialen Funktionen werden als die entscheidenden Bedrohungen der seelischen Gesundheit und damit als ernsteste Formen des psychologischen Stresses angesehen.

Sie können Auslöser dafür sein, dass eine oder mehrere dieser Erlebensweisen überwiegt und krankhaft wird.

Fritz Riemann (1975) hielt das Erleben von Ängsten für derart zentral, dass er, wie erwähnt, die Charakterstrukturen nach vier existentiellen Grundängsten einteilte:

- der Schizoide fürchtet die Verschmelzung (Hingabeangst),
- der Depressive die Trennung (Verlustangst),
- der Zwangsneurotiker die Veränderung (Angst vor Vergänglichkeit),
- der Hysterische das Festgelegtsein (Angst vor Endgültigem, Unausweichlichem, vor der Notwendigkeit und vor der Begrenztheit unseres Freiheitsdranges).

Diese Einteilung ist eine grobe Vereinfachung und entsprechen kaum der menschlichen Wirklichkeit, dennoch sind sie hilfreich für ein notwendiges Raster zum Erkennen von Therapiemöglichkeiten.

Ängste können reale Situationen der Außenwelt betreffen und werden dann krankhaft, wenn sie größer werden als die reale Gefahr rechtfertigt.

3.2 Zölibat und Schizoidie

Die schizoiden Persönlichkeiten (nach Riemann)[125] haben als grundlegendes Problem Angst vor der Hingabe.

Extrem ist der Impuls zur Selbstbewahrung und Ich-Abgrenzung.

Ihrem Bestreben so unabhängig, so autark wie möglich zu werden, niemand verpflichtet zu sein, auf niemanden angewiesen, niemanden zu brauchen, kommt der Beruf des Priesters entgegen, der Verpflichtung nur der Institution und dem eigenen Glaubensbild gegenüber kennt. Ansonsten sind durch den Zölibat die Auswirkungen der Schizoidie wie Distanziertheit zu den Mitmenschen und das Bedürfnis nach Abstand geheiligt.

[125] Vgl.Fritz Riemann: Grundformen der Angst,- Eine tiefenpsychologische Studie-, Ernst Reinhardt Verlag, München Basel, 510 Tsd.1994, S.20-58.

Bei Distanzüberschreitung empfindet der Schizoide Bedrohung seines Lebensraumes, schroffe Abwehr. Auch das ist für nicht wenige Priester 'normal`.

Gegen unvermeidliche Nähe hat der Priester Schutzhaltungen bzw. Schutzwälle aufzubauen (s. Zölibatsgesetz), hinter denen er sich gegen die Nähe abschirmen kann. Der Zölibat wird also zum Alibi.

Intimität, persönlich-nahe Kontakte hat der Priester zu vermeiden, deshalb entsteht Scheu vor Begegnungen mit Einzelnen und der Versuch menschliche Beziehungen zu versachlichen ist für ihn nötig.

Aber all diese Eigenschaften hat Riemann bei Schizoiden festgestellt, was auch ein deutliches Indiz dafür bietet, das der Beruf Priester in diese Richtung treibt.

Der Schizoide fühlt sich am wohlsten in Gruppen, wo er anonym bleiben kann und doch über gemeinsame Interessen ein Dazugehören erlebt ohne etwas von sich preisgeben zu müssen.

All diese Neuroseerscheinungen passen haargenau in das Verhaltensbild vieler Zölibatäre, denn die Erfahrungen, die Riemann über das Verhalten von Schizoiden darstellt, werden von Frauen, die mit Priestern liiert sind oder waren, immer wieder voller Ratlosigkeit und für einen normal empfindenden Menschen schier unbegreiflich, geradezu wie Musterbeispiele für Riemanns Theorien, beschrieben.

Riemann fand in seiner Forschung folgende Verhaltensweisen von Schizoiden heraus, die ich hier zusammenfassen will:

Je näher sie gerade gekommen waren, desto schroffer wenden sie sich von uns ab, uneinfühlbar, oft mit grundloser Aggression und Feindseligkeit, die verletzend für uns ist. Gefühle erleben sie als besonders gefährlich. Sie schalten plötzlich ab, brechen den Kontakt ab, ziehen sich auf sich selbst zurück und sind nicht mehr zu erreichen.

Sie vermeiden die vertraute Nähe aus Angst vor dem Du, vor sich öffnender Hingabe und werden mehr und mehr einsam.

Durch die Ferne zur mitmenschlichen Umwelt weiß solch ein Mensch zu wenig von anderen, es entstehen zunehmend Lücken in der Lebenserfahrung und daraus resultierende Unsicherheiten im mitmenschlichen Umgang. So ist er zutiefst unsicher, ob seine Eindrücke und Vorstellungen von anderen, ja seine Wahrnehmungen nur seiner Einbildung und Projektion entsprechen oder aber Wirklichkeit sind.

Diese Unsicherheit kann Schweregrade annehmen, von immer wachem Misstrauen und Eigenbezüglichkeit bis zu eigentlich wahnhaften Einbildungen und Wahrnehmungstäuschungen, bei denen innen und außen tatsächlich verwechselt werden, ohne das die Verwechslung als solche erkannt wird, weil eine Projektion für Wirklichkeit gehalten wird.

Das ist quälend und zutiefst beunruhigend, diese Unsicherheit als Dauerzustand ertragen zu müssen, weil ja wegen des erwähnten Mangels an Nahkontakt sich die Falscheindrücke nicht korrigieren können.

Voller Misstrauen und aus einer tiefen Ungeborgenheit heraus, die primär Ursache und sekundär Folge des lockeren mitmenschlichen Kontaktes ist, werden schizoide Menschen zur Sicherung nun besonders stark die Funktionen und Fähigkeiten entwickeln, die ihnen zu einer besseren Orientierung in der Welt zu verhelfen versprechen:

Die Wahrnehmung durch die Sinnesorgane, den erkennenden Intellekt, das Bewusstsein, die Ratio.

Als Emotionale verunsichert, streben sie die von Gefühlen abgelöste >>reine Erkenntnis<< an, die ihnen Resultate zu liefern verspricht, auf die sie sich verlassen können.

Sie wenden sich vor allen Dingen den exakten Wissenschaften zu.

Charakteristisch:

- Oft überdurchschnittliche Intelligenzentwicklung,
- im Emotionalen zurückgeblieben oder verkümmert,
- breite Kontaktunsicherheit,
- unendlich viele Schwierigkeiten im Alltagsleben,
- >>Mitteltöne<< im menschlichen Umgang fehlen,
- Arroganz verbirgt Unsicherheit, Nichtrealisierung, dass ihre Schwierigkeiten auf der Kontaktebene liegen und nicht an ihrem Mangel an Fähigkeiten.

3.2.1 Der Schizoide und die Liebe

Entwicklungsschritte werden zum Problem:

- beim Eintritt in den Kindergarten,
- in der Klassengemeinschaft,
- in der Pubertät,
- bei Annäherung an das andere Geschlecht,
- in partnerschaftlichen Beziehungen und allen Bindungen.

Alarmzeichen :

- Außenseitertum und Einzelgängertum,
- Meidung des anderen Geschlechtes,
- Kontakten aus dem Weg gehen,
- statt dessen in Bücher vergraben,
- Basteleien oder Dinge tun, bei denen man immer allein ist,
- weitgehende Ungeübtheit im Verkehr mit Menschen, deshalb
- Schwierigkeiten des Integrierens seiner Sexualität,
- sich nicht in andere hineinversetzen können,
- kann sich Liebe nur als ein Sichausliefern und Abhängigwerden vorstellen,
- Eingehen in unverbindliche, leicht zu lösende, oder auch rein sexuelle Beziehungen, in denen sich die Sexualität vom Gefühlsleben gleichsam abspaltet. Partnerschaften werden dadurch leicht austauschbar. (Schutz vor Offenlegung ihrer Unbeholfenheit, Schutz vor der Gefahr des Liebens.)
- Zeichen der Zuneigung von Seiten des Partners werden abgewehrt, sind ihm eher peinlich, weil er nicht weiß, wie er sie beantworten soll.

Das Einzige, was dem schizoiden Menschen wirklich gehört und ihm einigermaßen vertraut ist, ist er selbst, daher seine Empfindlichkeit gegen die wirkliche oder vermeintliche Gefährdung seiner Integrität.

Aus der Ferne sind Schizoide oft gute und zugewandte Menschen, nehmen sich aber im Nahkontakt sofort wieder zurück und verschließen sich.

Schwierig wird es, wenn der Schizoide die schroffe Ambivalenz zwischen Liebes- und Hassgefühlen, seinen tiefen Zweifel des Geliebtwerdenkönnens, am Partner austrägt. Dann setzt er diesen immer neuen Bewährungsproben aus, fordert von ihm immer neue Liebesbeweise, die seinen Zweifel beheben sollen. Das kann sich bis zum seelischen und zum eigentlichen Sadismus steigern. Sein Verhalten kann dann ausgesprochen destruktiv werden, Liebesbeweise und Zeichen der Zuneigung werden abgewertet (Gefühlsaussagen werden lächerlich gemacht, bagatellisiert, analysiert, angezweifelt oder in diabolisch geschickter Weise als Tendenz umgedeutet), oder um sich selbst für gesund halten zu können, dem Partner sogar psychisch Probleme zugesprochen, die ihn zu diesen Aussagen, die man nicht ernst nehmen könne, veranlasst haben. So schützt der Schizoide sich vor der Gefahr des Liebens bzw. Geliebtwerdens bzw. vor dem Wahrnehmen seiner eigenen Unzulänglichkeit, sich auf Liebe nicht einlassen zu können, weil die Hingabeangst es verhindert. Weil er seine ganze Existenz bedroht sieht, wenn ein anderer Mensch ihn liebt und ihn zum Partner 'haben' will.

Andererseits verlangt ein solcher Mensch unendlich danach, an echte Zuneigung glauben zu können. So wie er die ihn liebenden Personen schroff vor den Kopf stößt, wünscht er sich gleich stark, sie würden ihn nicht fallen lassen, sondern sich weiter um ihn bemühen. Nicht selten zerstört der schizoide Partner auch alle zärtlichen Regungen bei sich und dem Partner durch Zynismus, um sich von ihnen nicht erfassen zu lassen.

Natürlich wird im Partner systematisch alle Liebesbereitschaft zerstört, es sei denn, dass er eine ungewöhnliche Liebesfähigkeit besitzt, die Krankheit erkennt und durch die Phasen des Zurückgestoßenwerdens weiter lieben kann, um bewusst heilen zu wollen, was aber die Gefahr in sich birgt, dass er selbst schizoide Züge bekommt, da er keinerlei Anerkennung findet in seinen Gefühlen und sich auf das Erahnen der Zuneigung des anderen verlassen muss. Er muss die Liebe von weitem leben und die Isolierung ertragen, immer wieder Demütigungen hinnehmen, denn er muss den geliebten aber nicht kontaktfähigen Partner nach und nach an die Gefühle heranführen und gleichzeitig damit rechnen einen Rundumschlag dessen zu ertragen. Es ist aber unerlässlich, damit der schizoide Partner nach und nach seine Gefühle zulassen lernt und die Angst überwinden kann. Jedoch es ist auch damit zu rechnen, dass die Liebe daran scheitert, dass durch die Positionen, die durch die Therapie gegeben sind, das erotische Begehren vergeht. Es bedarf eines seelisch sehr selbständigen und gereiften Partners, der sehr viel Verständnis und Konstanz aufzubringen vermag.

Oder der Partner ist der masochistische Gegentypus, der aus Schuldgefühlen, aus Verlustangst oder anderer Motivierung glaubt, das alles in Kauf nehmen zu müssen, der Lust am Gequältwerden empfindet.

Sonst muss er sich schließlich zurücknehmen oder zu hassen beginnen, was dann von dem Schizoiden mit einem Triumphgefühl erlebt werden kann. (Jetzt kommt dein wahres Wesen zum Vorschein), ohne zu realisieren, wie weit er den anderen durch sein Verhalten selbst gebracht hat.

Ist die Gefühlskälte noch weiter fortgeschritten, steigert sie sich ins Extreme, ins Krankhafte. Hier kann die Grenze zur Vergewaltigung bis zum Lustmord schmal sein, vor allem wenn auf den Partner unverarbeitete Hassgefühle und Rachehaltungen unbewusst projiziert werden, die ursprünglich den ehemaligen Bezugspersonen der Kindheit gegolten haben.

Aus der Schwierigkeit, mit einem Partner eine Gefühlsverbindung einzugehen, ja überhaupt einen Partner zu finden, suchen Schizoide auch oft, allein auszukommen, gleichsam sich selbst zum Partner zu nehmen in ausschließlicher Selbstbefriedigung. Oder sie weichen auf Ersatzobjekte aus (Fetischismus).

Ein anderer Weg ist aus der inneren Isoliertheit eine Tugend zu machen. Durch Sublimierung der Sexualität, durch Bewusstseinsveränderung, durch ausschließliche Hinwendung, ja Hingabe des Eigenseins, des Ich für ein höheres Ideal, als Opfer für eine höhere Macht, die von den Beschwernissen dieser Welt befreien kann. Hier wird die Angst gestillt durch eine höhere Macht, die niemals (ent)täuscht und daher einzig der Liebe würdig scheint. Natürlich kann an diesen Ersatzobjekten wirkliche Liebesfähigkeit nicht entwickelt werden, obwohl auch diese Formen gestörter Liebesfähigkeit noch Elemente des Liebenwollens enthalten, noch Ausdruck ihrer Sehnsucht sind. Man findet so eine infantil gebliebene Sexualentwicklung auch bei sonst hochdifferenzierten Persönlichkeiten. Sie nehmen sich manchmal Kinder oder Jugendliche zum Partner, da sie schwer kontaktgestört, wie sie sind, vor diesen weniger Angst haben und mit kindlichem Zutrauen rechnen können.

Unterdrückte Liebesfähigkeit und Hingabesehnsucht bringen extreme Eifersucht hervor, die bis zum Eifersuchtswahn gesteigert werden kann. Er spürt, wie wenig liebenswert er sich verhält, wie wenig liebesfähig er ist, und ahnt, dass er niemanden halten kann. Daher muss er überall Rivalen wittern. Harmlose Verhaltensweisen des Partners werden voller Spitzfindigkeit und Haarspalterei ins Hintergründige, Absichtliche und Dämonische umgedeutet.

Das kann sich bis zum Beziehungswahn steigern. Mit einer Lust am Zerstören, unter der er selbst leidet, sich aber nicht anders verhalten kann, zerstört er oft selbst, was er vermeintlich nicht halten kann, dann ist er wenigstens der Handelnde und nicht nur der Erleidende.

So kann man Verhaltensweisen verstehen, dass er gerade da, wo er lieben und geliebt werden möchte, sich besonders wenig liebenswert gibt. Diese Endtäuschungsprophylaxe enthält meist unbewusst zugleich den Aspekt einer Bewährungsprobe für den Partner: Wenn er mich trotz meines Verhaltens noch liebt, liebt er mich wirklich. Hier ist zu erkennen, wie schwer es für solche Menschen ist, sich für liebenswert zu halten.

In Extremfällen kann das Misstrauen bis zum Mord führen.

(Wenn er mich nicht liebt, soll er auch keinen anderen lieben!)

bewusst wird die Hingabeangst meist nur als Bindungsangst erlebt. Die Sehnsucht nach Hingabe, die ja zu unserem Wesen gehört, staut sich durch die Unterdrückung auf und verstärkt die Angst, so dass Hingabe dann nur noch als völliges Sichausliefern, als Ich-Aufgabe und Verschlungenwerden vom Du vorgestellt werden kann.

Dadurch kommt es zu einer Dämonisierung des Partners, die nun rückwirkend wieder die Angst verstärkt, und manche sonst unverständliche Verhaltensweisen schizoider Menschen verständlicher macht, vor allem ihren plötzlichen Hass, der aus dem Gefühl der Bedrohtheit durch ein übermächtiges Du entsteht, ohne dass sie erkennen, dass ihre eigene Projektion dem anderen erst solche Macht verleiht.

Schroffheit, plötzliche verletzende Schärfe, eisige Kälte und Unerreichbarkeit, Zynismus und sekundenschnelles Umschlagen von Zuwendung in feindselige Abwendung, auch hier fehlen die >>Mitteltöne<<, und aus ihrem Erleben heraus finden sie ihr Verhalten durchaus situationsadäquat.

Das erinnert an die unbeholfene Form von Werbung in der Pubertät. Hier wie beim Schizoiden besteht die gleiche Mischung aus Angst und Begehren, das Verbergen der Gefühle, das raue, aggressive Anfassen statt der nicht gewagten oder nicht gekonnten Zärtlichkeit, die Angst sich zu blamieren, die Bereitschaft sich sofort zurückzunehmen, das Umschlagen von Zuneigung in Abneigung und der Zynismus bei wirklichem oder vermeintlichem Abgelehntwerden. Aggressivität fällt ihnen leichter, als das Äußern von Zuneigung und anderen positiven Gefühlen.

So fällt es dem Schizoiden schwer, eine dauerhafte Gefühlsbeziehung zu wagen. Er neigt mehr zu kurzfristigen, wechselnden Beziehungen. Untreue ist seines Erachtens in einer Dauerbeziehung unvermeidlich, er fordert wenigstens für sich die Freiheit, die umgekehrt nicht immer so selbstverständlich gewährt wird.

Er ist oft ein Theoretiker der Ehe, ein Ehereformer.

Er hat nicht selten eheähnliche Beziehungen, vor deren Legalisierung er jedoch zurückschreckt.

Bei frühem Ausfall einer Mutterbeziehung oder nach Enttäuschungen an der Mutter, findet man nicht selten Bindungen an ältere, mütterliche Frauen, diese können ihn viel nachholen lassen, was er als Kind entbehren musste.

Es sind schenkende Frauen, die vermögen Wärme und Geborgenheit zu geben ohne große eigene Ansprüche zu stellen. Sie haben unmittelbares Verständnis für seine Situation und erwarten von ihm nicht, was er nicht geben kann. Aber gerade dadurch binden sie ihn mehr als er es sonst zulassen könnte.

Nur die tiefer Gestörten mit entsprechenden Früherfahrungen entwickeln einen ausgesprochenen Frauenhass und Racheimpulse der Frau gegenüber.

Da vom Schizoiden das Weibliche als unvertraut und bedrohlich erlebt wurde, finden wir bei ihm nicht selten die Hinwendung zum gleichen Geschlecht. Oder es wird eine Partnerin gewählt, die durch quasi männliche Züge nicht so ganz anders erscheint, wie eine sehr weibliche Frau. Die Beziehung ist dann mehr eine geschwisterlich-kameradschaftliche, fußt mehr auf gemeinsamen Interessen, als auf der erotischen Anziehungskraft der Geschlechter. In allen Beziehungen erträgt er dauerhafte Nähe schwer. Er ist in seinen Gefühlsäußerungen karg und am dankbarsten, wenn ihm der Partner eine unaufdringliche Zuneigung, ein Stück Heimat und Geborgenheit gibt. Wer ihn zu nehmen versteht, kann mit seiner tiefen Zuneigung rechnen, die er nur nicht recht zeigen und zugeben kann.

3.2.2 Lebensgeschichtlicher Hintergrund

Wie kann es zu einer schizoiden Persönlichkeitsentwicklung kommen, zu jener überwertigen Angst vor der Hingabe und, entsprechend, zu dem überwertigen Betonen der Selbstbewahrung?

Konstitutionell entgegenkommend ist dafür einmal eine zartsensible Anlage, eine große seelische Empfindsamkeit, Labilität und Verwundbarkeit.

Als Selbstschutz legt man dann eine Distanz zwischen sich und die Umwelt, weil man große physische und psychische Nähe wegen der radarähnlich fein reagierenden Sensibilität und gleichsam Durchlässigkeit als *zu laut* empfindet.

So ist für den Schizoiden die Distanz notwendig, damit er überhaupt der Welt und dem Leben gewachsen ist.

Er ist von der Anlage her gleichsam ein zu offenes System, zu *hautlos*, muss sich daher abgrenzen und teilweise verschließen, um nicht von der Fülle aller aufgenommenen Reize überschwemmt zu werden.

Eine andere Möglichkeit ist die, dass eine besonders intensive motorische-expansive, aggressiv triebhafte Anlage vorliegt, eine geringe Bindungsneigung oder -fähigkeit, Anlagen durch die man von früh an leicht als lästig und störend empfunden wird. Damit macht man immer wieder die Erfahrung, dass man abgewiesen, zurechtgewiesen, in seiner Art nicht bejaht und angenommen wird, und entwickelt daran das misstrauische Sichzurücknehmen, das für diese Menschen so charakteristisch ist, zu einem typischen Wesenszug von ihnen wird.

Nicht eigentlich zur Konstitution im eben verwendeten engeren Sinne zu rechnen, aber doch im Körperlichen liegend, zugleich aber bereits deutlicher auf die Umwelt als auslösender Faktor weisend, wären körperliche oder sonstige Wesensmerkmale zu nennen, durch die ein Kind von Anfang an die Erwartungen und Wunschvorstellungen seiner Eltern, vor allem der Mutter, enttäuscht.

Das kann schon darin liegen, dass es nicht das erwünschte Geschlecht hat, aber auch an beliebigen anderen physischen Merkmalen, die es der Mutter schwer machen, ihm die

Zuwendung und Zuneigung zu geben, die es braucht; auch unerwünschte Kinder sind hier zu erwähnen.

Zu diesen konstitutionellen Aspekten - bei denen aber oft die Reaktion der Umwelt darauf mehr für die schizoide Entwicklung verantwortlich zu sein pflegt, als die Anlage selbst- kommen aber nun Umweltfaktoren als wesentlichste Auslöser schizoider Persönlichkeitsentwicklung hinzu.

Damit das neugeborene Kind sich allmählich vertrauend der Umwelt zuwenden und die erste Du-Findung vollziehen kann, muss ihm diese Umwelt annehmbar und vertrauenerweckend erscheinen. Das Kleinstkind braucht eine Atmosphäre, die man als Aufgehobensein, Sichbehaglichfühlen beschreiben kann, als Eingebettetsein in ihm angemessene Lebensbedingungen.

Diese *paradiesische Phase* selbstverständlich erfüllter Bedürfnisse sollte es erleben dürfen, weil es erst aus solchem Urvertrauen heraus allmählich wagen kann, die Hingabe an das Leben zu riskieren, ohne die Angst, vernichtet zu werden.

Es hat sich bei Untersuchungen an Heimkindern gezeigt, dass Kinder, die in den ersten Lebenswochen zu lange von der Mutter getrennt wurden, und so einen ganz frühen Ausfall an mütterlicher Zuwendung erlebten, schwere bis irreparable Schädigungen in ihrer Entwicklung nahmen - selbst bei bester Ernährung und einwandfreien hygienischen Bedingungen, die sie in einem Heim vorfanden, in dem 10 Kinder auf eine Kinderschwester kamen. Alle ganz früh vernachlässigt oder durch Reizüberangebot verschreckten Kinder werden zumindest erhebliche Verspätungen, Einseitigkeiten, Ausfälle oder nicht altersangemessene Frühreife in ihrer Entwicklung aufweisen, weil sie die hier notwendigen Lebensbedingungen nicht oder nicht ausreichend erhielten, und dadurch altersunangemessenen Ängsten ausgesetzt waren.

Besonders leicht kommt es zu schizoiden Schädigungen auch bei den von Anfang an ungeliebten oder unerwünschten Kindern,

bei frühen Trennungen durch längere Klinikaufenthalte, bei Verlust der Mutter, bei lieblosen oder zu gleichgültigen Müttern, bei zu jungen Müttern, die noch nicht reif genug sind, bei „goldene-Käfig-Kindern“, die lieblosem Personal überlassen wurden, auch bei Müttern, die zu früh wieder arbeiten und das Kind zu lange sich selbst überlassen müssen.

Neben einem solchen Mangel an liebevoller Zuwendung in der Frühzeit ist eine andere Quelle für schizoide Persönlichkeitsentwicklung die Reizüberflutung.

- Für die Entwicklung des Kleinkindes ist es unerlässlich, dass seine Umgebung eine gewisse Stabilität aufweist, wodurch sie ihm allmählich vertraut wird, so dass es Vertrauen zu ihr fassen kann (Vertrautwerden ist die Basis des Vertrauenkönnens) -.

Ein zu häufiger Wechsel der Bezugspersonen, ein Zuviel an Wechsel der Umgebung und an Sinneseindrücken, kann von ihm nicht verarbeitet werden (z.B. anhaltende Geräuschkulisse durch Radio, Fernsehen, helle Beleuchtung bis in die Schlafenszeit des Kindes, häufige unruhige Reisen usf.). Solche Unruhe der Umgebung und die Mütter, die gleichsam in das Kind einbrechen, sein Bedürfnis nach Ruhe und Alleinsein überrennen, indem sie sich zu viel mit ihm beschäftigen, es überall mit herumschleppen und ihm keine Möglichkeit zu seinen Eigenimpulsen lassen, bewirken ebenfalls, dass das Kind sich zurücknimmt und sich ängstlich und irritiert verschließt. Oder zu frühes Überfordern, dem Kind kein organisches Wachstum ermöglichen, wie bei den sog. Wunderkindern oder wenn das Kind sich zwischen unreifen und schwierigen Erwachsenen hindurchlavieren muss, die mit ihrem eigenen Leben nicht fertig werden.

Es muss zu früh Stimmungen erspüren und Situationen verstehen, um die an sich gespannte und zugleich labile Atmosphäre nicht noch mit sich selbst zu belasten, ja es muss nicht selten die Elternrolle für sich selbst und die Eltern übernehmen, weil es an ihnen keinen Halt findet und sie selbst keinen in sich haben. Bevor es sich selbst gefunden hat, wird es in die Elternrolle geschoben, muss Verständnis für die Erwachsenen aufbringen, dass es gar nicht dazu kommt, es selbst zu sein, weil es immer nach allen Seiten denken muss, vermitteln, verstehen und ausgleichen muss, auf solche Weise das Leben der anderen mehr leben muss als es sein eigenes Leben kann. Damit wird es nicht nur um seine Kindheit betrogen, sondern es bleibt auch sein Wesenskern unentwickelt, die Sicherheit in sich selbst, und es wird ihm zum Lebensgrundgefühl, auf brüchigem Boden zu stehen.

Es ist wohl leicht erklärlich, dass solch ein 'Seinszustand' den Menschen vor dem Hintergrund einer religiösen Erziehung ganz besonders nach der Rückbindung an diesen einzig liebenden Gott bzw. Christus greifen lässt, da diese Bindung nicht enttäuschen kann, weil sie dem inneren Bild von Liebe passiv entspricht.

Außerdem, stand man so in der Welt, muss man sich bemühen, sich unverletzlich zu machen, um wenigstens der Welt keine Blöße zu zeigen. Wie geht das? Offenbar, indem man sich gefühlsmäßig nicht mehr erreichen lässt.

Man legt sich eine glatte Fassade zu (das Priesterimage eignet sich dafür hervorragend), hinter die niemand blicken kann, so dass andere nie wissen, woran sie mit einem sind. Soweit dennoch Gefühle nicht vermeidbar sind, entwickelt man die Fähigkeit, sie bewusst zu steuern, zu dosieren. Man reflektiert sie und lernt, sie bewusst zuzulassen oder abzustellen, wird sich ihnen aber keinesfalls spontan überlassen, denn das könnte gefährlich werden.

Die Folge aller beschriebenen Störungen ist jedenfalls, dass das Kind sich von Beginn an gegen die Welt wehren und vor ihr schützen muss, oder von ihr enttäuscht wird. Wenn es draußen keinen adäquaten Partner findet, greift es auf sich selbst zurück, nimmt sich selbst zum Partner, und vollzieht den Schritt von sich weg auf das Du unzureichend. In der Weiterentwicklung und wenn es später keine korrigierenden Erfahrungen machen kann, entstehen daraus die bereits beschriebenen Lücken in der mitmenschlichen Erfahrung, die Neigung zur Unabhängigkeit und die Egozentrizität, die Selbstbezogenheit.

Die gesamte heutige Umweltsituation des westlichen Menschen wirkt sich schizoidisierend aus: die Welt gibt uns immer weniger Geborgenheit, wir fühlen uns immer gefährdeter, unser Lebensgefühl wird labilisiert durch die Überfülle von Reizen, denen wir ausgesetzt sind und gegen die wir uns nur schwer abschirmen können; wir haben das Gefühl existentieller Bedrohtheit. (Als Gegenwirkung sehen wir das Bedürfnis nach meditativen Übungen und nach Rückbesinnung auf die Innenwelt.)

Mangel an altersgemäßer Geborgenheit in der frühesten Kindheit ist also gleichsam die Kurzformel für die Entwicklung schizoider Persönlichkeiten, soweit sie mit den Umwelteinflüssen zusammenhängen.

Auch die vorgeburtliche Einstellung zum Kind kann jene Ungeborgenheit bereits im Mutterleib entstehen lassen.

3.2.3 Zusammenfassung:

Beim schizoiden, gespaltenen Menschen ist der ganzheitliche Erlebniszusammenhang seiner seelischen Eindrücke, Antriebe und Reaktionen in verschieden hohem Maße zerrissen; vor allem seine Vitalimpulse sind isoliert, vom Gefühlsleben abgespalten. Bei ihm ist, mit anderen Worten, die Integration der verschiedenen Erlebnis - oder Persönlichkeitsschichten durch das einschmelzende Gefühl nicht geglückt. Zwischen Verstand und Gefühl besteht ein großer Unterschied des Reifegrades; Gefühlsabläufe und Verstandeserfahrungen laufen gleichsam getrennt, verschmelzen nicht zu einheitlichem Erleben.

Weil er sich von früh an durch den Verstand und die Sinneswahrnehmungen orientieren musste, da er keine ausreichende emotionale Orientierung lernen konnte, stehen ihm keine Gefühlsnuancen zur Verfügung, er kennt vorwiegend die primitiven Vorformen des Gefühls, die Affekte; es fehlen die Mitteltöne, nur die Extreme schwarz und weiß sind vorhanden. All das sind Folgen des Ausfalls an emotionalen mitmenschlichen Bindungen.

Als Schutz gegen seine Angst vor der Nähe versucht der schizoide Mensch die größtmögliche Unabhängigkeit zu erreichen. Mit solcher Neigung zur Autarkie und mit dem Ausweichen vor Nahkontakten ist aber ein Kreisen um sich selbst, eine zunehmende Egozentrizität unvermeidbar verbunden, die ihn mehr und mehr in die Isolierung treibt.

Man kann verstehen, dass solche Menschen wohl die intensivsten Ängste überhaupt erleben, denn Einsamkeit und Isolierung wirken angstverstärkend.

Vor allem die Angst verrückt zu werden kann bei ihnen unerträgliche Grade annehmen - auch in ihr spiegelt sich das Erleben des >Anders-als-die-andern-Seins< und der Ungeborgenheit in der Welt.

Charakteristisch ist:

Angst ist die einzige Realität die sie kennen. Sie erleben sie nicht vor etwas Konkretem, sondern total.

Oder sie kennen keine Angst: Das völlig von seiner Angst distanziert haben, sie nicht mehr im Bewusstsein haben, ein labiler Zustand, da leicht das Ich von der abgespaltenen Angst überschwemmt werden kann.

Da das Sich-mitteilen-können aus Angst, seine ganze Schwäche und Ungeschütztheit zu zeigen, nicht möglich ist, kann Angst durch Anhäufung über lange Zeit Grade erreichen, die nicht mehr auszuhalten sind. Dann kann es zu Durchbrüchen der Angst kommen, die bis zur Psychose, sozusagen als letzten verzweifelten Versuch der Angst zu entrinnen, führen können. Man wird >verrückt<, man >verrückt< die realen Maßstäbe und rettet sich in eine irreale Welt, in der man selbst gesund und die Außenwelt krank erscheint - was manchmal sogar stimmen kann. Die Ängste werden auf Objekte der Außenwelt verlegt, wo man sie leichter vermeiden, bekämpfen oder beseitigen kann; vor der Innenangst gibt es kein Entrinnen.

Mit wachsendem Autismus verliert der schizoide Mensch immer mehr das Interesse an der Welt und den Menschen, ein Vorgang, den man als Objektverlust bezeichnet hat und der von ihm selbst oft als Weltuntergangserlebnis beschrieben wird.

Wenn man seine interessierte Anteilnahme an der Welt, seine emotionale Zuwendung zu ihr, immer mehr zurücknimmt, verarmt die Welt, sie >geht unter<, wird zu nichts, wird >>vernichtet<<.

Das sich Zurücknehmen von der Welt, das sich auf sich selbst Zurückziehen, führt also allmählich zum Weltverlust, der mit großer Angst erlebt wird, als ein Fallen ins Nichts, in die absolute Leere.

Wer sich selbst zu sehr festhalten will, droht die Welt zu verlieren, so dass er schließlich nur noch allein zu existieren meint.

Neben der fast paranoiden Eigenbezüglichkeit fällt auf, wie Schizoide auch die geringsten Änderungen in der Umwelt wahrzunehmen pflegen, die anderen überhaupt nicht auffallen. Wenn man alles, was man wahrnimmt, in Beziehung zu sich setzt, unterliegt man mehr und mehr einem Beziehungs- und Bedeutungswahn, der bis zum Wahnsystem ausgebaut werden kann und dann nicht mehr zu korrigieren ist. Dann begegnet einem nichts mehr zufällig, dann geschieht draußen nichts mehr, was nicht in einer geheimen Beziehung zu einem selbst steht und eine besondere Bedeutung hat, die man nun zu ergründen bemüht ist. So verliert man seine Unbefangenheit und ist gleichsam bereit, sich sofort gegen vermeintliche Überraschungen und Gefahren abzuschirmen, sich sofort zurückzuziehen, wenn jemand zu nahe kommt.

Es wird die Innenangst nach außen auf ein vermeintlich bedrohendes Objekt/Subjekt verlegt, dem man sich dann durch Flucht entziehen kann.

Ist man so labil und ungeschützt der Welt innen und außen ausgeliefert, kann man verstehen, dass schizoide Menschen eine Lebenstechnik zu entwickeln versuchen, durch die sie nichts mehr wirklich an sich heranlassen, die es ihnen ermöglicht ungerührt und unberührt zu bleiben, immer sachlich, distanziert und möglichst überlegen, durch nichts aus dem Gleichgewicht zu bringen, aber auch durch nichts mehr wirklich zu erreichen. Das kann Grade von kühler Distanz, Arroganz, Unnahbarkeit bis zu Eiseskälte und Gefühllosigkeit annehmen, oder wenn diese Schutzhaltungen nicht mehr ausreichen, zu plötzlichen Schärfen und explosiven Aggressionen führen. Hier kann die jeweilige Umwelt zu echter Hilfe werden, wenn sie versteht, woher die Aggressionen kommen.

In der Therapie mit Schizoiden kommen wir mit Grenzzuständen in Berührung, die die Gefährdetheit menschlicher Existenz aufleuchten lassen.

Ich habe diese Form der Angst so ausführlich beschrieben, weil Fritz Riemann[126] hier Verhaltensaspekte schildert, die immer wieder von verzweifelten Frauen fassungslos als Beziehungserfahrungen mit Priestern vorgebracht werden. Außerdem ist der Zölibat, der ja zur Distanz zwingt, geradezu dafür prädestiniert, Menschen mit dieser Persönlichkeitsstörung anzuziehen bzw. seelisch labile Menschen dahingehend zu beeinflussen, dass sie diese Form der Neurose entwickeln.

[126] Vgl.Fritz Riemann: Grundformen der Angst,- Eine tiefenpsychologische Studie-, Ernst Reinhardt Verlag, München Basel, 510 Tsd.1994, S.20-58.

Gehen wir der Einfachheit halber weiter von Riemanns Grundformen der Angst aus, so kann gesagt werden, dass, wie alle anderen Menschen auch, bei Priestern alle Neuroseformen zu finden sind.

Besonders aber ist zu bedenken, dass außerordentliche Dogmabereitschaft (Veränderungen werden als bedrohlich angesehen) und Opferbereitschaft (Zölibat) sowie Bereitschaft zum Gehorsam und zur Unterwürfigkeit im Erwachsenenalter (Forderung der Kirche an den Priester) auf neurotische Hintergründe hinweisen. Hier wären die Depressiven, opferbereit, unterwürfig und gehorsam aus Angst das Angenommensein zu verlieren, im Priesterberuf gut aufgehoben, wenn ihnen gleichzeitig die Jungfrau Maria als Sublimationsfigur genügt. Abgesehen davon ist das Festhalten der Kirchenmänner an jahrtausendealten Traditionen und das Nichthinterfragen der Dogmen, die mittelalterlichem Denken entsprechen und ebensolchem Horizont zuzuordnen sind, nur begreiflich, wenn man dahinter die Angst vor der Veränderung als zwangsneurotischen Anteil sieht.

Das Hysterische passt weniger zum Berufsbild und zum Zölibat.

Gehen wir jedoch vom Zölibat selbst aus, so ist er als Zwangszölibat neurosefördernd und zwar unweigerlich schizoidierend, während die anderen Forderungen von kindlichem Gehorsam und die, der kirchlichen 'Einfürallemal-Lehre' blind zu vertrauen, wohl schon ein Eingeschränktsein durch angstfördernde Erziehung in Verbindung mit dem Medium „Kirche" und deren Sozialisationsinhalten, voraussetzen.

Es ist also davon auszugehen, dass bei Männern, die den Beruf 'Priester' wählen, bereits durch ihre Sozialisation, die Entfaltung natürlicher Anlagen besonders im Kleinkindalter angstbesetzt wurde. Das bedeutet z.B., dass in der phallischen und in der ödipalen Phase natürliche Bedürfnisse tabuisiert wurden und dadurch Entwicklungshemmungen eintraten, so dass weder die Einstellung zum eigenen Körper noch zur Körperlichkeit bzgl. der Sexualität in gesundem Maße gefunden werden konnte.

Der Zölibat ist Ausdruck und Ergebnis einer autoritären Erziehung vor dem Hintergrund eines Glaubens, der das „Ich" der Menschen klein hält durch Aufoktroyieren von Sünde und Schuld, der die Asexualität vergöttert und unterwürfig Autoritäten bedingungslos Gehorsam leistet. Er beinhaltet sadomasochistische Bedürfnisse, die eben durch dieses katholische Werte- und Normensystem entstanden und in ihm gesellschaftliche Anerkennung finden, ja sogar durch entsprechende theologische Sanktionierung, im katholischen Weltbild vollkommenes menschliches Leben verkörpern.

Das „Charisma der Ehelosigkeit" ist vor diesem Hintergrund zu sehen.

Menschen, die diese Voraussetzungen eigentlich nicht erfüllen, aber das „Charisma der Verkündigungsgabe" besitzen und die wahrscheinlich die rechten Priester und Seelsorger sein könnten, kommen durch die Koppelung des Amtes mit dem Zölibatsversprechen früher oder später in Lebenskrisen, die dann entweder in die Neurose führen oder zum Austritt aus dem Amt. Eine Weiterentwicklung wird bei einem gesunden Menschen jedenfalls nicht zu verhindern sein, und das Gefühl des 'Lebendigbegrabenseins' und/oder die Aufgabe des Priesterberufes ist dann aus Gründen des Zölibatszwangs vorprogrammiert. Im zweiten Teil der Arbeit folgen Berichte von ausgeschiedenen Priestern, die diese Problematik schildern.

4 Der Zölibat in der Sozialwissenschaft

4.1 Sozialethik: Der Zölibat im Vergleich zur Gesellschaftsanalyse Erich Fromms: Haben oder Sein

Die Existenzweise des Habens steht für die Übel gegenwärtiger Zivilisation. Die heutige Gesellschaft ist vom Modus des Habenswollens bestimmt.

Die Existenzweise des Seins hingegen steht für die Möglichkeit eines erfüllten Lebens, das nicht entfremdet ist.

Prinzipiell erkannte Fromm den biophilen Charakter, ausgerichtet am Wachstum bzw. Leben und den nekrophilen, orientiert am Verfall bzw. Tod.

Jedes menschliche Denken, Fühlen bzw. Handeln geschieht entweder in der Weise des Habens oder des Seins.

Im Modus des Habens kommt es nur auf Besitzerwerb an und auf das uneingeschränkte Recht, diesen Besitz zu behalten und über ihn zu verfügen. Alles ist inbegriffen: Kinder, Ehegatten, Kranke, Behinderte, Unwissende, Tugenden und Werte, Ehre, Ansehen, Image, Mut, Gesundheit, Schönheit, alles will und muss man haben.

Überzeugungen religiöser, weltanschaulicher Art z.B. werden wie ein Besitz erworben und hartnäckig verteidigt. Wahrheit und Recht wollen in Besitz genommen werden, notfalls durch Prozesse oder Krieg.

Das Verlangen nach Besitz und zugleich nach Wirkmächtigkeit ist die Feststellung: Ich bin, was ich habe. Mein Besitz begründet mich und meine Identität. Ich werde von diesem Haben besessen, weil mein Erleben der Identität, d.h. meine Erfahrungen von geistiger Gesundheit, von diesem Haben abhängen.

Wenn wir nun an unsere heutige Gesellschaft denken, so ist dies der Geist, der sie beherrscht. Wohlbefinden und Zufriedenheit des Menschen bestimmen sich hier und heute vom Besitz und der Überlegenheit über andere und anderes.

Gehen wir davon aus, so sollte das Entsagen durch die ‘evangelischen Räte’ die Alternative zur geschilderten Unfreiheit des Menschen im Haben-Modus sein.

Das Ideal der ‘evangelischen Räte’, nämlich durch Armut und Keuschheit der Seele und des Körpers, sein Selbst Gott zu weihen und damit der Wahrheit, der Liebe und dem Leben, wäre ein Weg zum wahren, zum freien Menschen.

Erst das Gelübde bringt in den reinen Seins-Modus den Haben-Modus. Der Weg zum Leben wird mit Fesseln versehen. In Vertrauen wird Misstrauen gesät, in Wachsen Stagnation. Das Biophile wird zum Nekrophilen. Der Allgeist zum Kleingeist.

Der Mensch wird Besitz der Kirche, des Klosters und bestimmt umgekehrt seine Identität durch dieses Besitzsein.

Diskutiert werden sollte, dass die evangelischen Räte sowie der Zölibat von einer körperlichen Keuschheit ausgehen und von Ehelosigkeit, die sexualfeindlich gemeint sind oder wenigstens so ausgelegt werden. Und da ist der Haben-Modus ganz klar zu erkennen und verstellt den Weg zum Sein, weil jeder Zwang blockiert und passiv macht.

Im Modus des Seins aber werden Wohlbefinden und Glück dort erfahren, wo der Mensch liebt, teilt und hergibt. Das setzt die Unabhängigkeit, die Freiheit, die kritische Vernunft voraus.

Erst diese bewusstseinszustände ermöglichen das wichtigste Merkmal des Modus des Seins, das produktive Tätigsein, aber nicht im Sinne von Aktivismus oder Geschäftigkeit, sondern als Sichselbsterneuern, als Wachsen, als Ausfließen, als Liebe, als Ausbrechen aus dem isolierten Ego, Interessiertsein, Sichzuneigen, Hergeben. So nur erfährt sich der Mensch selbst als ursprüngliches Sein, als Subjekt menschlicher Existenz.

Ich und mein Tätigsein, mein Werk, mein Produkt oder das Ergebnis meines Denkens sind eins, sind ‘Ich’. ‘Ich’ bin das alles, was in mir entstand und entäußert wurde, geäußert wurde, was ausfließen konnte, eine Persönlichkeit.

Dem zentralen Modus des Seins, dem Tätigsein, entspricht im Modus des Habens die Passivität. Ein weiteres Merkmal des Haben-Modus kann mit den Begriffen: Sicherheit, Angst oder Unsicherheit beschrieben werden.

Das Leben, das am Haben orientiert ist, ist immer von einer spezifischen Angst und Unsicherheit gezeichnet.

Die Entwicklung des Menschen aber hängt davon ab, dass der Mensch sich nicht an das klammert, was er hat. Dies gilt auch hinsichtlich der Haben-Größen: Beruf, Wissen, Kinder, soziale Stellung, ja für das Leben selbst. Wo die Einstellung derart ist, dass man sich und den Sinn des Lebens vom Besitz dieser Größen abhängig macht, da muss es notweniger-weise zu permanenter Angst und Unsicherheit kommen.

Die Angst kann sich an alles mögliche klammern. Sie ist Angst vor Einbrechern, vor wirt-schaftlichen Veränderungen, vor Krieg, vor Krankheit, vor dem Tod, und sie ist Angst vor der Liebe, vor der Hingabe an einen Menschen (die man ja nur als Inbesitznahme erkennt), vor der Freiheit vor dem Wachsen, vor Veränderung des Lebens, vor dem Unbekannten.[127]

Wenn ich aber bin, der ich bin und nicht das, was ich habe, kann mir niemand meine Sicherheit und mein Identitätserleben rauben oder gefährden.

Mein Zentrum liegt in mir selbst: meine Fähigkeit zu sein und die mir wesenseigenen Kräfte zu gebrauchen, bilden einen Teil meiner Charakterstruktur und hängen von mir ab.

Im Gegensatz zu allen Größen, die im Modus des Habens von Bedeutung sind, trifft auf die dem Menschen wesenseigenen Kräfte die Aussage zu: Was hergegeben wird, ist nicht verloren, aber umgekehrt gilt, dass verloren ist, was festgehalten wird.

Spätestens hier kommen uns Aussagen des NT in den Sinn. Matth.10,39 (Bergpredigt):

„Wer sein Leben findet, der wird's verlieren; und wer sein Leben verliert um meinetwillen, der wird's finden."

Lukas 6,38: „Gebt, so wird euch gegeben...".

Apostelgesch.20,35: „... Geben ist seliger als nehmen."

Ich möchte deshalb auf den Punkt kommen, dass die 'evangelischen Räte` sowie der Zölibat für den Mönch oder Priester unerlässlich bzgl. der wirklichen Nachfolge Christi erscheinen.

Da aber Jesus im reinen Seins-Modus gelebt hat, also ohne Gelübde, ohne Bindung an menschliche Gesetze, die ja wieder den Haben-Modus hervorbringen (deshalb ja auch Jesu Verbot zu schwören), ist eine echte Nachfolge Christi nur möglich, indem sie ohne jegliche Bindung an Zeit und Gesetz von einem im Seins-Modus lebenden, reifen und bewussten Menschen, freiwillig und ohne verlangten Verzicht, sondern Verzicht aus der Ganzheit einer Persönlichkeit, erfolgt.

Noch eine weiterführende Bemerkung sei dazu gemacht: Im Modus des Habens bedeutet der Begriff der Sünde: Einen Widerstreit mit Gott – Ungehorsam -, weil der Mensch die Gesetze Gottes verletzt.

---

[127] FUNK Rainer: Mut zum Menschen, S.395.

Dieser Ungehorsam wird nur bei echter Reue und neuerlicher Unterwerfung vergeben. Sünde - Vergebung im Modus des Habens heißt die Relation: Ungehorsam und Unterwerfung.

Sünde im Modus des Seins aber ist nicht 'Ungehorsam` sondern 'Trennung`, und das Bewusstsein von Getrenntsein.

Diese Sünde wurzelt in unserer menschlichen Existenz selbst. Sie muss nicht vergeben, sondern geheilt werden; und Liebe, nicht das Annehmen einer Strafe, ist der heilende Faktor. So bedeutet Sünde im Modus des Seins: Unerlöste Entfremdung. Da aber sowohl die Kirche als Ordnungs- und Gesetzesgemeinschaft wie auch als Institution an sich, als auch der Zölibat und 'die evangelischen Räte', als Bedingungen

- nicht Einheit, sondern Trennung und Ausgrenzung,
- nicht Liebe, sondern Distanz hervorbringen,
- nicht Freiheit, sondern Angst und Trennung produzieren,
- nicht auf Vertrauen, sondern auf Zwang und Misstrauen beruhen, (deshalb der Schwur), gleichzeitig die Kirche noch auf unbedingten Gehorsam besteht,

ist hiermit nicht nur der Tatbestand der Sünde im Haben-Modus erfüllt, sondern auch der Haben-Modus an sich gegeben, der wiederum besagt, dass das alles mit einer echten Nachfolge Christi nichts zu tun hat.

4.2 Zölibat und soziale Umwelt

Die fortschreitende Säkularisierung und allgemeine Entkirchlichung ist auf viele Faktoren zurückzuführen, u.a. auf die Abstumpfung der sinnlichen Wahrnehmung des Menschen in einer technisierten Welt. Das Bedürfnis der Seele aber, in einer entfremdeten Umwelt aufgefangen zu werden, erfüllt die in mittelalterlichen Strukturen hängengebliebene Kirche nicht. Durch ihr unzeitgemäßes Denken, das nicht auf ethischen Wahrheiten, sondern auf Traditionen, die den Ängsten unaufgeklärter Menschen entsprungen sind, fußen, gerät sie durch eigenes schuldhaftes Unterfangen an den Rand der Gesellschaft, für deren Gesundheit sie eigentlich Verantwortung trägt wie keine andere Institution sonst.

Der Werteverlust ist vor allen Dingen auf ihr Versagen zurückzuführen. Durch ihr Interesse an der „Seinserhöhung durch Enthaltsamkeit", und ihr fanatisches Festhalten an den, diese Enthaltsamkeit erzwingenden Rechtsnormen, verliert sich die katholische Kirche im Narzissmus und ist blind und taub für die Folgen, die nicht nur im speziellen die Zölibatäre, sondern auch die ganze Gesellschaft in den Auswirkungen der Folgen zu tragen hat. Durch den Priestermangel, u.a. auch Folge der Zölibatsverpflichtung, lässt sie auch die noch Gläubigen im Stich.

Nein, „die Kirche kann nicht mit der Mode gehen“[128] , aber sie muss diese Gesellschaft auffangen, das vor allem ist ihr Auftrag. Und aus diesem Grunde, wenn nicht aus allen anderen ethischen, psychischen und sonst noch anzuführenden Gründen, die dagegen sprechen, hat sie den Zölibat freizustellen!

---

1 28 Tagesthemen, ZDF, Juli 1995

IV Problemanalytische Betrachtungen

1 Problemdarstellung und Analyse bezüglich der Priester:

1.1 Die Zölibatsproblematik unter folgenden Aspekten:

1.1.1 Motive zur Berufswahl und der Zwang zur Ehelosigkeit

Auszüge aus autobiographischen Berichten

1.) "Mit 19 entschied ich mich für das Theologiestudium, weil ich in der Weitergabe des Glaubens für mich eine Lebensaufgabe sehen konnte und heute noch sehe. Außerdem war ich in eine gewisse >>Helferrolle<< hineingezogen worden, mit einem sehr idealistischen und damit völlig unrealistischen Weltbild. (...)

Gewiss war das bevorstehende körperliche und seelische Liebesverbot >>Zölibat<< ein akutes Problem, das Dilemma wurde bald klar: Entweder nie eine Frau lieben zu dürfen oder in einer Lebenslüge leben zu müssen. Heute frage ich mich: Was sind das für Personen, die junge Menschen in solche Dilemma hineintreiben bzw. gehen lassen? Genügt es, dass sie ihr eigenes Dilemma immer weitergeben müssen? Und was für ein Gottesbild verkünden diese Menschen, was ist das für ein >>Gott<<, der solche Dilemmata schafft? "[129]

2.) "Neben einer tiefverwurzelten, unreflektierten, ererbten Religiosität war die ontische Unsicherheit meiner Eltern und folglich meiner selbst der Grund, dass ich mich an ein kirchliches Amt binden wollte, um von dort her meine Daseinsberechtigung und Bestätigung zu erfahren. Mit diesem Streben korrespondierte, gezwungenermaßen, neben der angestammten Demut und Armut, das Ideal der Keuschheit. Für dieses Ziel musste und wollte ich erst tauglich werden. Wie aber war es dann ein Charisma, wenn ich dazu erst tauglich werden musste?"[130]

3.) "Seit ich denken kann, wollte ich nur eins werden: Priester. Auf einem Bild, das mich als Fünfjährigen zeigt, bin ich in vollem Priesterornat mit einem Kreuz in der Hand abgebildet; meine Großmutter hatte kurz vorher meinen sehnlichsten Wunsch erfüllt, sie hatte durch das Christkind Messgewänder schicken lassen: Ich war selig.(...) Die Ehe meiner Eltern ging in (...) Trümmer. (...)" Er erzählt, dass er seine Mutter nie mehr gesehen habe, da sie von dem Patriarchen ihrer türkischen Familie in die Türkei zurückbeordert worden sei. Einige Jahre später starb sein Vater.

---

[129] Anton Grabner-Haider in Bernd Marz (Hrsg.): Alles für Gott?, S.82.
[130] Alfons Kraus in Bernd Marz (Hrsg.): Alles für Gott?, S.121.

"Meine einzige Stütze war und blieb fürs ganze Leben jener unsichtbare Gott, der mich von früher Kindheit an unwiderstehlich angezogen und fest an sich gebunden hatte. Ja- und Maria, jene Frau, die als >> Himmelsmutter << zu jener treuen Begleiterin und Ersatzmutter wurde, die ich in allen Lebenslagen stets voll Vertrauen anrufen konnte."[2]

"Kaum hatte ich (...) meine theologischen Studien begonnen, als ich in eine elementare Lebenskrise hineinschlitterte, die für mein ganzes Leben bestimmend wurde. In den Sommerferien verliebte ich mich in ein Mädchen (...). Mir war gesagt worden, die Liebe und Ganzhingabe zu Gott lasse keinen Platz für ein Geschöpf in meinem Herzen. Nun erlebte ich, dass die Liebe zu diesem Mädchen meine Liebe zu Gott nicht nur nicht gemindert hatte, sondern sogar bereicherte und in mir eine tiefe Dankbarkeit gegenüber jenem Schöpfer entfachte, der uns die wunderbare Gabe jener Liebesfähigkeit schenkt, die ich nun zum ersten Mal in ihrer ganzen Zärtlichkeit erleben durfte.

Ich spürte, dass die Argumentation der Kirche hinkt. dass sie sich Gott allzu menschlich vorstellt: Gott kann doch kein eifersüchtiger Egoist sein, den man nur um den Preis der Absage an die von ihm geschenkte beglückende zwischenmenschliche Liebe von ganzem Herzen lieben darf." (...) Mein ganzes Weltbild "lag nun, in tausend Stücke zerborsten, am Boden.(...) Sosehr ich auch damals ob meiner Situation litt" (...) mich "die Suche nach meiner eigenen Identität belastete, erscheint mir diese Zeit im Rückblick als die Zeit der Gnade."[3]

4.) "Warum bin ich eigentlich Priester geworden? Sicher gab es viel mehr menschliche Motive: Das Streben nach Ansehen, Bedeutung, macht. Aber eines habe ich seit meiner Jugendzeit nie vergessen:

Mit 13, 14 Jahren war ich in allen Wirren eines Heranwachsenden, mit dem ganzen Gefühlsüberschwang der Jugend, mit der Totalität eines offenen Herzens zutiefst betroffen von Gott und seiner Liebe. Ich war überzeugt, wenn das stimmt, was die erwachsenen Christen behaupten, dann geht es im christlichen Glauben um das Heil der ganzen Welt, dann hat mein Leben nur Halt und Sinn, wenn ich mich dem ganz verschreibe, dann will ich Christus dienen als Diener der Liebe.

Während meines Theologiestudiums habe ich dann mit Gott gehadert. Ich wollte ihm nicht das Recht geben, dass ich, der ein Diener der Liebe sein wollte, auf ein geliebtes DU verzichten sollte. Doch dann war mir klar: Nicht er kann es wollen, sondern die Kirche will es. Weil ich aber glaubte, nichts als Priester werden zu müssen, meinte ich dafür verzichten zu können. Und so ist es eigentlich auch geblieben, wenn sich auch meine grundsätzliche Einstellung zum Zölibat durch Höhen und Tiefen immer wieder verändert, vertieft, geläutert

2 Rudolf Schermann in Bernd Marz (Hrsg.): Alles für Gott?, S.148,151.
3 A.a.O.,S.150f.

und gereinigt hat und ich inzwischen versuche, durch geordnete und zuverlässige Freundschaften mich vor dem Chaos der Gefühle zu schützen, so dass ich mich längst nicht mehr als Opfer fühle, sondern positiv damit umzugehen gelernt habe."[4]

Diese Berichte zeigen die tiefe Religiosität, die hinter dieser Berufswahl steht, aber auch das Ringen mit Gott, mit sich selbst und nicht zuletzt mit der Kirche.

Eines haben sie alle gemeinsam. Sie wollen verkünden, was sie zutiefst bewegt. Sie wollen Christi Nachfolger sein, aber der Kirche und ihrem Glaubens- und Gottesbild glauben sie nicht mehr. Sie bleiben, weil sie nur so diese Berufung meinen leben zu können, aber sie sind innerlich längst von der Obrigkeit und ihrem Fundamentalismus abgewandt.

Ich habe Aufzeichnungen ausgeschiedener, verheirateter Priester ausgesucht, aber auch die von noch amtierenden. Ich las etwa zwanzig die Problematik betreffende Darstellungen, sehr ehrlich und mutig geschrieben. Ich suchte die für meine Thematik aussagefähigsten Berichte heraus, kann aber doch im allgemeinen sagen, dass die Gedanken über den Zölibat und über die Einstellung der Kirche im eigentlichen übereinstimmen. Die einen sprechen es klar aus, die anderen lassen es durchscheinen. Ihre gemeinsame Feststellung ist: Die Argumentation der Kirche bzgl. der Liebesentsagung hinkt! Der Zölibat sollte freigestellt werden. Und ... die Kirche muss eine menschlichere werden. Sie bedarf einer Reformation zu ihrem Ursprung hin.

1.1.2 Die Diskrepanz zwischen Ideal und Wirklichkeit in bezug auf Nähe und Distanz, Christsein und Gesetz

Dieses Kapitel könnte auch die Frage zur Überschrift haben: Wie ist das Verhältnis von Anspruch und Wirklichkeit im priesterlichen Leben und Arbeiten?

Der Anspruch wurde bereits im theologischen Teil dieser Arbeit erschöpfend dargestellt. Die Wirklichkeit soll hier zu Wort kommen. Deshalb werden überwiegend Zitate aus autobiographischen Berichten die Priester selbst zu Wort kommen lassen.

Dr. Klaus Kliesch, ein amtierender katholischer Pfarrer aus Berlin, Mitte 50, schreibt zu diesem Thema folgendes:

" Nur schwer kann ich die Spannung zwischen Anspruch und Wirklichkeit meiner priesterlichen Existenz aushalten, obwohl mir bewusst ist, dass dies meine eigentliche Aufgabe ist: die Spannung auszuhalten, indem ich mich meiner Wurzeln vergewissere. Am liebsten hätte

[4] Klaus Kliesch in Bernd Marz (Hrsg.):Alles für Gott?, S.109.

ich keine Sorgen, wäre gerne fromm, konsequent, stark, offen ,erfolgreich, aber all dies bin ich nicht, und inzwischen will ich es auch nicht mehr sein."[5]

Seine Erfahrung mit der Kirche:" Im Ernstfall kann die Hierarchie sich nicht anders zeigen, als sie ist: monarchisch und absolutistisch."[6]

Seine Erfahrung mit den Kollegen: "Die Begegnungen von Mensch zu Mensch, gerade auch unter den Hauptamtlichen lässt zu wünschen übrig."[7]

Sein Priesterverständnis: " Den Erwartungen von oben kann ich nicht gerecht werden, dem Priesterbild von unten will ich nicht entsprechen, es sei denn es geht um die Verkündigung, den Gottesdienst, die Wegbegleitung von Menschen, die es nötig haben. So ringe ich um meinen priesterlichen Dienst und spüre täglich die Grenzen. Die spirituelle Dimension ist immer in Gefahr zu kurz zu kommen. Gott sei Dank habe ich die Heilige Schrift. Die persönlichen Beziehungen geraten oft außer Kontinuität. Gott sei Dank habe ich die Menschen, die mir treu bleiben.(...) Und dennoch: Mein Herz ist nicht ohne Hoffnung und Zuversicht. Ich kann und will nichts anderes als Priester sein, weil Gott mich in Beschlag genommen hat. Ich kann und will nichts anderes, als den Menschen Gottes bedingungslose Liebe erfahrbar werden lassen. Ich will keine andere Kirche, weil sie Gottes Weg zu den Menschen ist. (...) Ich kann und will nichts anderes sein als ein Diener der Liebe Gottes."[8]

Alfons Kraus, 62 Jahre alt, ausgeschiedener Priester, heute Leiter einer Grundschule in Ingolstadt, teilt mit:

"Warum richtete ich damals bloß ständig an mich die bohrende Frage: >>ist du zum Priestertum berufen?<< War es wirklich die Brauchbarkeit für den Dienst der künftig zu leisten war, die immer auf dem Prüfstand des Gewissens stand?- Nein, sie war es nicht, wie sich erwies. Die Fixierung auf die Forderung der Ehelosigkeit ließ wichtige Aspekte in den Hintergrund treten: die geistige und soziale Reife, die psychische Stabilität, das erforderliche Wissen und kritische Gewissen. Und weil ich den Zölibat nie ganz verstand und liebte, wurde mir im Junktim der ganze Beruf, zu dem ich sicher geeignet und befähigt war, mehr und mehr zur Last und zum Problem, die mich erdrücken mussten. Ein Priester, der nachträglich die Spreu vom Weizen scheidet, kommt in Bedrängnis. Ein System, das ihn in seiner Person vereinnahmt, neigt dazu, das Kind mit dem Bade auszuschütten. (...) Anima hostia- meine Seele sei meine Opfergabe! (...) Es war mein Verhängnis, dass ich bei diesem Opfergang innerlich

5 Ebd.
6 A.a.O.,S.114.
7 A.a.O.,S.117.
8 Ebd.

verarmte und dass die alte Glut erlosch. Wer ständig ausgibt, der verausgabt sich. Es gibt eine Müdigkeit, die der Verstand und das Gewissen nicht mehr registrieren. In dieser Not und Leere sucht man dann nach anderen Inhalten und Werten, nachdem die alten verblassten und ihre Tragfähigkeit verloren."[9]

Rainer Joachim, heute Anfang 50, ausgeschiedener Priester erzählt:

Ich war Spätberufener. Nach meiner Primiz trat ich eine Stelle in einer Diasporagemeinde an. Besonders gern feierte ich Eucharistie, und "das Predigen, meinen Glauben auf den >>Begriff zu bringen<<, das macht mir viel Freude, wenn es auch furchtbar anstrengend ist. (...) Ich bewohne ein Haus für mich, das Haus ist Tag und Nacht offen, und viele, sehr viele kommen, suchen Rat, es ist vor allem Liebeskummer, der sie bewegt. Normen der Kirche- etwa >>Humanae Vitae<<- sind ihnen ganz gleichgültig."

"Die Pfarrhaushälterin hat >>Kultur<<. Wir kommen uns nahe, Vertrauen und Wertschätzung wachsen (...) Wir sind noch heute miteinander in Verbindung."

"Ich bekomme auch weiblichen Besuch, und ich werde dann das, was man >>schwach<< nennt, trenne mich aber, weil das, was geschieht, mir zu nahe zu kommen droht."

"Manchmal brennt die Frage nach Gott in meinem Herzen. Und vor allem: >>Bewahrt<< diese Kirche diesen Gott, den ich für mich so menschenfreundlich will und so auch für ihn werbe und predige, >>bewahrt<< diese Kirche diesen Gott richtig auf?

Die Kolonnaden, die vom Peters-Dom ausgehen, erscheinen mir oft wie die riesigen Arme einer großen Krake, die alles verschlingen will..."

"Das Pfarrhaus ist mir zu groß. Ich hole die Jesuitenpatres (...), die in Tübingen ihren Doktor machen, zu mir. Wir versuchen eine Vita communis (...). Doch wir sind zu sehr Individualisten, dazu wurden wir ja erzogen."

An Weihnachten feiern wir eine ökumenische Eucharistiefeier. "Ich werde zum Ökumenereferenten der Diözese geladen. Als ich ihm erzähle, die Ökumene sei mir ein besonderes Anliegen, da meine Mutter evangelisch sei, nimmt das Gespräch ein gutes Ende."[10]

Georg Meier, Anfang 50, Krankenhausseelsorger in Geldern schreibt:

"Ich wollte Zeit haben, aber die Termine pflasterten den Kalender zu. Ich wollte Verständnis haben, aber die Vorgaben der kirchlichen Lehre ließen nur wenig Spielraum. Ganz gegen

[9] Alfons Kraus in Bernd Marz (Hrsg.): Alles für Gott? S.122f.
[10] Rainer Joachim in Bernd Marz (Hrsg.): Alles für Gott? S.102ff.

meinen Willen habe ich unter dem Druck der Erfordernisse doch Steinchen um Steinchen an dem Bild einer Kirche mitgebaut, die dem Menschen immer fremder wird. Mit großem Elan habe ich mich in all den Priesterjahren auf die Seite der Menschen zu stellen versucht, um mit ihnen zu leben, zu fragen und zu beten. In letzter Zeit hat sich eine eigenartige Polarisierung aufgebaut. Sich ganz auf die Seite der Menschen zu stellen scheint Konflikt mit der Kirche zu bedeuten und umgekehrt auch. Entweder identifiziert man sich mit den offiziellen Erwartungen der Kirche, dann hat man auch dafür einzutreten, dass geschiedene Wiederverheiratete nicht zu den Sakramenten gehen und Katholiken nicht am Abendmahl der evangelischen Brüder und Schwestern teilnehmen können, dass Frauen nicht Priester und Priester keine Ehemänner sein dürfen und Laien nicht das Recht haben zu predigen, oder man versetzt sich in die konkrete Lage der suchenden Menschen und sieht sich gezwungen, das eine und andere Gebot zu ignorieren.

Die Menschen spüren dieses Dilemma unseres Dienstes, wie wir selbst in uns gespalten sind.(...) Und wenn dann gar die kirchlich geschützten Werte ins Gegenteil umschlagen, wenn Treue zur Abhängigkeit wird, Enthaltsamkeit in Verständnislosigkeit umschlägt, die Selbstlosigkeit in Selbstverachtung zerfällt und unvergebene Schuld sich in Dauerschmerz verdichtet, dann können wir gar auf die Anklagebank geraten. Arzt der Krankheiten sein zu wollen, die wir selbst mitverschuldet haben, das grenzt schon an Ironie."[11]

Auch aus diesen Berichten ist zu entnehmen, dass ausgeschiedene und im Amt verbliebene Priester sich wenig in ihrer Kritik an der Kirche unterscheiden. Enttäuschung und Resignation jedoch befreiten die im Amt verbliebenen Priester zu einer neuen Glaubens- und Kircheneinstellung. D.h. sie ließen die von der Obrigkeit aufoktroyierte Kirche im eigentlichen hinter sich, befreiten sich zu pastoralem Ungehorsam und konnten sich so wieder als "Brückenbauer zu einer persönlichen Gottesbegegnung"[12] fühlen.

Keiner von diesen publizierenden Priestern steht hinter dem Zölibat, sie nehmen ihn in Kauf, aber sie lieben ihn nicht, das kann man generell sagen.

Sie sind, und das muss ich hier erwähnen, mutig und haben sich innerlich von dieser Kirche bereits losgesagt, sonst würden sie nicht schreiben, denn sie verstoßen mit diesen ihren schriftlichen Berichten gegen ein Gesetz des CIC, das allen Katholiken, aber besonders Klerikern verbietet, sich gegen die Kirche schriftlich zu äußern bzw. ihre Lehre in Frage zu stellen, was für sie auch kirchenstrafrechtliche Folgen haben könnte.

[11] Georg Meier in Bernd Marz (Hrsg.): Alles für Gott? S.142f.
[12] A.a.O., S.146.

2 Einbruch der Liebe ins Priesterleben und die damit auftretenden Probleme

Alle Kleriker haben von Jugend an lernen müssen, sich selbst gegenüber Misstrauen und Angst zu entwickeln, und sie sind darin gehemmt in begehrlicher Weise auf eine Frau zuzugehen. Aber gerade diese scheinbare Heiligkeit zieht eben Frauen an, schafft eine ganz eigene Erotik.

Nicht selten sind sie Verführungssituationen hilflos ausgeliefert, weil sie einfach nicht gelernt haben damit umzugehen. Aber das sind bloße Abschweifungen, die alsbald zum totalen Rückzug hinter die Mauer des Zölibats führen oder zu dauernder Wiederholung animieren, jedoch ohne die Bindung an eine spezielle Person, eher führt so etwas zur sogenannten 'Rotlichtliebe`.

Für die hier relevante Betrachtung ist diese Art der heimlichen Beziehungen nur insofern von Belang, als dass ein solcher Ausweg der verbotenen Liebe in die Erniedrigung eines buchstäblich lieblosen Sex von diesen Priestern gemäß der kirchlichen Einstellung für immer noch besser gehalten wird, als sich wirklich in eine Frau zu verlieben. Die Verführerinnen werden gemieden, gemäß der Beichtauflage und die Huren braucht man nicht beachten.

Hier kommt jene Scheinliberalität der Kirche zum Tragen, die eine Toleranz gegenüber den >>menschlichen Schwächen<< der Kleriker betont, um das System zu stärken, indem es die Liebe verbietet. Was für eine entsetzlich patriarchalische Frauenfeindlichkeit steht hinter dieser Einstellung, hinter diesen Gesetzen einer Institution, die sich als >>Werkzeug der Liebe Gottes<< versteht.

Begegnet aber ein Kleriker einer Frau, die ihn wirklich anzieht, so geschieht das meistens durch eine Situation, in der er legitimiert ist als der Helfer oder Lehrer.

Die meisten großen Lieben der Priester nehmen ihren Anfang im >>Dienst<< - wo sonst? Ein Privatleben haben sie ja kaum, höchstens im Urlaub. Meistens sind es Mitarbeiterinnen oder Trost suchende, mütterliche Frauen, für die sich Priester erwärmen.

Bei häufigen dienstlichen Begegnungen wächst Vertrauen und gegenseitige Achtung. Durch gemeinsames Erleben bei Freizeiten oder theologische Gespräche, die Gemeinsamkeiten und Seelenverwandtschaft erahnen lassen, kommt man sich näher. Alles findet zunächst im Beisein anderer und dienstlich statt. Lange Zeit gibt es Ungewissheit über die Gefühle, da sie nicht glauben kann, dass er..., weil er ja ein Priester ist und er nicht glauben will, dass er ..., weil er ja ein Zölibatär ist. Also begegnet man sich dienstlich, aber sooft wie möglich. Seine unterschwelliges Liebesverlangen animiert die Frau, und sie reagiert vorsichtig. Da er aber nie von sich aus eine diesbezügliche Annäherung wagen würde, sind es die Frauen, die

die ersten zaghaften Versuche starten, und meistens dauert es lange, bis beide sich ihre Liebe wirklich eingestehen.

Wenn dann die Gefühle keinen Aufschub des Sichoffenbarens mehr dulden, entscheidet es sich, ob diese Beziehung ein Glück oder ein Unglück sein wird. Das hängt nicht nur von der Kirche ab, denn die ist in jedem Fall zu fürchten. Es kommt hier sehr darauf an, inwieweit der Priester seine Liebesfähigkeit inzwischen entwickeln konnte, wie viel innere Freiheit er gewonnen hat und was für ein Durchsetzungsvermögen daraufhin für ihn möglich ist; wie er eben mit seiner Bedrängnis umzugehen vermag. Das wiederum heißt, ob Angst vor der Obrigkeit, vor der Verachtung der <<Mitbrüder>> und der Gemeinde, sowie der drohende Verlust des geliebten Berufes siegt (denn Angst ist die einzige Macht, die Liebe zerstören kann) oder ob er sich ein Gewissen unverbogener Menschlichkeit erhalten bzw. wiedergewinnen konnte, das gepaart mit seiner neuerworbenen Liebesfähigkeit gar nicht anders kann, als sich gegen solche himmelschreiende Ungerechtigkeit zu behaupten. Hierin liegt die Konsequenz einer Abnabelung von der Kirche. Geschieht sie nur verschwiegen, innerlich, birgt diese Inkonsequenz in sich eine Ambivalenz, die seltsame Blüten treibt. Der saubere Strich drunter und der Neuanfang ist die wirkliche Erlösung, im psychischen, sowie im sozialen Sinne, auch wenn diese Entscheidung zunächst großen Mut und viel Gottvertrauen fordert. Damit immer mehr Priester diese einzig richtige Lösung wagen, die dann ja auch auf Dauer zur Abschaffung des Zölibatsgesetzes beitragen würde, sollte es ein institutionelles Auffangnetz geben. Denn eines sollte bedacht werden, egal ob der betroffene Priester im Amt bleibt oder ausscheidet, es kommt auf ihn ein totaler Umbruch zu, den er mit therapeutischer und praktischer Hilfe besser übersteht, so dass seine Partnerschaft bei entsprechender Unterstützung auch mehr Chancen hat, die angestrebte und wohl verdiente Harmonie zu finden.

Für einen Priester ist eine wirkliche Liebe wohl die Rettung vor dem schleichenden Erkalten und *das* Entwicklungsmoment überhaupt, sagt Eugen Drewermann. Er beschreibt es so: "Tatsächlich geht es auf Seiten des Priesters in einer solchen Beziehung, immer, wenn sie überhaupt eine nachhaltige Veränderung bewirken soll, um nicht mehr und nicht weniger als um den Umbau der gesamten Persönlichkeit, um *eine Art spontaner Psychoanalyse* mit all den Risiken und Abenteuern, die das Unbewusste unter der Decke massiver Verdrängung bereithält."[13]

Entscheidend ist, so stellt Eugen Drewermann fest, dass sich ein Reifeprozess vollzieht, sobald ein Priester aus dem Zölibatszwang herausgeführt wird in eine zwischen den beiden Personen offengelegte Liebesbeziehung. Sein *Ich* wird aus den Fesseln des Überichs gelöst,

---

[13] Eugen Drewermann: Kleriker, Walter Verlag Olten, 1989,S.617.

die ihm bisher so selbstverständlich schienen. Aber es fällt auch aus seiner Schutz- und Stützvorrichtung heraus, die ihm bisher Halt und Sicherheit war. Das kann der kritische Punkt sein, an dem die Abwehrmaßnahmen gegen die Liebe einsetzen, weil Schuldgefühle und ausbrechende Ängste ihn zurückrufen. Ist seine Liebesfähigkeit aber noch stark genug, wird seine Liebe dies überwinden, und er wird erstmals den Zugang zu sich selber finden.

"Als ein Kampf um alles oder nichts, um Sein oder Nichtsein, so oder so, wird der Einbruch der Liebe, diese sanfte Verführung zur Freiheit, von den meisten Priestern erlebt, wenn, ja wenn sie ihnen zum wirklichen Ereignis und nicht nur zu einer Episode oder zum Gleitweg in den Sumpf wird."[14]

Erwähnen will ich an dieser Stelle noch, dass ich, als ich Vorgespräche zur Erstellung dieser Arbeit mit dafür kompetenten Leuten führte, für meine Behauptungen Bestätigung fand. Ich hörte von Klerikern, die sich gegen ihre Liebe entschieden haben, um im Amt zu bleiben, dass es nicht selten sei, dass sie in tiefe Depressionen geraten. Der Freund eines verheirateten Priesters, der es nicht fertig gebracht hatte, seinem Amt zu entsagen und sich von seiner Geliebten trennte, überwand diese Entscheidung nicht. Jahre später kam es zu einer Psychose. D.h. nichts anderes als, dass er vor lauter Kummer wahnsinnig wurde. Er endete in der Psychiatrie, was dann die Amtsenthebung zur Folge hatte, da solch eine Erkrankung aller Wahrscheinlichkeit nach nicht mehr heilbar ist.

Wer sich gegen die Liebe entscheidet hat immer Folgen zu tragen. Auf jeden Fall braucht es viel Energie und zerrt an den Nerven, existentielle Gefühle und Bedürfnisse zu verdrängen. Es verzehrt die körperlichen Kräfte durch ein ständiges in Spannung leben so sehr, dass von einer optimalen Berufserfüllung kaum noch die Rede sein kann.

Ein weiterer Punkt ist, dass diese Priester sich, in nun konditionierter Angst, vor einem weiteren so bitteren Erlebnis, ein für allemal persönlicher Nähe entziehen müssen, was aber nur durch Abspaltung der Gefühle möglich ist. Dies ist der Erfahrungshintergrund für die Schizoidie, die auch noch durch entsprechende Erlebnisse im Erwachsenenalter ausbrechen kann. Hierzu noch einmal der Psychoanalytiker, Fritz Riemann:

"Verlust und Trennungen von wichtigen Beziehungspersonen, von entscheidenden psychischen und physischen und sozialen Funktionen werden als die entscheidenden Bedrohungen der seelischen Gesundheit und damit als ernsteste Formen des psychologischen Stresses angesehen."

Ein Teufelskreis hat begonnen.

---

[14] Ebd.

Der aus dem Amt geschiedene Priester und Psychotherapeut Wynfrith Noll sagt zur Problematik :

"Nach über 30 Jahren Erfahrung als Seelsorger und nach 20 Jahren Praxis als Psychotherapeut wird meine Empörung über den Zwangszölibat von Jahr zu Jahr größer, obwohl ich das Problem für mich längst glücklich gelöst habe und meiner Frau unendlich viel zu danken habe an Hilfe zu eigenem Reifwerden und Freiwerden und an Unterstützung bei meinem Bemühen, andere Menschen zu verstehen und ihnen zu helfen.

Ehelosigkeit mag für den Einen oder Anderen und meist auch nur für einige Zeit (wie auch die Einsamkeit) notwendig und förderlich sein für seine ganz spezielle Entwicklung. Im allgemeinen aber richtet der Zwangszölibat in der Psyche der von diesem Gesetz betroffenen Frauen und Männer schwere und schwerste Schäden an.

Bei den davon betroffenen Patienten, die mir begegneten, fand ich als Folgen vor allem Depressionen, Suchtkrankheiten, Zwangsneurosen, vor allem Kleptomanie und Waschzwänge, bei Amtsträgern übermäßig häufig Introversion und Hypochondrie sowie psychosomatische Störungen, die bereits chronisch waren.

Aber es geht nicht nur um Neurosen und Psychosen der direkt von diesem Zölibatsterror betroffenen Menschen. Es geht auch um die von ihnen seelsorgerlich betreuten Christen, denn viele erleiden durch sie Schäden.

Eine leibfeindliche, freudlose und verklemmte Moral vergiftet gerade auch das Leben der sogenannten Laien, die von Zölibatären geleitet werden, auch wenn sie selbst nicht zur Ehelosigkeit verpflichtet sind. Die Versuche glücklich, weltoffen und kontaktfreudig zu wirken, die man gerade bei sehr liebenswerten Zölibatären immer wieder findet, führen viele andere Menschen oft erschreckend <<hinters Licht>>. Diese setzen viel Hoffnung auf die ihnen so freundlich begegnenden Kirchenvertreter und erwarten Schutz und Trost, bis sie irgendwann einmal enttäuscht merken müssen, dass hinter der Maske des so weltoffenen Gottesmannes ein verzweifelt Suchender und zutiefst mit der eigenen Not Beschäftigter steckt, der irgendwann dann ermüdet das freundliche Lächeln sein lässt, das ihn überfordert und die Gläubigen getäuscht hat. <<Keep smiling>> ist nicht erst eine Erfindung unseres amerikanischen Geschäftslebens.

Nicht nur einzelne Menschen werden zu Patienten, ganze theologische Systeme weisen als Folgen des Zölibats neurotische Verlogenheiten und Mangel an Wahrhaftigkeit und Realitätsbezügen auf. Manche kirchliche Aussagen sind geradezu kriminell verantwortungslos: Ich denke nur an die Folgen von <<Humanae vitae>> für kinderreiche Arme oder in den Entwicklungsländern oder an den Kondom-Verbot für Aidskranke.

Welchen Unsinn hat man jungen Menschen erzählt über die schwere Sündhaftigkeit der entwicklungsbedingten Selbstbefriedigung oder über voreheliche Sexualität!

Da wird die auf Gemeinschaftsbildung hin ausgerichtete Gottesgabe Sexualität zur schmutzigen Gefahr, da erklärt man das Alleinleben für die immer bessere Methode, um ganz für Gottes Dienst da zu sein. Dabei hat Jesus von Nazareth doch den Dienst an den Geringsten seiner Schwestern und Brüder zu seinem Gottesdienst gemacht. Ist wirklich eine Ehefrau mit drei Kindern und einem Mann weniger <<frei>> Gott zu dienen, als eine Nonne, die siebenmal am Tag Psalmen singen muss. So greift der Zölibat weit über den Bereich des Sexuellen und des Individuellen hinaus; hinein in das Selbstverständnis aller Christen und der Kirche ganz allgemein und richtet solches Verwirren an <<diaboein>>, und das dazu gehörende Eigenschaftswort heißt diabolisch! [15]

Neurotische Menschen sind sicher bedauernswert, aber gleichzeitig sind sie eine Gefahr, wenn sie Macht bekommen. Sie treiben andere dahin, wo sie selber sind. Nur solche Menschen konnten den Zölibat erfinden, denn Einsamkeit erzeugt Krankheit, Krankheit erzeugt Bitterkeit, Bitterkeit erzeugt Hass, Hass erzeugt das Böse schlechthin. Liebe und Leben kommen da nicht vor.

Hier ist die Antwort für die verzweifelte Frage Anton Grabner-Haiders: " Was sind das für Personen, die junge Menschen in solche Dilemma hineintreiben bzw. gehen lassen?

Genügt es, dass sie ihr eigenes Dilemma immer weitergeben müssen? Und was für ein Gottesbild verkünden diese Menschen, was ist das für ein >>Gott<<, der solche Dilemmata schafft? "[16]

Gott? Gott, die Liebe, das Leben, kommt da nicht vor!

---

[15] Wynfrith Noll:Statement zum Zölibat in: Dossier zum Herdenbrief 1991, S.22f.
[16] Anton Grabner-Haider in Bernd Marz (Hrsg.): Alles für Gott?, S.82.

Es ist Unsinn
sagt die Vernunft
Es ist was es ist
sagt die Liebe

Es ist Unglück
sagt die Berechnung
Es ist nichts als Schmerz
sagt die Angst
Es ist aussichtslos
sagt die Einsicht
Es ist was es ist
sagt die Liebe.
Es ist lächerlich
sagt der Stolz
Es ist leichtsinnig
sagt die Vorsicht
Es ist unmöglich
sagt die Erfahrung
Es ist was es ist
sagt die Liebe.

Erich Fried [17]

2.1 Schilderung des typischen Ablaufes einer Priesterliebe mit dem Schwerpunkt der Selbstfindung

"Sie kam und sie gefiel mir vom ersten Augenblick an. Doch nie hätte ich von mir her gesagt, dass ich sie in ihrem Weinen, wie in ihrem Lachen, in ihrer Scham, wie in ihrer Schönheit, in ihrer Schwäche, wie in ihrer Stärke, außerordentlich bewunderte. Sie hat meine Gefühle trotzdem gespürt, aber sie sagte nichts davon - sie war klug genug, mich nicht zu früh durcheinanderzubringen. Statt dessen sprachen wir immer wieder über die Bedeutung der Liebe im allgemeinen, wobei sie stets unterstrich, wie wichtig ihr meine persönliche Nähe und Wärme sei. Sie begann zu weinen bei der bloßen Vorstellung, dass eines Tages alles vorbei sei und sie dann nicht mehr wiederkommen dürfe. Ich versicherte ihr, dass sie immer, wenn sie es wolle, wiederkommen dürfe, und ich war selbst erleichtert, so sprechen zu können.(...) Ich war ehrlich gesagt beinahe froh, ihr meine Hilfe sozusagen für immer in

[17] Erich Fried in Anne Dördelmann-Lueg: Wenn Frauen Priester lieben, o.S.

Aussicht stellen zu dürfen. Ja, so war es; sie gab mir durch ihre Bitten die Erlaubnis, zum ersten Mal in meinem Leben einer Frau wenigstens schon einmal *indirekt* zu sagen, dass ich sie liebte. Doch von Liebe war noch lange nicht die Rede, nicht von *meiner* Liebe jedenfalls.(...) Ich hatte damals die Vorstellung, mir sei etwas sehr Kostbares, sagen wir: die Keramikstatue einer etruskischen Göttin in die Hände gelegt worden, und ich müsste die Statue festhalten, um sie vor Fall und Zerstörung zu bewahren. Irgendwie dachte ich, es sei Gott selber, der wolle, dass ich dieses Götterbild festhielte, und dieser Gedanke war mir sehr wichtig, rückblickend muss ich sogar sagen: er war ganz entscheidend. Er nahm mir die Schuldgefühle und die Angst, mein Priestersein zu verlieren; mit diesem Gedanken fühlte ich mich nicht länger als ein schlechter Priester, ich glaubte vielmehr überhaupt zum ersten Mal, was mit solchen Worten wie Hingabe und Liebe gemeint sein könnte. Aber ich hielt mich immer noch in Reserve; ich hätte niemals gewagt, aus mir herauszugehen. Den Anstoß dazu gab *sie*, und zwar ohne Absicht. Nachdem sie von ihrer Liebe zu mir immer freimütiger zu sprechen begann, ergriff sie zunehmend die Furcht, mir lästig werden zu können; ich versicherte sie immer wieder, dass das durchaus nicht der Fall sei. Sie fragte, ob ich es auch ein bißchen selber mögen könnte, wenn sie zu mir käme; ich bejahte das, erklärte, dass ich mich sehr über sie freue, betonte, dass ich sehr froh sei, wenn sie bei mir sei, kurz, ich sagte plötzlich lauter Dinge, die ich niemals zu sagen gewagt hätte ohne die massive Inanspruchnahme ihrer Not. Wenn ich ganz ehrlich bin: Ich brauchte, um die Liebe zu lernen, damals noch das *Alibi*, einen anderen Menschen retten zu müssen. Ich konnte nicht einfach sagen: Du machst mich glücklich, lass' uns zusammenbleiben; ich brauchte einen *Auftrag*, eine heilige Aufgabe; ich selber war schrecklich kompliziert, und ihre Kompliziertheit war gerade das Richtige für mich. (...) Wir sahen uns, wir redeten miteinander, wir freuten uns aufeinander, aber wir <taten> nichts miteinander. Und das ist der Punkt, für den ich mich heute noch schäme: Ich war feige genug, im Grunde *ihr* die gesamte Verantwortung für alles, was wir taten, aufzuerlegen; nach außen hin und vor mir selber,ja, auch vor ihr, tat ich wer weiß wie groß und stark, aber in Wahrheit brachte ich den Mut nicht auf, auch nur von Ferne den Wunsch zu äußern, sie etwa in den Arm zu nehmen. Wohl gingen wir jetzt häufiger abends zusammen aus; wir verabredeten uns zu Spaziergängen. Es war ein unerhörtes Erlebnis, als sich einmal wie zufällig unsere Hände berührten, und sie meine Finger einzeln, ganz andächtig, streichelte und an ihre Lippen hielt, und es wurde unser Lieblingsspiel, beim Springen über einen Bach oder an einem Abhang uns wechselseitig aufzufangen. In all dieser Zeit war von Sexualität noch keine Rede. Ich glaube, es war entscheidend, dass ich im Gegenteil mich in dieser Zeit des Händchenhaltens von den sexuellen Impulsen ganz erleichtert fühlte. Gegen alles Bemühen hatte ich jahrelang ganze Zeiten über unter der Onanie gelitten; es war mir ab und an gelungen, für ein halbes Jahr oder länger mein Laster zu meiden, aber dann kam es doch wieder, und wenn es auch nur *einmal* passiert war, fing die alte Angst wieder an, und alles begann von vorne. Jetzt fühlte ich zum ersten Mal, dass ich überhaupt nicht mehr aufpassen musste - ich war viel zu glücklich, um so etwas noch zu tun; und vor allem sah ich in meiner Geliebten so etwas wie ein engelgleiches Wesen, das für derartige Wünsche gar nicht in Frage kam."[18]

Um die sehr ausführliche Schilderung etwas abzukürzen, will ich an dieser Stelle ein Stück weit den Inhalt zusammenfassen. dass er doch eines Tages das "Verhau" seiner moralischen Abwehr aufgeben konnte, wurde möglich weil *sie* unbewusst die Führung dahin übernahm. Aber alles geschah in seinem Dafürhalten zunächst zu *ihrer Erlösung.* Sie erzählte ihm von ihrer qualvollen Jugend und, dass sie in ihrer aufblühenden Weiblichkeit von ihren Eltern abgelehnt und beleidigt worden sei. Man monierte ihr offenes langes Haar, dass nur die Huren so tragen würden und ihre für den Geschmack der Eltern zu großen Brüste. Er tröstete sie und plötzlich begann er sie überall da zu streicheln und zu küssen, wo sie sich selbst nun nicht mehr akzeptieren konnte, und so ging es weiter. Er sah es als Therapie an um vor sich bestehen zu können.

"Ich war ein solcher >>Angsthase<<, dass ich noch <Sie> zu ihr sagte, als wir längst miteinander geschlafen hatten. "Ich brauchte immer noch das Alibi des Retters und des Helfers sowie den Freibrief, mich notfalls nach getaner Arbeit verabschieden zu können. Auf der anderen Seite fühlte ich keinen Bruch mehr zwischen meiner Liebe und meinem Priestersein. Im Gegenteil ich wusste, dass ich ohne diese Erfahrung nichts weiter geblieben wäre als ein armseliger Lügner; endlich wusste ich von der erlösenden Kraft der Wahrheit (Joh 8,32), endlich spürte ich Gott als die Liebe (1 Joh. 4,16), endlich hörte ich auf, Dinge äußerlich daherzureden, die ich nur vom Hörensagen kannte. Ich begann mir einzugestehen, dass bei dem Versuch, einen anderen Menschen zu erlösen, in Wahrheit *ich* es gewesen war, der zu sich selbst geführt ward."[19] (...) Eines Tages glaubten sie ein Kind zu erwarten. "Sie können sich nicht vorstellen, was ich in diesen 48 Stunden durchmachte. All meine Bücher, meine gesammelten Predigten, mein Ansehen bei den Leuten, mein ganzer Lebensweg - all das sollte plötzlich nichtig und vergeblich sein! Ich litt eine furchtbare Not, die ich ihr nicht einzugestehen wagte. Schließlich reifte in mir der Entschluss, mich unter keinen Umständen mehr als Opfer eines biologischen Zufalls oder einer bedauerlichen Unaufmerksamkeit zu betrachten; Ich sagte ihr, dass ich sie heiraten wolle, egal, was jetzt werden würde. Sie war Gott sei Dank nicht schwanger, aber wir waren uns endgültig so nahe gekommen, dass kein Bischof und kein Teufel uns hätte mehr auseinanderreißen können."[20]

---

[18] Drewermann: Kleriker, S.618f.
[19] A.a.O.,S.620f.
[20] A.a.O.,S.621.

2.2 Erlebnisbeschreibungen mit dem Schwerpunkt der Bedrängnis von außen

"An einem Sommernachmittag nehme ich erstmals H. wahr. Es ist im Garten des Priesterseminars unter einem Baum, und die Sonne spielt in ihrem Haar. Wir haben Interesse aneinander, wenn auch aus der Ferne, sie ist verheiratet, das muss ich respektieren, ich bin Zölibatäre, das muss sie respektieren, doch das Interesse lässt nicht nach, wir lernen uns mehr kennen, reden viel und trennen uns, wir wollen die jeweilige Existenzform des anderen nicht zerstören. Sie zieht mir ihrem Mann weg, dass wir uns nochmals treffen sollten, das konnte ich damals nicht ahnen.(...)

"Wir sind beide überrascht, dass wir schon wochenlang Haus neben Haus gewohnt haben und uns nicht begegnet sind.

Für den Abend lade ich sie zu mir zum Essen ein. Ich erfahre, sie hat sich von ihrem Mann getrennt und lebt jetzt allein, und das ganz nah bei mir. Wir laden uns öfter gegenseitig ein, und das was keimhaft da war, beginnt zu blühen.

Doch der Umstände halber müssen wir ein Doppelleben führen. Viel Angst ist bei mir da, das bringt viele Konflikte, die uns weiterbringen, wir können aneinander wachsen. Meinen Beruf jedoch will ich zu mehr als hundert Prozent erfüllen. Sind Schuldgefühle da? Noch kann ich das nicht beantworten. Wichtig für mich ist, dass da am Abend, wenn ich wieder einmal einen leukämiekranken Jugendlichen in den Tod begleitet habe, jemand da ist, an den ich mich anlehnen, bei dem ich mich ausweinen kann. Und wurde ich nicht durch unsere Beziehung noch einfühlsamer, noch sensibler, noch menschennäher? Wir leben und erleben viel miteinander und kommen auch in unsere Tiefe.

Und dann eines Tages: Hildegard ist schwanger. Wir machen Höhen und Tiefen durch, überlegen diesen und jenen Plan, Möglichkeiten gäbe es ja auch in der Kirche viele, doch wir wollen uns für uns und unser Kind entscheiden. (...) bis zur Geburt unsres Kindes gehe ich zunächst einmal in >>Kur<<, und dann sieht man weiter. Unser Kind wird geboren, Elias Aljoscha, ich bin zwei Tage wie besoffen, ich lobe und danke Gott, wie es sonst nur in den Psalmen des David geschieht, und wir drei sind einfach glücklich. >>Wollen Sie bei Ihrer Freundin, ich weiß nicht wie ich zu ihr sagen soll, und ihrem Kind bleiben?<< fragt mich der Weihbischof, als ich zum Gespräch ins Ordinat komme. Ich schiebe ihm nur ein Bild mit Frau und Kind über den Tisch und sag` dann nichts mehr. Ich muss um die Entlassung aus dem priesterlichen Dienst eingeben, sie wird mir gewährt.

Jetzt bin ich 47, arbeitslos, ohne Arbeitslosengeld, wie es weitergehen wird, weiß ich nicht. Vielleicht hilft ja auch die Kirche, sie soll ja barmherzig für das Leben sein. Doch der Weg hinaus, er war und ist für mich richtig. Ich kann mehr bei mir sein. Und bin ich nicht auch selber die Tür, durch die Gott geht, und er kann nur kommen und gehen, wenn ich bin, wenn ich bei mir bin.

P.S. Vor einigen Wochen erhielt Hildegard ihren Kündigungsbrief. Ihr Mutterschutz war gerade abgelaufen. Und sie war Dozentin an einer Fachschule des Caritasverbandes. Der Kündigungsgrund: sie habe ein Verhältnis zu mir, aus dem ein Kind hervorgegangen sei, so schreib die Diözesanleitung. Und der Bischof - seinen Vorgänger begleitete ich noch bis kurz vor seinem Tod-: dieser Grund- unser Kind also - sei ein >>objektiver Grund<<. Im Material-dienst Nr. 27 vom Januar 1990, der von unserer Diözese herausgegeben wird, steht auf der Seite 33: >> In die Solidarität aber sind alle gerufen: Eltern, Freunde, Nachbarn - auch Arbeitgeber, Juristen und Politiker, wenn es um die äußeren Voraussetzungen für eine Schwangerschaft geht (Einkommen, Wohnung, Erziehungszeiten usw.). Nicht zuletzt muss sich eine Kirchengemeinde nach ihrer Solidarität fragen lassen: Wie prägen wir in Wort und Tat die Einstellung zum Kind und zur Würde menschlichen Lebens in unserer Gesellschaft mit?<<

In der Kommission, die dieses Papier verabschiedete, arbeitete ich lange Zeit mit..."[21]

Es gibt mehrere Bücher mit Berichten aus dem Amt geschiedener Priester und viele Aspekte wären es wert, hier erwähnt zu werden. Das Volumen dieser Arbeit würde wahrscheinlich Eugen Drewermanns:"Kleriker" nicht nachstehen, würde ich alle Motive darstellen. Da dies aber hier nicht möglich ist, werde ich nun noch eine Beschreibung aufgreifen, die eine bewusst gewählte heimliche Partnerschaft und die damit verbunden Entscheidungsgründe und Folgen für beide Liebende beleuchtet. Ich fand tatsächlich die Geschichte einer Liebe, die ein noch im Amt befindlicher Gemeindepfarrer aufzuschreiben gewagt hat.

2.3 Erlebnisbeschreibung mit dem Schwerpunkt des Verbleibens im Amt und der damit verbundenen Konsequenzen

"Irgendwann erlebten wir die Erfüllung des Traums, die Wohnung mit dem Partner teilen zu dürfen, wenigstens für ein paar Tage und Nächte. Aber, dass wir trotz aller Nähe nur wie Bruder und Schwester leben konnten, begann aus der Liebe ein Martyrium zu machen. Und noch schlimmer, die Liebe mit dem Kalender. Die Stunden und Tage des Wartens waren eine Hölle. Bis zum Wahnsinn bin ich immer erneut getrieben worden, bis der erlösende Anruf kam. (...) Außerdem, in all den Wirren, die sich wie eine Last auf uns legten, wuchs doch die Gewissheit, dass Gott uns jeweils auf den Weg des anderen geschickt hatte.

[21] Rainer Joachim in Bernd Marz (Hrsg.): Alles für Gott?, S.106ff.

Mehr als sieben Jahre gingen ins Land. Ruhige Phasen wechselten mit stürmischen, sichere mit unsicheren, das Gefühl, gottgefällig zu leben mit dem des großen Sünders vor der Kirche. Aber das Schlimmste war, dass die Zeit des seelisch-körperlichen Verstehens und der Harmonie immer wieder zerrissen wurde. Misstrauen, aggressives Verhalten und Durchsetzungstendenzen bauten den Weg zu einer um sich greifenden Gleichgültigkeit mit dem Bestreben, den anderen immer mehr aus seinem eigenen Leben herauszuhalten. (...) Die Pausen zwischen den Kontakten vergrößerten sich. (...) Die Freundschaft zerbrach. Es folgten vier Wochen, die die schlimmsten in meinem bisherigen Leben gewesen sind. (...)

Als der Scherbenhaufen dalag, da konnte ich erst die wahre Schönheit des gewesenen Gefäßes erahnen. Jetzt drängte kein Einzelproblem mehr, kein klares Denken und Fühlen war mehr möglich, das gesamte Leben war von einem undurchdringlichen Leid durchzogen. Die absolute Sinnlosigkeit drohte.

Aber dieses Gefühl konnte ich mir natürlich gar nicht leisten. Noch immer war ich Pfarrer einer Gemeinde. Ich hatte die Frohe Botschaft zu verkünden. Aus der Gemeinde hinauslaufen wäre gar nicht gegangen. Ich musste predigen wie eh und je, in die Schule gehen, Besinnungstage halten, Brautgespräche führen.- (...) Ich tat alles. Ich hatte in all den Priesterjahren gelernt zu funktionieren. Aber während ich freundlich durch die Gemeinde ging, balancierte ich hart an der Grenze der absoluten Verzweiflung. Die Erfahrung der absoluten Grenze, die Verdichtung aller Dunkelheit dieser Welt. Und gerade darin ereignete sich das Wunder. (...) Durch den Karfreitag waren wir gegangen, dann kam einer und wälzte den Stein weg. Im Licht dieses neuen Morgens war die Entscheidung, die immer wieder aufgeschobene Entscheidung nicht mehr schwer. Vielleicht konnte sie wirklich erst jetzt gefällt werden. Sie war erst jetzt reif geworden. Die vielen Jahre mit den unendlich spannungsgeladenen Höhen und Tiefen bauten sogar das Fundament für eine sehr ungewöhnliche Entscheidung. Die Entscheidung schied nun nicht mehr zwischen unseren beiden Alternativen. Wir sagten ja zu beidem, zu unserer Partnerschaft und zu meinem priesterlichen Dienst. Sie war kein bedauernswerter Kompromiss. Zur Liebe und Partnerschaft fühlten wir uns nicht zuletzt dadurch gedrängt, dass wir in all den Jahren die führende Hand Gottes gespürt haben. Unser Weg hatte so viele Hindernisse und Umwege und führte gerade dadurch zu seinem Ziel. Aber auch der Dienst des Priesters war mir und im Mitgehen auch meiner Partnerin in all den Jahren ans Herz gewachsen, und es gab jetzt keinen inneren Grund mehr, ihn aufzugeben wegen unserer Liebe. Für mich gehörte beides zusammen, und auch die Partnerin konnte sich in diese Entscheidung hineingeben. Wir begannen diesen gemeinsamen Weg neu in der ganz großen Hoffnung, dass unsere beiden Lebensbereiche sich gegenseitig befruchten würden.

Natürlich schmerzten trotz aller neuen Entwicklung die Grenzen, die unserer Partnerschaft äußerlich gesetzt waren. Wir konnten keine gemeinsame Wohnung haben. Wir durften unsere Partnerschaft nicht in der Öffentlichkeit zeigen. Jeder lebte äußerlich gesehen für sich allein. Es blieb auseinandergerissen, was zusammengewachsen war. Uns blieben nur Anrufe, Briefe, Besuche und Urlaub. Aber wir haben gelernt diese Formen des Zusammenseins zu genießen. Aber auch die Zwischenzeiten leben von dem Bewusstsein und Gefühl, dass der andere da ist. Es ist z.B. immer ein eigenartiges Gefühl von Alleinsein, wenn man abends zuhause ist und weiß, der andere hat noch einen auswärtigen Termin und kann nicht angerufen werden. Wie gesagt, die Grenzen schnüren uns manchmal bitter ein. Aber dennoch ist innerhalb dieser Grenzen ein tiefes und wohltuendes partnerschaftliches Leben möglich.

Die einengende Grenze wird in einem Punkt besonders deutlich: dieser unserer Liebe dürfen keine Kinder entwachsen. (...) Ein großer Sinn partnerschaftlich-sexueller Beziehung ist uns also genommen, und es lag an uns Vorkehrungen zu treffen.(...) Wir sahen uns gedrängt über andere Möglichkeiten "als die normalen Empfängnisverhütungsmittel, die auf Dauer nur der Gesundheit schaden können" nachzudenken, auch über eine solche, die der Frau alle weiteren Möglichkeiten offenhielt. Ein letztes Glied in der langen Reihe von Entscheidungen fügte sich an. Wir haben uns viel Zeit gelassen, zu dieser Entscheidung des kleinen Eingriffs zu kommen. Dann durften wir diesen ungewohnten Schritt tun. Wir hatten ein nach menschlichem Ermessen endgültiges *Ja* zu unserer Partnerschaft gesagt. Wir haben sie auch damit unterstrichen.

Der neue Weg hat sich nun gefestigt. Wir erleben ein Miteinander in großem Ernst und gleichzeitig in großer Leichtigkeit. Wir wissen um die Verantwortung füreinander, und es wird uns viel Kraft dafür geschenkt. Im Licht dieses neuen Weges erscheinen auch viele Inhalte meines priesterlichen Dienstes in ganz neuem Licht.

Die jungen Paare kann ich ganz anders begleiten. Ich kann ihre Hoffnung, ihre Freude, Ihre Aufbruchsstimmung nachempfinden. Ich bin in die Trauungsliturgie viel mehr einbezogen. Überhaupt ist meine Solidarität mit den Menschen viel größer geworden. Ich muss nicht mehr nur der Priester sein, der als der Vertreter der Kirche den Menschen Wegweiser aufstellt. Ich habe buchstäblich am eigenen Leibe erfahren, wie man sich seinen Standpunkt erkämpfen, wie er erlitten werden muss. (...) Der Glaube lebt allein von dem ganz persönlichen Betroffensein.(...) Wir haben (...) erfahren, dass sich das Leben seinen Weg zum Licht ganz allein bahnen kann.

Glaube und Liebe haben ihre gemeinsamen Wurzeln. Ich habe kaum eine Zeit in meiner Priesterzeit erlebt, in der ich Gott und Christen so nahe war. Ich kann auch viel freier über Gott sprechen. Für mich gibt es im Moment keinen größeren Beweis Gottes und seiner

Sorge als unsere Liebe. Die heilige Messe hat nichts von ihrer Größe eingebüßt, sie wird zu einem gemeinsamen Glaubensbekenntnis. Es ist also für mich keine Theorie mehr, dass Priestertum und Ehe vereinbar sind. Sie sind nicht nur vereinbar, sondern weit mehr, sie vermögen sich gegenseitig zu fördern. Mein Leben als Priester wäre ohne diese Partnerschaft ärmer, und auch die Partnerschaft bekommt aus dem Priesterleben Nahrung. Allerdings bleibt das Leiden an den Einengungen, an den starren Grenzen. In einer solchen Liebe nach außen hin so zu tun, als würden wir uns nur flüchtig kennen, ist die schlimmste Realität. Unsere Partnerschaft ist im Grunde eine Ehe. Meine Frau und ich gehören zusammen. Wir sind verurteilt, diese Ehe ohne das Sakrament zu leben."[22]

2.4 Zusammenfassung: Analyse der Problematik bzgl. der Priester

Zur Schilderung 2.1

Diese Geschichte steht in all ihrer Romantik und ihrem Ablauf für die Beziehungen zwischen Klerikern und Frauen, in denen wirkliche Liebe eine Rolle spielt als Musterbeispiel da. Was nicht typisch ist, dass sie mit Austritt des Priesters und Heirat endet. Das ist eher die Ausnahme.

Zu Betrachten ist hier das *Rettermotiv.* Ohne diese Motivation, die seinem Selbstverständnis als Kleriker auf das äußerste entsprach, nämlich Seelen zu retten, hätte dieser Kleriker das für ihn Verbotene, die Beziehung zu einer Frau aufzunehmen, niemals gewagt. Eugen Drewermann macht folgende Erklärungen dazu: Dieses Motiv kann in der Psyche eines Klerikers mehrere Wurzeln besitzen, "die freilich alle zu einer einzigen Quelle zurückführen: zu der ödipal besetzten Gestalt der eigenen Mutter. Auf allen Ebenen der psychischen Entwicklung ist *sie es,* die in Armut, Gehorsam und Keuschheit vor der materiellen und psychischen Überforderung, vor der Zerstörung ihrer selbst bzw. der Organisation ihrer Familie, sowie schließlich vor der Erniedrigung durch die männliche Sexualität bewahrt und *gerettet* werden muss. Insbesondere das kindliche Motiv, sich selber für die sich opfernde Mutter zu opfern, um einen auf tragische Weise grausamen männlichen (Vater)gott im Hintergrund der Beziehung zwischen Mutter und Kind mit sich zu versöhnen, beginnt sich jetzt in der Psyche eines erwachsenen Klerikers, als eine Art Mut zur Verzweiflung auszuwirken: Beziehungen, die <<normalere>> Menschen mit dem sicheren Instinkt der Selbsterhaltung geradewegs meiden würden, sind für die Klerikerliebe gerade das wirksamste Lockmittel: einzig das Motiv der Rettung der Geliebten (...) knüpft energisch genug an gerade den Stellen des klerikalen Erlebens an, wo vormals das Recht auf ein eigenes Sein und Haben,

[22] Rainer-Maria von Gelheim in Bernd Marz (Hrsg.): Alles für Gott?, S. 74ff.

Wollen und Handeln, Lieben und Leben so nachhaltig zerstört worden ist. Erst eine Frau, die in ihrer Not, das gleiche Maß an Opfer- und Hingabebereitschaft zu motivieren versteht, wie es damals die eigene Mutter beanspruchte, und die zugleich in dem Schutz dieser Geborgenheitshülle aus Pflichtgefühl, Mitleid und Fürsorge sich zu einer wirklichen Partnerin der Liebe zu entfalten beginnt, vermag einen Priester aus der Gefangenschaft seiner Mutterbindung zu lösen und ihm die Erlaubnis zu schenken, ja, ihm in Konsequenz der einmal eingegangenen Verantwortung sogar in gewissem Sinne die erlösende Pflicht aufzuerlegen, sich selber zum Mann zu entwickeln. Es handelt sich wie man sieht, um ein äußerst kompliziertes Geflecht von *Übertragungen*, das hier erlösend (oder zerstörend) wirksam wird. (...) Riskant ist eine Klerikerliebe gewiss unter allen Umständen,(...)."[23]

Was einer solchen Liebe aber auch auf der anderen Seite, für den Fall, dass die psychischen Barrieren überwunden werden, einen großen Ernst und Festigkeit verleiht, ist eine ganz eigene Dimension. Und zwar ist sie von einer tiefen Gläubigkeit erfüllt, was hervorbringt, dass die Gefühle füreinander mit Gott in Beziehung gebracht werden. Das bewirkt, dass nie der gemeinsame Glaube so tief und so innig empfunden und gelebt wird, wie in der Zeit dieser Liebe. Denn hier werden zwei existentielle Bedürfnisse des Menschen miteinander vereinbar, sie entspringen eins aus dem anderen und ergeben eine tiefe Befriedung der Seele, eine wunderbare Glückseligkeit, die das Wesen des Menschen aus der Tiefe her zu erfassen fähig ist. Momente tiefster Harmonie und somit einmaliger Erfüllung des Seins.

Das ist es, warum Menschen versuchen in der Unmöglichkeit Wohnung zu suchen, für diese oft im wahrsten Sinne des Wortes nur Augenblicke des Glücks. Dafür nehmen sie viel Leid und Erniedrigung in Kauf.

Sollte, trotz allem, kein gemeinsamer Weg möglich werden, so ist dieses Erleben wahrscheinlich so nachhaltig wirksam, dass Trennungen zu Neurosen und physischen Krankheiten führen. Deshalb harren die meisten Paare lieber in ihrer beider 'unwürdigen heimlichen Beziehung`, oft lebenslänglich, aus. Sie finden eine 'Nische` für ihre Liebe im Sinne: Besser ein wenig Sonne ab und zu und miteinander, als die ewige Verdunklung des Lebens ohne einander. Das ist sogar die Regel, denn die typischen Priesterbeziehungen bleiben im Verborgenen und fristen oft ein trostloses Dasein. Erzählen werden davon nur die Frauen, nicht die Priester, weil die ja noch im Amt sind. Das Kapitel über die 'Priesterfrauen` wird darüber berichten.

[23] Eugen Drewermann: Kleriker, S.621f.

Zur Geschichte unter Nr. 2.2

Die hier geschilderte Wirklichkeit kirchlichen Vorgehens, wirft ein sehr negatives Licht auf die Glaubwürdigkeit der Kirche, zeigt sie doch einmal mehr die Diskrepanz zwischen Anspruch und Wirklichkeit, Christsein und Kirchengesetz, Menschsein und Amt.

Nach den Canones des CIC hat dieser Priester im 'Konkubinat` gelebt, was ja bereits *das Vergehen gegen das Zölibatsgesetz* darstellt. Durch seine Entscheidung für Frau und Kind bestätigt er dieses Vergehen, und so muss die Kirche ihn seines Amtes entheben, weil er Frau und Kind öffentlich anerkennt. Wäre alles heimlich weitergelaufen und er hätte den Gläubigen und der Obrigkeit gegenüber 'das Gesicht gewahrt`, wäre er im Amt verblieben. Alle hätten bereitwillig den Mantel des Schweigens über sein 'Vergehen` gedeckt. Er wäre höchstwahrscheinlich zum Patenonkel seines eigenen Kindes avanciert und zum seelsorgerlichen Begleiter der unehelichen Mutter geworden. Beide wären in Amt und Würden geblieben. Mit anderen Worten, Heuchelei wird belohnt, sowohl von der kirchlichen Obrigkeit, als auch von den 'achtbaren Gemeindemitgliedern`, die nach dem Gesetz die Macht haben, einen 'abtrünnigen Priester` anzuprangern und für seine Versetzung oder Amtsenthebung zu sorgen.

Anzuprangern im Sinne der Menschenrechte sind hier aber wohl vielmehr das ganze Gesetz und diejenigen, die es vertreten.

Solange man nicht darauf bauen kann, dass der Entscheidung eines Priesters für Frau und Kind diejenige Achtung und Würde zukommt, die sie unter allen Umständen, aber eben besonders unter den für ihn gegebenen, verdient, solange hat diese Kirche keine Berechtigung, weiterhin ihre Botschaft mit Christi Anliegen zu legitimieren, ja sie täte gut daran, ihre ganze Daseinsberechtigung zu überdenken.

Zum Bericht 2.3

Diese Beschreibung spricht für sich. Herauszustellen ist, dass das ständige Ringen um die Liebe und umeinander wohl eine ganz besondere Verantwortung und einen großen Ernst in eine Partnerschaft bringt, was ihr eine außerordentliche Tiefe und Festigkeit verleiht. Jedoch ist auch wichtig zu bemerken, dass bei all diesen geglückten Beziehungen, die Rückführung der Liebe an Gottes Fügung erlebt wird, ja der gemeinsame, durch die Liebe geläuterte Glaube, eine unerschütterliche Basis bildet.

Im allgemeinen ist zu sagen, dass diese erschütternden Zeugnisse wahrer Liebe und Bekenntnisse tiefen Glaubens in kaum zu übertreffender Beeindruckung zeigen, zu welch einem Bewusstsein, zu welcher wahrer Menschlichkeit, Menschen durch echte Liebe, die sich in der Bedrängnis behaupten muss, gelangen können.

dass sich all die Jahrhunderte dieses unmenschliche Gesetz halten konnte, verschulden hämische "Asketen", wie Grabner-Haider sagt, aber sie nicht allein, sage ich, es sind auch diejenigen, die zu allem nur schweigen. "Nein, wir sprechen nicht darüber. (...) Ein verschwiegenes Thema. Einmal in Amt und Würden, kann ich mir's auch gar nicht leisten, den Boden, auf dem ich stehe, ständig umzugraben. (...) Zwar verschwiegen aber lebendig trage ich das Thema in meinem Inneren."[24] Damit rechnet die Kirche, mit diesem Schweigen, und das allein gibt ihr die Macht.

Der amtierende Priester, Rudolf Schermann, ein Österreicher, schreibt: In der Kirche kann die Menschenfreundlichkeit Gottes dank der Paragraphenreiter und Gesetzeslehrer und Schriftgelehrten immer weniger zum Vorschein kommen. „Zwar haben auch diese Fundamentalisten stets die Schrift gelesen und aus ihr zitiert, dass Gott Barmherzigkeit und nicht Opfer will und dass das Gesetz für den Menschen da zu sein hat und nicht der Mensch für das Gesetz, doch den Sinn dieser höheren Gesetzlichkeit der Barmherzigkeit haben sie nie begriffen, er erleichterte nie ihr Herz. Und deshalb schlagen wir uns noch heute herum, etwa ob wiederverheiratete Geschiedene zu den Sakramenten zugelassen werden dürfen oder nicht, und schleppen eine larvenhafte, unbarmherzige und erbärmliche Menschensatzung wie das Zölibatsgesetz durch die Geschichte und beten um Priesterberufungen, während wir genügend Berufungen hätten, ließen wir nur die Menschenfreundlichkeit Gottes in der Kirche walten und nicht unsere eigenen Verschrobenheiten, die mit einer notwendigen echten Treue zur Botschaft Christi nichts, aber schon gar nichts zu tun haben."[25]

"Priester zu sein wäre eine leichte Last und eine wunderbare Aufgabe, würde das Rollenbild eines Priesters nicht nach den verschrobenen und engen Mustern der Kirchenleitung gezeichnet und geschnitten werden, sondern nach dem Muster der befreienden Botschaft Christi."[26]

---

[24] Ulrich Waldmann in Bernd Marz (Hrsg.):Alles für Gott?,S.161.
[25] Rudolf Schermann in Bernd Marz (Hrsg.): Alles für Gott?, S.154f.
[26] A.a.O.,S.160.

So wunderbar und so bedürftig sind wir gemacht
aus einer großen Weisheit, einer großen Liebe,
E dass wir erwachen in die Sehnsucht nach der Liebe,
nach Nähe, Wärme Zärtlichkeit
X vom ersten Lebenstage an
Wege tasten unsre Augen, Hände, Lippen,
U Herzen ab und Worte formen wir und schweigen wir
und sehnen wir herbei
A und müssen wir noch bilden und erbitten
in Zärtlichkeit und Ehrfurcht,
an Wahrheit und an Phantasie,
L an Dank und Freude reich
Lust schenkt uns schöpferische Liebe, weitet das Leben
hin zum Du, entdeckt die eigne Tiefe,
das eigne Lied im Zweigesang
Ich Frau, ich Mann, begabt, empfindungsreich,
entfaltungsfähig, durchwebt vom Atem Gottes -
ich Mann, ich Frau, einmalig voller Neugier,
T gequält vom Heimweh und geworfen in
Trauer ohne Trost, wenn ich verschmäht, missachtet,
Ä ausgelacht, verlassen werde
Ängste und Einsamkeiten lindern das Umarmen
T in unserer Menschenwelt, wir
teilen das göttliche Geschenk einander mit[27]

27 Christa Peikert-Flaspöhler: Heut singe ich ein anderes Lied -Frauen brechen ihr Schweigen- Theologie konkret, Rex Verlag Luzern/Stuttgart 1992.

V Problemdarstellung und Analyse der mit Priestern liierten Frauen

1 Probleme und Einsichten

Auch in diesem Kapitel geht es um die Perspektive der tatsächlichen Erfahrungen, um die ungeschminkte Realität.

Ich kann auch hier nur ein paar Fälle herausstellen und darf nicht den Anspruch anmelden, die ganze Wirklichkeit zu kennen. Ich denke jedoch, Aspekte zur Sprache zu bringen und in ein richtiges Licht zu stellen, die der Öffentlichkeit entweder durch die Boulevard-Presse maßlos verzerrt unterbreitet oder eben ganz verschwiegen werden.

Beides bringt schreckliches Leid über die Partnerschaften. Hier möchte ich Anne Dördelmann-Lueg zitieren, die als Autorin des Buches: "Wenn Frauen Priester lieben" bekannt wurde.

Sie schrieb als Frau eines aus dem Amt geschiedenen Priesters, also als Insiderin und Leiterin der Gruppe der vom Zölibat betroffenen Frauen mit dementsprechender reichlicher Erfahrung, ein Statement anlässlich des Katholikentages in Berlin 1990:

Als eine der Kontaktfrauen der 'Initiativgruppe der vom Zölibat betroffenen Frauen` bin ich täglich " in einer bis an die Grenzen der Erträglichkeit reichenden Weise, seit 7 Jahren, in unzähligen Briefen und Gesprächen mit Frauen und Priestern, mit dieser Problematik konfrontiert. Ich erlebe, welch unfassliche Isolation das Versteckspiel vor Familie, Freunden, den so bezeichneten <<Mitbrüdern>> und Gemeindemitgliedern bewirkt, wie schwer der Verzicht auf ein gemeinsames Leben sein kann, wie groß die fast kindlich anmutende Angst erwachsener Menschen vor Entdeckt- und Bestraftwerden ist - und wie krankmachend der Druck und die Spannung sind, die von außen auf die Beziehungen wirken.(...) "

Was ich hier nüchtern schreibe, "spiegelt in der Wirklichkeit eine unsägliche Tragik fraulichen Lebens wider. (...) Wir empfinden es als einen ganz wesentlichen Entwicklungsschritt, dass wir nicht länger gewillt sind, die Rolle der Dulderin zu übernehmen. Wir wollen nicht länger leiden - und wir wollen nicht länger geduldig sein.(...)

Ich behaupte: In den Gemeinden fragen immer weniger Menschen nach der Lebensform des Pfarrers. Das Zölibat ist für viele kaum noch religiöses Zeichen, sondern ein Hinweis darauf, dass mit dem Mann irgend etwas nicht stimmen könnte.(...) Entlarvend ist in diesem Zusammenhang auch die Tatsache, dass das überaus brisante Thema: <<Priester und Alkohol>>, wenn überhaupt, nur hinter verschlossenen Türen debattiert wird."

"Die Verantwortungsträger der Kirche verschließen immer noch vor den problematischen Folgen des Pflichtzölibats die Augen. Solange kein öffentlicher Skandal entsteht, werden Zölibatskompromisse übersehen und hingenommen. Dem ratsuchenden Priester werden alle möglichen Hilfen angeboten mit der Tendenz, ihn in seinem Amt zu halten. Ich habe noch nie gehört (...), dass ein Bischof in einer Entscheidungsphase auch die Partnerin eines Priesters gehört hätte. Wir empfinden dies als Zeichen der Missachtung der Frauen!" (...)

"In der Diskussion kommt in aller Regel immer nur der Priester als Betroffener vor, dass es in jedem Einzelfall auch immer eine, oder

- wie als auffälliges Phänomen zu beobachten ist - um mehrere Frauen eines Priesters sowie Kinder geht, das wird zu wenig beachtet.

Zölibat, Missachtung der Frau und Körperfeindlichkeit sind so stark miteinander verwoben, dass die Prognose gewagt werden kann: Der Zölibat als Verpflichtung für Priester wird nicht eher fallen, bevor nicht die Frau als ebenbürtig behandelt wird und sich die kirchliche Sexualmoral an dem orientiert, was Ernst Ell so formuliert:

<<Gott hat das Geschlecht und die ganze Fülle der Lustmöglichkeiten erschaffen, und der Mensch kann im Erleben der Lust etwas ahnen von der Seligkeit, die uns bei Gott erwartet. Seine Sexualität 'in sittlicher Verantwortung' zu leben, ist Weg zu Gott, ist die dem Menschen mit dem ganzen Wesen mögliche Verehrung Gottes.>>"

In Berichten, Briefen und Tagebuchaufzeichnungen schilderten betroffene Frauen die unterschiedlichsten, immer aber leidvollen Erfahrungen ihrer Liebe zu einem Priester. Es sind erschütternde Zeugnisse für die Lieblosigkeit der Männerkirche, und sie entlarven zugleich den Pflichtzölibat als weltfremde Illusion.

1.1 Der Zölibat, wie Frauen ihn erleben

Selten wird in der Praxis nach den betroffenen Frauen gefragt. Sollte ich ihre Situation charakterisiere, so fallen mir die Begriffe ein: "Versteck spielen", "Heimlichkeit", "Opferbereitschaft", "im Schatten stehen".

Alle diese Frauen haben die genannten „Unwürden“ leidvoll einüben müssen. Und nur wenige Außenstehende kennen die Not , die damit verbunden ist:

- Nicht ernst genommen werden von Vertrauenspersonen, da der Partner nicht dazu stehen kann,
- soziale Isolation, wenn etwas bekannt wird,

- Schuldgefühle
- Selbstzweifel
- Druck
- Zukunftsangst.

Dieses Doppelleben hat seine Auswirkungen auf die Psyche der Beteiligten, und nicht selten zerbrechen die Beziehungen und gleichzeitig die betroffenen Personen unter dieser Belastung.

Ursula Goldmann-Posch beschreibt in Ihrem Buch "Unheilige Ehen"[28] diese Belastungen wie folgt:

"Die Hauptlast der Probleme, die sich aus einer im Widerstand zur römischen Amtskirche geschlossenen Beziehung ergeben, haben die Frauen vom dritten Weg zu tragen. Sie leisten den eigentlichen Verzicht in diesen 'unheiligen Ehen'. Sie verzichten auf soziale Kontakte dort, wo die Angst vor Entdeckung es ratsam erscheinen lässt. Sie verzichten (meist) auf ihre Verwirklichung in einer Mutterschaft. Sie verzichten auf gesellschaftliche Anerkennung als Ehefrau. Sie verzichten auf Absicherung durch die Institution Ehe. Sie müssen ihre Identität an der Tür zum Pfarrhaus abgeben. Schutzlos sind sie ihrer freiwilligen Selbstlosigkeit ausgeliefert (...) Der Priester behält Beruf und Berufung und gewinnt durch seine Partnerschaft mit einer Frau oft nur dazu. So ist es zu verstehen, wenn (...) Priesterfrauen feststellen: Von uns beiden halte ich den Zölibat!"[29]

Sehr viele versuchen allein mit dieser Not des Lebens im Verborgenen fertig zu werden, andere wehren sich und beginnen sich zu solidarisieren.

1.2 Die Frauen

Was sind das für Frauen, die solche Beziehungen eingehen? Gibt es besondere Lebensumstände, Erlebnisse in Kindheit und Jugend, die die Bereitschaft für eine solche Beziehung begünstigen? Hier kann ich nur eigene empirische Erhebungen, die sich aber auf ein Protokoll begründen, das ich bei einem Treffen dieser Frauen als Gruppe der vom Zölibat betroffenen, führen durfte.

Von den 45 bei dem genannten Treffen anwesenden Frauen kamen die meisten Teilnehmerinnen zu folgendem Schluss:

Die Ausstrahlung spielt eine Rolle.

[28] Ursual Goldmann-Posch: Unheilige Ehen, Doermersche Verlagsanstalt, Th. Knaur-Nachf., München 1988.
[29] A.a.O., S.49.

Für die ältere Priester-Generation anziehend:

- warme mütterliche Ausstrahlung
- solides Aussehen
- kirchliche Interessen
- bereit viel zu geben.

Bei der jüngeren Generation ist nach Inanscheinnahme der Anwesenden, wohl der intellektuelle, scheinbar starke, selbstbewusste Typ Frau gefragt.

Frau Goldmann-Posch, die fünfzehn Frauen befragt hat, weist darauf hin, dass das Leben der Frauen, die sich in Priester verlieben, häufig Kränkungen und Enttäuschungen aufweist.

Auch sprechen die meisten Schilderungen von einer starken, liebevoll, beherrschenden Mutter, während das Vaterbild oft Lücken und Bruchstellen aufweist. So stellt sie die Frage, ob die Frauen im Priester den Vater suchen bzw. ob umgekehrt diese Beziehung ein Zeichen für den Beginn eines Entwicklungsprozesses beim Mann ist. Und sie fährt fort:

"Partner-Konstellationen wie diese erinnern an das Grimmsche Märchen vom Eisenofen, in dem sich Prinz und Königstochter gegenseitig aus ihrer Abhängigkeit erlösen: Die Königstochter befreit den Prinzen aus seiner einsamen Existenz als Eisenofen, der Prinz schickt die Königstochter auf einen langen, schmerzhaften Weg über Schwerter und Glasberge, verhilft ihr so zur Eigenständigkeit und schließlich zum Glück zu zweit.

In diesem eisenbewährten Prinzen (Priester) und in seiner Partnerin (Priesterfrau) glüht neben der unerlösten Selbstfindung auch ein Stück unerlöste Aggression: Rebellion des Priester-Mannes gegen die häufig erdrückend dominante Mutter: Rache der Priesterfrau an einer stiefmütterlichen Kirche, die sie jahrhundertelang als 'defizientes Wesen' (Thomas von Aquin) hingestellt hat." [30]

Doch weist Frau Goldmann-Posch selber darauf hin, dass man mit einer pauschalen Beurteilung vorsichtig sein sollte.

"Ein Schicksal ist ihnen dennoch gemeinsam. An den Priesterfrauen entzünden sich so massiv wie sonst selten, Urängste und Sehnsüchte, Hass und Liebe zugleich. Der Priester-Mann sieht in ihr eine Möglichkeit, sein durch Erziehung und Familie und Priesterseminar gespaltenes Frauenbild -hier Lustobjekt Eva, da Jungfrau Maria - auf dem Boden der Tatsachen zu einer gesunden Ganzheit werden zu lassen.

---

[30] A.a.O., S.51.

Für die Priestermutter ist die Frau des Priesters nicht nur Nebenbuhlerin, sondern auch eine Gefährdung der eigenen Identität; war doch der Aufstieg ihres Sohnes zu den Altären auch ein großer Teil eigener Selbstverwirklichung. In den Augen des normalen Kirchenvolkes gilt die Priesterfrau, so ihre Existenz in Gerüchten bekannt ist, als menschliche Schwäche, die ihm wohlwollend, ein wenig maliziös freilich, zugestanden wird, gleichsam als Persilschein für die eigenen Sünden. Die betroffene Frau hingegen kann mit einem solchen augenzwinkernden Verständnis nicht rechnen: Im mildesten Falle wird ihr Charakterschwäche bescheinigt." [31]

Auch Karin Jäckel behandelt diese Frage, warum Frauen sich gerade für einen Priester entschieden haben. Aus den Antworten von rund 80 Frauen schlussfolgert sie:

"Ziehen wir diese wichtigsten Aussagen zusammen, ergibt sich daraus ein Bild eines Mannes, der Frauen dadurch fasziniert, weil er in sich die Wesensmerkmale beider Geschlechter auslebt. Er ist vom Körperlichen her ein Mann, in seiner Seele aber eher weiblich geprägt.

Die Erziehung zum Priester ist eine Erziehung zum DU und weg vom ICH. Das offene Ohr, die Fähigkeit sich auf den anderen einzustellen und helfen zu können, sind Merkmale, die den Priester als 'Seelenfänger' für seine Kirche auszeichnen (...) Und gerade diese besten, engagierten, nach außen auf Empfang gepolten Priester sind es, die den Zölibat eines Tages als widersinnig erfahren und ablehnen." [32]

Es ist noch anzumerken, dass eine Pauschalbeurteilung durch das Beispiel von Ursula Goldmann-Posch bei einer Grundlage (fünfzehn Frauen) nicht möglich ist, man kann wohl von einem Trend sprechen.

Das Auswertungsraster von Frau Jäckel scheint mir etwas grob und die Schlussfolgerung idealistisch.

Nach meiner Überzeugung, die auch auf Erfahrung beruht, muss man unterscheiden zwischen der jüngeren und der älteren Generation.

Sicher gibt es heute bei den jungen Priestern viel mehr Selbstbewusste, die den Zölibat bei der Berufswahl in Kauf nehmen, aber von Anfang an nicht vorhaben, ihn zu halten oder im Falle eines Falles nicht lange zaudern. Dies entnahm ich jedenfalls den Berichten, die ich von jungen Priester-Ehefrauen hörte.

[31] A.a.O., S.51.

[32] Karin Jäckel: Sag keinemwer dein Vater ist, Recklinghausen 1992, S.138.

dass Frauen bei Priestern all das suchen, was sie bei Ehepartnern und Eltern nicht finden, scheint mir für sehr kirchenbezogene Personen, einleuchtend. Jedoch will ich es nicht wagen, eine Theorie bezüglich dieser Frage: Was für Frauen sind das, die Priester lieben? aufzustellen.

2 Darstellung der Beziehungen aus der Sicht der Frauen

2.1 Stagnierte Beziehungen

„Liebe in Freundschaft umzuwandeln ist eine schwierige Angelegenheit, wenn diese Freundschaft dann gar nicht gelebt werden kann, so wenig wie die Liebe vorher. Dieses wurde uns klar, und das brachte mit sich, dass er sich nunmehr von mir nicht mehr erreichen lässt."

Diese Aussage einer Betroffenen lässt erkennen, was passiert, wenn versucht wurde aus einer „unter dem Teppich schwelenden Verliebtheit" eine beglückende Beziehung werden zu lassen, was ja eigentlich ganz normal ist . In der Beziehung zu einem Priester aber, kann solch eine Bestrebung, wegen des Zölibatsgesetzes, zum Drama werden.

Eine Liebe, die keine Verwirklichung finden darf, macht krank. Sie wird unerträglich in ihrer Stagnation. Dies ist in einer Priesterbeziehung allzu häufig aber die Normalität, denn diese Form der nicht bekennenden Liebe ist die einzige erotische Gefühlsregung, die ein Priester leben kann und darf ohne sein Zölibat zu verletzen. Flirten ohne sich selbst und der betroffenen Frau einzugestehen, was eigentlich zwischen ihnen vor sich geht, das ist der Ausweg aus dem Zölibatsdilemma für viele Priester.

Solche Beziehungen geben ihnen Leben, Freude und Kraft, aber nur solange, bis es zu tieferen Gefühlen kommt. Ist das aber der Fall, dann beginnt ein Teufelskreis für beide Beteiligten. War alles für ihn nur ein Spiel, dann lässt er sie eben „wie eine heiße Kartoffel fallen", um sein Priestertum nicht zu gefährden. Leider kommt diese Lösung öfter vor, als dass eine Entscheidung für eine heimliche Beziehung getroffen wird oder gar der Austritt aus dem Amt beschlossen würde.

Der Unterschied zwischen der heimlichen Beziehung und der stagnierten Beziehung ist in meinen Betrachtungen der, dass in der heimlichen Beziehung bereits Intimität gelebt wird, d.h. eine wirkliche Liebesbeziehung besteht. Es ist hier natürlich zu erwähnen, dass auch dann Stagnation erlebt werden kann, wenn es einfach jahrelang zu keiner Entscheidung für ein gemeinsames Leben kommt, dies aber von der Partnerin irgendwann erwartet wird.

Unter stagnierten Beziehungen verstehe ich aber die über Jahre in den Anfängen steckenbleibenden Lieben, die, wenn überhaupt, nur von den Frauen eingestanden werden und bei denen zumeist nur ein „Ende mit Schrecken“ zu erwarten ist. Welche Verletzungen sie mit sich bringen schildert der folgende Beitrag.

Aufschrei

Friede, Friede, Friede sei mit dir!

"Versöhnung gibt es *eben* nicht ohne Wahrheit!"

"Versöhnung gibt es nicht, ohne dass wir den Schmerz der Erinnerung aushalten!"

Ein Friedensgottesdienst, eine erhebende Stunde der Menschlichkeit! Tiefer Emotion! Großer Reden mit viel Pathos!

"Wir dürfen die nicht verurteilen, die damals sich in einem unvorstellbaren Gehorsam der Diktatur beugten, nicht aufmuckten! Aber wir dürfen Fragen stellen!"

Hunderte von Menschen singen und antworten dem Chor...

„Frieden, Frieden, Frieden sei mit dir!“

Da sitzt eine auf der Tribüne, die war lange nicht da.

Sie ging, weil sie inmitten dieser Menschen so einsam und so unverstanden blieb. Sie sitzt allein, immer noch allein! inmitten hunderter von Menschen die singen.:

„Frieden, Frieden, Frieden sei mit dir!“

Da vorn steht einer am Ambo, der predigt:

„Es gibt keine Versöhnung ohne Wahrheit!“

Er hat seine Geschichte mit der, die da auf der Tribüne sitzt und kam, weil ihre Seele verwundet ist und die Wunden nicht heilen können, weil es keine Wahrheit und damit keine Versöhnung gibt.

Ergriffen von dieser Stimmung, glaubt sie mal wieder den großen Worten, will glauben, will Frieden, will Versöhnung.

Eine Begegnung nach langer Zeit von zwei Menschen, die sich gegenseitig zum Schicksal wurden, und die Wunden, die sie sich schlugen, können nicht heilen, solange es keine Wahrheit geben darf in der katholischen Kirche.

So gehen sie aufeinander zu, wie zufällig, Lüge!

So geben sie sich die Hand, wie zufällig, Lüge!

So begegnen sich ihre Blicke, wie zufällig, Lüge!

So gehen sie miteinander um, als kennen sie sich kaum!

Schrei, meine Seele, schrei zum Himmel über dieses Unrecht!

Schrei, dein Martyrium heraus!

Lüge! Lüge! Lüge!

Wo Menschen sich betrügen, sich nur noch belügen, da ist Frieden so weit,

wo Menschen sich zerstören, die Liebe verraten,

da stirbt Jesus ständig neu.

Wo Menschen sich trennen, ihr Herz nicht bekennen, da verliert die Welt ihren Sinn,

wo Menschen sich quälen, sich martern die Seelen, weil sie blind sind vor Angst, da hat Christus nichts bewirkt.

Schrei, meine Seele, schrei!

So gehst du fort vom Geschehen. Aufgewühlt, im Innersten wund und noch einsamer als vorher.

Ein lauer Händedruck, ein Dienstlächeln, ein hassvoller Blick oder doch nicht? War es nur Angst? Sollte mir dies der laue Händedruck zum Abschied und der kurze Blick, der sich überzeugen wollte, ob ich wirklich böse bin, das alles sagen?:

"Ich will doch wieder gut sein? Ich will keinen Streit? Ich mag dich doch ! Aber da sitzen die, die mich beobachten! Ich muss doch so tun, als seist du mir nichts wert, als wären meine Verleugnungen immer Wahrheit gewesen. Es geht doch um meinen Ruf! Versteh` das doch! Die anderen dürfen doch nichts wissen von meiner Liebe...Ich darf doch nicht (eine Frau) lieben!"

Ungeheuerlich! Wenn man diese Interpretation weiter spinnt!

"Wir aber dürfen fragen! Warum habt ihr nicht zu diesen für Untermenschen Erklärten gestanden?" War das nicht deine Frage?

Bin ich , die Frau die dich liebt, nicht auch der erklärte Untermensch, der einen "Geweihten" nicht zum Freund haben oder gar zum geliebten Menschen sich ausersehen darf?

Ich darf nicht fragen!

Ich bekomme keine Antwort!

Ich bin auch im KZ gewesen. Du hast mich in ein seelisches Martyrium gesperrt, Stacheldraht um meine Liebe gezogen, damit sie dich nicht mehr erreichen kann. Die Diktatur der katholischen Kirche hat dich dahin getrieben, das Kostbarste was wir haben, schnöde zu verraten. Und *du* wunderst dich, wie Menschen solchen Gehorsam leisten konnten im Dritten Reich?

Ist *dein* Gehorsam nicht genauso blind und grausam, denn du hast unsere Liebe mit Macht zerstören wollen, ohne Rücksicht darauf, wie es mir dabei geht.

Auch *du* dienst einer Ideologie, blind und taub für alle Menschlichkeit, die nicht in diesen Rahmen passt, den die Angst gesteckt hat und der mit der Angst nun Macht ausübt.

Ob dir wohl überhaupt klar ist, wie sehr du mich verletzt hast? dass ich mein ganzes restliches Leben nie mehr so lebendig, so fröhlich, so weich und vertrauensvoll sein kann. Das hast du getötet. Starr und 'erwachsen' (dem kindlichen Vertrauen, der ungetrübten Freude entwachsen) blieb ich zurück und weiß immer noch nicht, wie ich ohne dich leben soll, trotz allem.

Auch heute noch schämst du dich zu mir zu stehen, dem Menschen, der alles verlor, die Freunde, die Gemeinde, die Ehre, weil er zu dir stand und den du dafür lächerlich gemacht hast.

Soll ich nicht schreien, welch ein Unrecht hast du mir angetan und stellst dich dahin und sprichst von Versöhnung und von Wahrheit, die du selbst nicht einzulösen vermagst.

Welch ein Hohn!

Du solltest am Boden liegen vor Gott, ganz klein, so klein wie du nur kannst, und um Verzeihung bitten, aber was nützt es, wenn du keine Versöhnung bewirkst.

Die schwere Schuld sollte dich drücken und dein Kinderlachen ein für allemal vertreiben. Denn du hast getötet, verletzt, gefoltert um deiner selbst willen, um deiner Ideologie willen, nicht wegen der anderen, sondern deinetwegen, um deiner Existenz willen, bei der nur die irdische gemeint ist, die Jesus nicht meint.

Nicht um des „Versprechenseids“ willen, den du dem Bischof geschworen hast, nein! Jesus hat uns das Schwören verboten, und er hat uns befohlen zu lieben.

"Was du einem deiner Schwestern und Brüder getan hast, das hast du ihm getan!"

Das habe ich begriffen, dass ich dir nicht nütze, wenn ich dir verzeihe, wo du nichts eingesehen hast. Deshalb sollst du wissen was du getan hast und nicht mehr ruhen können, bevor du nicht aus tiefstem Herzen bereust!

"Lüge, Lüge, Lüge ist in dir!"

Aus meinem wunden Herzen schreie ich in tiefster Verzweiflung um dich und um mich:

Friede! Friede! Friede! muss werden!

Mut zur Wahrheit muss erwachen, sonst haben wir unser Leben verwirkt!

Gehe hin in "Unfrieden", damit du endlich umkehrst, damit *wir* eines Tages Frieden finden dürfen, alle beide! Das ist die Bedingung!

Ich bin eine Betroffene, die hier endlich Wahrheit spricht! [33]

2.2 Heimliche Beziehungen

Selbstwert-Gefühle

Ich bin Religionslehrerin an einer katholischen Privatschule. Ich wünsche mir dringend eine Austauschmöglichkeit mit ebenfalls betroffenen Frauen. Das Gefühl, letztlich allein mit dieser Sonderrolle zu sein, eine geheimnisvolle Freundschaft zu pflegen, verstärkt die Fassungslosigkeit. Natürlich haben wir Pläne gemacht: Eine Beziehung zu seinen Bedingungen, denn er will <<unter allen Umständen>> Priester bleiben. Die Frage ist, was bin ich mir selber wert?[34]

Stumm vor Schmerz

ER hat unsere Liebe beendet. Ich war stumm vor Schmerz. Noch heute, sieben Monate danach, schreie ich nachts vor unsäglicher Qual. Wegen seines Spottes konnte ich nicht mehr sprechen, er hätte sich auch keine Mühe gegeben, mich zu verstehen. So trennten wir uns ohne ein gutes Wort. Inzwischen ist er gestorben.(...) Wenn seine Priesterfreunde wüßten, dass wir miteinander geschlafen haben, sie würden mich verachten. So schweige ich auch nach seinem Tode weiter. Am liebsten würde ich die Wahrheit hinausschreien, aber keiner würde mir glauben. <<So etwas hat doch unser Pater R. nicht getan! (...) Meine Geldgeschenke hat er natürlich allzu gerne genommen. Bisher konnte mich niemand verstehen, so kann ich mich auch nicht aussprechen. Wenn doch nur endlich alles ausgestanden und vorbei wäre. [35]

Über den Kopf gewachsen

Mein Name ist Wilma, ich bin 18 Jahre alt und gehe noch aufs Gymnasium. Seit fast drei Jahren bin ich mit einem Priester befreundet, der 13 Jahre älter ist als ich. Seit dem letzten dreiviertel Jahr ist die Situation für uns beide sehr akut, dass ich einfach nicht mehr schwei-

---

33 Brief von „Ulrike" an mich. Ulrike schrieb ihre Geschichte kurz in einem Brief die in :Anne Dördelmann-Lueg: „Wenn Frauen Priester lieben" als Beitrag unter dem Kapitel: 'In den Schmutz gezogen' steht.

34 A.a.O.,S.123f.

35 A.a.O.,S.156f.

gen kann und möchte. (...) Zur Zeit wachsen mir die Schwierigkeiten einfach über den Kopf.[36]

Suchtgefahr

Auch ich bin seit über 7 Jahren in einer so schwierigen Partnerschaft. (...) Nun wage ich von meiner Qual zu sprechen, aber auch von meiner Liebe, von dem ständigen Auf und Ab und Hin und Her. <<Er>> ist seit vielen Jahren Priester und bekleidet ein hohes Amt. Mein Freund fand Möglichkeiten zu sublimieren, es sind die reinsten Überlebenstechiken. Er ist sehr gerne Priester und könnte sich nie aus diesem Stand weg begeben. Seine Karrieremöglichkeiten hat er stets genutzt. Sie sind die Beine, auf denen er steht. Aber sein Wunsch und Verlangen ging immer nach Zärtlichkeit mit einer Frau. So war er erlöst, als wir uns begegneten. Leider auch mit unsagbaren Gewissensqualen behaftet, so dass er sich immer wieder von mir abwendet. Er will aber auch auf keinen Fall auf die Freundschaft mit mir verzichten. Es ist eine solche Qual, die nur von Menschen verstanden werden kann, die so etwas selbst schon erlebt haben. Kürzlich wollten wir wieder mal Schluss machen. Zwei Monate war absolute Stille zwischen uns, dann lagen wir uns wieder weinend in den Armen.

Mein Freund kompensiert seine Probleme mit Alkohol, und ich bin total verkrampft und verspannt, weil halt nicht sein kann, was nicht sein darf! Mit dem Schlussmachen ist es nicht getan. Er kann es sich auch in seiner Stellung nicht leisten therapeutische Hilfe in Anspruch zu nehmen.[37]

Lebenslügen

Ich wollte - aus einer anderen Religion stammend - zur Konfession des Mannes, den ich liebte - eines katholischen Priesters konvertieren. Er taufte und firmte mich bedenkenlos, hatte er doch Freude an meiner kindlichen Frömmigkeit. Unsere Beziehung wurde zum <<DU>>. Dennoch sagte ich bewusst ja zum Zölibat, was für mich hieß: Verzicht auf Sexualität - die Feinheiten dazwischen kannte ich nicht! der <<Herr Pfarrer>> hatte allerdings ein grenzenloses Nachholbedürfnis in puncto Zärtlichkeit, wofür ich auch vollstes Verständnis hatte. Ich dachte oft an die Worte von Dostojewski:<< Aus Mangel an Zärtlichkeit kann ein Mensch sterben.>> Das große Lügen wuchs aber immer mehr. Mein damaliger Freund tat sich damit aber relativ leicht. Sein Motto lautete:<< Wenn ich für die Lüge die richtige Motivation habe, dann ist sie berechtigt>>. Er log lachend und spielerisch. Ich wurde krank und bitter.

Das war der Zeitpunkt, an dem sich der Priester einer anderen Frau zuwandte. [38]

---

[36] A.a.O.,S.148f.
[37] A.a.O.,S.212f.
[38] A.a.O.,S.213f.

Gewissenlos

Karoline war bereits jenseits der 70, als sie in einer katholischen Zeitschrift diese Kleinanzeige las: " Welche von Priesterzölibat betroffenen Frauen haben Interesse an Gedankenaustausch und evtl. Gründung einer Interessen- bzw. Solidaritätsgemeinschaft?"

So fand die Frau, die seit vielen Jahren als Geliebte eines katholischen Priesters unter den Marotten und der Heimlichtuerei ihres geistlichen Freundes litt, Kontakt zu anderen Opfern des von der katholischen Kirche verhängten Eheverbotes für ihre Kleriker.

Die Beziehung, so erzählte Karoline den Leidensgenossinnen, habe sich in regelmäßigem Geschlechtsverkehr und einer anschließenden Tasse Kaffee nebst Cognac erschöpft.

Die Beichte erleichterte Karoline so sehr, dass sie anschließend die Liaison mit dem Pfarrer beendete. Doch die Einsamkeit verkraftete die alte Frau nicht mehr: Im Juni 1991 nahm sie sich mit einer Überdosis Schlaftabletten das Leben. [39]

Priester und Don Juan

Wenn das Leid zu groß wird, bricht es hervor: Ich kann nicht mehr schweigen zu dem, was hinter dem Schleier von "Berufung" passiert!

Drei Jahre lang lebte ich in eheähnlichen Verhältnissen mit einem gleichaltrigen katholischen Priester zusammen. Er sprach von Liebe und Partnerschaft. Als es aber um eine verantwortliche Entscheidung ging, bezeichnete er sich als beziehungsunfähig und trennte sich von mir. Ich versuchte, das zu akzeptieren und mit dem Schmerz fertig zu werden. Er aber lag wenig später mit der nächsten Frau im Bett.

Ist das der Sinn des Zölibats? dass Priester, umwoben vom Zauber ihres "Übermenschtums", Frauen missbrauchen können, ohne dafür zur Rechenschaft gezogen zu werden? Durch meine eigene Erfahrung weiß ich von zahlreichen anderen Priester-Frau-Beziehungen, weiß um das unermessliche Leid der betroffenen Frauen, die oft nicht wagen, darüber zu sprechen. [40]

2.3 Heimliche Beziehungen und Kinder

Von Gott gewollt: Mann und Frau, die Liebe, schließlich ein Kind, Alltag der ganzen Schöpfung.

Eine Frau aber, die einen Priester liebt, wird auch heute noch als ehrlos und schlecht angesehen. Selbst ihre Familie und Freunde sagen sich oft von ihr los.

---

[39] Der Spiegel 2/94: Tränen in den Augen.
[40] Ebd.

Kinder eines katholischen Priesters (oder einer Nonne) waren früher ihr Leben lang <<Kirchensklaven>>. Auch heute noch wird das Kind eines amtierenden Priesters offiziell als <<sacrilegus>>, d.h. "Tempelräuber" bezeichnet, und viele besonders fromme Katholiken behandeln sie als Ausgeburt des Bösen.

Drei schwerwiegende Gründe zur Heimlichkeit.

Priester dürfen sich nicht zu der Frau bekennen, die sie lieben und ihre Kinder müssen sie verleugnen. Die Angst vor Entdeckung geht um [41] und treibt oft böse Blüten:

2.4 Abtreibung:

Die Hölle

Die Bilder, die mich wohl ein Leben lang

begleiten werden

Du, mein Kind. leblos, tot

Winzig und doch schon vollkommen - mein Sohn -

Da schon unendlich geliebt

in einer kalten Nierenschale

Ich, die Dich töten ließ, bat darum,

Dich auf ein Tuch zu legen,

damit Du nicht frierst

Es blieb das Einzige, das ich je für Dich tat.

Das ist die Hölle:

Zu wissen, es gab keine andere Entscheidung

- damals -

Und doch lebenslänglich dafür zu bezahlen – allein -

Das ist die Hölle:

---

[41] Karin Jäckel: Sag keinem wer Dein Vater ist, S.38f.

Mein Frau-sein zu verfluchen
Weil kein Mann dies je durchleben muss
Dieses Golgatha - was sind dagegen schon drei Tage?
Vielleicht ist sie das - die Erbschuld der Eva?

Das muss der Himmel sein:
Dich kennenzulernen, mein Kind
Meinen Sohn, der in diesem Leben nicht leben durfte
Weil ich zu schwach war
Weil meine Angst zu groß war
Weil Dein Priestervater
nur aus Pflichtgefühl ja zu Dir gesagt hätte
Weil-weil-weil

Das muss der Himmel sein:
Einander verstehen - das Unverständliche verstehen
Einander verzeihen - das Unverzeihliche verzeihen

Das muss der Himmel sein:
Endlich Antworten zu finden
auf die Fragen nach dem Warum [42]

Hier ist wohl jeglicher Kommentar überflüssig.

[42] A.a.O.,S. 100f.

Eine Mutter klagt an:

Ein vortrefflicher Priester

Mein Sohn ist der Sohn eines Priesters
mit einer ganz reinen Weste,
drauf sitzt nur ein winziger Punkt:
Das sind wir, der Sohn und ich, dessen Mutter.
Den Punkt- man sieht ihn gar nicht,
denn wir sind weit weg von der Weste des Priesters,
und wer sähe auch schon einen schwarzen Punkt
auf einer schwarzen Weste?

Der Vater ist ein vorbildlicher Priester,
durch nichts vom rechten Pfad abzubringen.
Meine Tränen vermochten ihn nicht aufzuhalten auf dem Weg zum vielversprechenden Priester
damals in unserer Jugend.
Wir lebten eine Brieffreundschaft,
welch beglückendes Leben!

Weil er mich liebte, stieß er mich aus seinem Leben
und nahm sich die Ungeliebte zur Köchin,
um nicht in Versuchung zu fallen.
Der Ungeliebten gab er Heimat und Nähe,
der Geliebten Ferne und Einsamkeit.
Welch tiefe Frömmigkeit!
Welch große Weisheit und Liebe!

Die Händchen des kleinen Sohnes zogen den Vater
nicht vom Pfade der Tugend, denn er ist romtreu.
Der Sohn bleibt verstoßen wie seine Mutter,
denn der Vater ist sehr fromm.

Und die Köchin pflegt weiter die saubere Weste des priesterlichen Vaters, denn die Köchin ist unverzichtbar.
Was wäre der Zölibat ohne sie?

Wir leben eine Brieffreundschaft?

Ach, tun wir das wirklich?

Und sonntags nach der Frühmesse
sitzt der Priester und Vater bei Tische
im Kreis seiner Lieblingsstudentinnen
und lässt sich von ihnen trösten,
weil ich ihn zu wenig geliebt.

Derweil sitzt bei mir einer beim Frühstück,
der den Tisch seines Vaters
noch niemals gesehen hat.

Fürwahr ein vortrefflicher Priester,
ein Vorbild für viele!
Heil auch einer jeglichen Kirche,
die noch solche Priester besitzt! [43]

Zynismus und Sarkasmus können hilfreich sein, den Druck entweichen zu lassen, unter dem diese Frauen häufig stehen.

Flirten und auch nicht regelmäßigen Geschlechtsverkehr - ohne ernste Absichten - mit der Köchin bzw. Haushälterin oder Sekretärin stellen kein 'Konkubinat' dar und sind deshalb kein Vergehen gegen das Zölibatsgesetz. Frauen als Lustobjekt zu 'benutzen' wird also entschuldigt, hat keine rechtlichen Konsequenzen. Heil der Kirche, die solche Gesetze hat und solch ein Menschen(Frauen)-Bild!

Ein 'Priesterkind' klagt an:

In diesem Brief möchte ich Zustände anklagen, die immer noch in der Kirche existieren. Es geht um menschenunwürdige Umstände, worüber niemand sprechen darf, weil sie noch immer als Tabu gelten.

Mein Vater war viele Jahre katholischer Priester in Deutschland. Er war Holländer. Ich bin in Holland geboren.(...)

1964 besuchten meine Mutter, eine Belgierin, und ich meinen Vater in Deutschland. Ich wusste damals nicht, dass es mein Vater war. Meine Mutter erklärte mir, dass wir die Nichten seiner Familie wären.

---

[43] A.a.O.,S.101f.

Erst als 22 Jahre alt war, erfuhr ich, wer meine Eltern sind. Meine Großeltern, die Eltern meiner Mutter, hatten mir als Kind gesagt, dass ich ihre Tochter wäre und meine Mutter meine Schwester. Die jüngste Schwester meines Vaters und ihre beiden Töchter wussten von meiner Existenz, denn mein Vater hat immer eine deutsche Witwe mitgenommen, wenn er zu Besuch bei seiner Familie war. Die deutsche Frau hat Briefe gelesen, die wir an meinen Vater nach... geschrieben haben.

So kam alles heraus. Sie hat auch den Bischof von... von meiner Existenz in Kenntnis gesetzt, Der Bischof hat jemanden zu meinem Vater geschickt, um sicher zu sein, dass das stimmt.

Wir haben danach dem Bischof von ... geschrieben. Aber er hat uns nie geantwortet.

Mein Vater ist gestorben, aber seine Familie hat uns seinen Tod und seine Beerdigung verschwiegen.

Ich habe von seinem Tod erst durch eine Karte erfahren, die uns mit dem Vermerk <<Verstorben>> zurückgesandt wurde. Mein Mann und ich sind dann nach Deutschland gereist. Mein Vater war da schon drei Wochen tot. Wir haben alles dem Pfarrer in ... erzählt. Wir haben auch dem Weihbischof von ... geschrieben, aber auch diesmal keine Antwort bekommen.

Ich habe Briefe, die von meinem Vater an meine Mutter und mich geschrieben wurden und die beweisen, dass Pfarrer... mein Vater ist.

Ich habe kein Erbrecht, mein Vater hat mich nie offiziell anerkannt und so habe ich gesetzlich keine Rechte. Finden Sie das gerecht? Das ist menschenunwürdig, und das muss angeklagt werden.

Bitte entschuldigen Sie meine Formulierungen, aber ich habe eine andere Muttersprache. [44]

Dazu noch ein Beispiel aus dem Blickwinkel der Mutter:

Wir haben uns eingerichtet in das Mögliche

Nach fast 25jährigem Kampf hat sich die Situation nun auf das Mögliche eingependelt. Die Töchter sind groß geworden, Mit dem Geld, das uns ihr Vater die ganze Zeit geschickt hat - und mit Sozialhilfe - sind wir einigermaßen durchgekommen.

Er hat uns immer zwischendurch besucht. Die Kinder kennen inzwischen seinen Beruf und haben das erstaunlich gut verkraftet.

---

[44] A.a.O.,S.103f.

Jetzt aber wird die Situation für mich selbst kritisch. Ich bin fast 60 Jahre alt. Die Rente, die ich erhalte, beträgt knapp über 600 DM. Da der Vater meiner Kinder weit älter ist als ich, fürchte ich, dass er nicht mehr lange zu leben hat. Es ist sehr schwierig, mit ihm über solche Probleme zu sprechen. Wer hat schon als Priester gelernt, vorauszudenken, Vorsorge zu treffen, mit Geld umzugehen? Wenn man ihn darauf anspricht, fühlt er sich immer persönlich angegriffen. Es existiert zwar ein altes Testament, das aber zugunsten seines Ordens abgefasst ist. Im Falle seines Todes werden wir also leer ausgehen, was für mich eine existentielle Bedrohung bedeutet.

Ein wichtiger Aspekt der Problematik um nichteheliche Kinder von Priestern ist die finanzielle Frage. Mit der Anerkennung der Vaterschaft ist im Normalfall die Kirche bereit, Alimente zu zahlen, jedoch nur gegen das Versprechen, dass das erwiesene "Konkubinat" beendet wird. Oft wird von der Frau verlangt, wegzuziehen, obwohl das Kirchenrecht auch vorsieht, dass der Priestervater sich um seine Kinder kümmern 'darf` und dies dann nicht als weiterbestehendes 'Konkubinat` angesehen wird. Falls die Vaterschaft dem Jugendamt bekannt wird, würde der Staat den Priester in die Pflicht ziehen, also bleibt der Kirche gar nichts anderes übrig, als vorsorglich selbst für die Alimente zu sorgen, damit die 'peinliche Angelegenheit` möglichst nicht in die Öffentlichkeit gelangt.

Jedoch sind die unehelichen Kinder vom Erbrecht ausgeschlossen, wenn es zu keiner öffentlichen Anerkennung kam. Bezüglich dieser Problematik ist unbedingt zu erwähnen, dass die oft wenig „Ich"starken Frauen, ihre Ansprüche nicht öffentlich geltend machen, weil sie den Kindesvater (vermeintlich) schützen müssen und auch wollen. Priester setzen nicht selten Druckmittel ein wie z.B. Suizid-Androhungen und/ oder materielle Trostpflaster, damit ihre Vaterschaft verschwiegen wird.

Anstatt eines Fazits:

Wahrhaftigkeit befreit

Ich bin an der Glaubwürdigkeit der katholischen Kirche fast verzweifelt. Ich musste - oder glaubte jahrelang, es tun zu müssen - lügen, um diesen Mann zu schützen. Heute sage ich die Wahrheit. Denn nur <<Die Wahrheit wird euch freimachen>>. Ich habe meinen Söhnen, Kindern eines katholischen Priesters, vor einigen Jahren gesagt: Wenn es Schuld war, dann unsere, doch nicht eure! Sie betreten, inzwischen erwachsen, keine Kirche mehr. [45]

---

[45] A.a.O.,S.108.

Einer muss doch zu dem Kind stehen

(...) Heute sind mir die Augen geöffnet, es gab fast von Anfang an Hinweise darauf, dass P. mich nur benutzt hat: Er hat mir ganz am Anfang gesagt, dass ich nicht die erste Frau in seinem Leben bin. Als ich später merkte, dass er wohl meinte, ich sei nicht die einzige, hätte ich die Finger von ihm lassen müssen. Und auch als er mir gestand, dass er die Beichte missbraucht hatte, um Frauen kennenzulernen. Eine Frau, die sein Interesse geweckt hatte, lud er zu einem Beichtgespräch in sein Büro ein, so auch mich. Ich war zwei Stunden in seinem Büro, er hat alles, was in meinem Leben wichtig war, erfahren.

Er lernte mich fast besser kennen, als ich mich selbst kannte. Dadurch wusste er immer genau, <<welchen Knopf er zu drücken hatte>>, um seine Ziele zu erreichen. Diese ganze <<Beziehung>> war eine wertvolle, wenn auch schmerzhafte Erfahrung für mich. Obwohl ich mir manchmal, wenn ich zurückdenke, wie ein Flittchen vorkomme, bereue ich nichts. Ich glaube, ich darf es nie dazu kommen lassen, dass ich bereue; das wäre in meinen Augen der größte Verrat, den ich an meiner Tochter begehen könnte, an dem Kind, das ich über alles liebe! [46]

2.5 Legitimierte Beziehungen

Abschied und Neubeginn

Ich arbeitete damals als Lehrerin für Deutsch und Katholische Religion an einem Gymnasium. Dort lernte ich meinen späteren Mann kennen, der als Priester neben seiner Tätigkeit als Pfarrer ebenfalls an dieser Schule das Fach Religion unterrichtete. Wir wurden uns sehr schnell klar, dass wohl selten zwei Menschen so gut zueinander passen wie wir (und glaube das auch jetzt noch!), da wir aber beide unseren Beruf liebten, hatten wir uns zunächst entscheiden, nicht zu heiraten, sondern <<nur>> befreundet zu bleiben. Aber ein Jahr später revidierten wir diese Entscheidung, weil wir erfuhren, dass wir psychisch und physisch am Ende waren durch die erzwungene Distanz.

Wir heirateten also einige Zeit später und erlebten dann den üblichen Hürdenlauf. Jedenfalls nach sehr lagen Überlegungen haben wir uns vor nunmehr zwei Jahren entschieden, eine andere Konfession anzunehmen. War schon der Entschluss nicht leicht gewesen, so war es dessen Durchführung noch viel weniger.(...)

Der Abschied von unserer inneren und äußeren Heimat, der Umzug in eine uns völlig fremde Umgebung zu ebenso fremden Menschen war schwer, und er ist es eigentlich immer noch.

[46] A.a.O.,S.112.

Diesen Abschied hätten wir uns gerne erspart. Und weiter zeigt sich deutlich, dass mein Mann diese lange Zeit der Diskriminierung nicht einfach unbeschadet überstanden hat. Er kann nicht einfach da anfangen, wo er einmal aufgehört hat. Wir haben uns beide weiterentwickelt, und diese Entwicklung ist eben nicht in ständiger Konfrontation mit dem Pfarrerberuf gelaufen, sondern sehr weit entfernt von ihm.

Nach allem, was wir nun miteinander durchlebt haben, möchten wir uns anbieten als Partner bei der mühsamen Suche des je eigenen Weges oder bei dem wohl noch mühsameren Versuch, anzunehmen, was ist, ohne einen Weg zu irgendeinem Ziel zu entdecken. [47]

Versäumte Chancen

Wir sind seit einigen Jahren verheiratet und leben seitdem hier in... Wir hören immer wieder von Priestern, die heiraten, aber die meisten verschwinden dann auch hinter einer Schweigemauer, was ja an sich leicht verständlich ist, wenn man die Art und Weise der Suspendierung kennt. Mein Mann und ich würden uns gern in der Gemeindearbeit engagieren, zumal mein Mann vor unserer Heirat in der Jugendarbeit tätig war und diese hier vollkommen vernachlässigt wird. Allerdings ist der Pfarrer ein zwar durchaus lieber, letztlich aber konfliktscheuer Mann, der selbst froh ist, wenn er den Vorgesetzten nicht unangenehm auffällt. Und so ist es, als ob wir an eine Tür klopfen, hinter der ein Taubstummer sitzt. [48]

Hierzu fand ich die Äußerung von Alfons Kraus, dessen Aufsatz in dem Buch: Alles für Gott (s. Literaturverzeichnis) ich bereits teilweise zitierte. Er schrieb zu diesem Argument: "Ich bekenne, dass ich mich mitten im Dienst vor Gott und für die Menschen fühle - und das trotz aller Restriktionen. Wenn ich kraft Dekret auch nicht einmal den Dienst des schlechtesten Lesers meiner Schule in der Messe leisten darf, die Epistel vorzutragen oder zu ministrieren (ich rangiere noch hinter den Ministrantinnen!), so gebe ich durch mein Leben und meine Liebe in Familie und Beruf doch ein priesterliches Zeugnis.

Für mich und die große Zahl derer, deren ungestillte Liebe und schweres Leid, das ihnen die Kirche auferlegt, mir bekannt ist, trage ich Gott, unserem Vater, die Bitte vor: >>Dein Reich komme!<<[49]

Die Beispiele zeigen, dass nach der Entscheidung für die Liebe zwar das Doppelleben beendet ist, jedoch nicht die Probleme.

---

[47] Anne Dördelmann-Lueg: Wenn Frauen Priester lieben, S.200f.
[48] A.a.O.,S. 199f.
[49] Bernd Marz (Hrsg.): Alles für Gott?, S. 129f.

Und diese Probleme sind vielfältig. Hier wäre zu nennen, dass ein oft jahrelanges Doppelleben nicht ohne Auswirkungen auf die Psyche der Betroffenen und ihre Beziehung zueinander bleibt.

Da der Priester mit seinem Ausscheiden aus dem Amt seine finanzielle Grundlage verliert - falls er nicht von seiner Diözese oder seinem Orden unterstützt wird - auch keinen Anspruch auf Arbeitslosengeld hat, bedeutet dies eine furchtbare Belastung des ganzen Alltagserlebens. Ist die Partnerin noch im kirchlichen Dienst beschäftigt, was öfter vorkommt, so wird sie fristlos entlassen in dem Moment, in dem sie heiratet (ohne Laisierung), so dass beide ohne finanzielle Sicherheit dastehen.

Eine berufliche Neuorientierung wird nötig, da das Theologiestudium außerhalb der Kirche relativ wenig Möglichkeiten bietet. Hier ist auch das Alter des Priesters entscheidend.

Es können hinzukommen, der Verlust des sozialen Umfeldes, Ablehnung durch die Familie der Partner, Diskriminierungen durch die früheren Kollegen und Freunde.

Alle diese Momente - wozu auch eine notwendige Trauerarbeit beim Priester gehört - können für eine solche Beziehung sehr belastend sein und auch zuweilen zum Scheitern führen.

Doch es gibt auch andere Erfahrungen: Freunde, die zu dem Paar stehen, Gemeinden, die ihrem ausscheidenden Priester gratulieren, Menschen, die im Dienst der Kirche stehen und sich für das Paar einsetzen, viele andere, die dieses Thema öffentlich machen. Eine wachsende Akzeptanz bei Katholiken, nicht zuletzt aufgrund der Öffentlichkeitsarbeit der Initiativgruppen der katholischen Priester und ihrer Frauen und der vom Zölibat betroffenen Frauen.[50]

Hier nun noch ein erschütterndes Beispiel für eine nach 20 Jahren Versteckspiel legitimierte Beziehung aus der drei Kinder hervorgingen. Dieses Beispiel steht zugleich für mein Kapitel:

2.6 Priesterkinder:

Die Problematik aus der Sicht einer Mutter:

Wir sind betroffen

Heute ist der 25.Mai 1990. Genau heute vor einem Jahr erhielt ich von der katholischen Kirche eine fristlose Kündigung.

Nach 17 Dienstjahren am Gymnasium wurde ich von einem Tag auf den anderen entlassen.

Warum?

---

[50] Franz Rinck: Semesterarbeit für den Fachbereich Erziehungswissenschaften: Seminar: Lebenskrisen bei Erwachsenen,WS 92/93. S.15f.

Drei Gründe wurden von der katholischen Kirche genannt:

1. Sie haben eine Liebesbeziehung zu einem Priester.

2. Sie haben die Kinder geboren, die aus dieser Beziehung entstanden.

3. Sie haben diese Beziehung und die Kinder nicht verheimlicht.

(...)

Fast 20 Jahre musste ich mich verstecken, Als heimliche Geliebte eines katholischen Priesters, der eine höhere Stelle bei der katholischen Kirche innehatte, war ich gezwungen, ihn und sein Amt zu schützen und keinen Schatten auf das Kirchengesetz: Zwangszölibat fallen lassen.

Für mich war dies ein Leben wie in der Verbannung. Mein Partner und ich durften uns öffentlich nicht in die Augen schauen. Der katholische Priester durfte seine eigenen Kinder nicht in der Klinik besuchen. Ich musste dem Jugendamt gegenüber sagen, dass diese Kinder keinen Vater haben. Die Schande fiel auf mich.

Die Priesterkinder zog ich alleine groß. Als ich um Alimente bei der katholischen Kirche nachsuchte, wurde mir mit Schimpf, Spott und Verachtung geantwortet. Vor Gericht (s. Anl. Urteil) musste ich hören: Priesterkinder gehen uns nichts an. Da könnte ja der letzte Penner daherkommen und Kinder zeugen.

Dabei war mein jetziger Mann dreißig Jahre amtierender Priester.

Mit 10 Jahren kam er ins katholische Bubeninternat. Mit 18 Jahren trat er in den Orden seiner Schule ein. Damit hatte er wesentliche Elemente seiner Freiheit vergeben. Als er erkannte, dass er für das zölibatäre Leben nicht geschaffen sei, hatte er in dem verhärteten, sexualgehemmten Ambiente der katholischen Amtskirche keine Chance, seinen Lebensweg zu korrigieren. Seine Nöte trug er in der Beichte vor, doch er bekam niemals eine Antwort. Er sollte abgeschoben werden. Im letzten Moment ergriff er die Flucht.

Die katholische Amtskirche hatte kein Erbarmen mit ihm. Sie verweigerte ihm jede Abfindung - und dies nach einer 22 Jahre andauernden Tätigkeit als Oberstudiendirektor, in denen er seine ganze Arbeitskraft, seine Ideale und sein Einkommen bedingungslos der Kirche gegeben hatte. Er erhielt keine Chance einen anderen Beruf zu erlernen und vom Staat keinen Pfennig Arbeitslosengeld, denn die katholische Kirche braucht keine Arbeitslosenversicherung für ihre Priester zu bezahlen.

Es heißt, die Kirche sorge selbst für ihre Leute. dass sie dies nicht tut, haben wir am eigenen Leib erfahren.

Ja, die **Konsequenzen** waren knallhart:

- Ich die Mutter von drei minderjährigen Kindern, wurde sofort herausgeworfen.
- Er, der Priester, bekam seine Entlassung zu dem Zeitpunkt, als er mich, die Mutter seiner Kinder heiratete.
- Zu fünft standen wir auf der Straße und wurden Sozialhilfeempfänger.

Von der Amtskirche erfuhren wir:

- keine Gnade,
- kein Entgegenkommen,
- kein Verständnis,
- keine Liebe.

Deshalb stellen sich für mich die Fragen:

⇒ Was ist das für eine Kirche, die auf Liebe mit Brutalität reagiert?

⇒ Wen schützt die Amtskirche eigentlich, wenn sie Liebende und Kinder verachtet und verfolgt?

⇒ Welche Gewalt geht von dieser Kirche aus, dass sie Priestern und deren Frauen das Recht auf ein eigenes Leben mit eigenen Entscheidungen verbaut?

Das ist doch keine christliche Kirche!

Ich möchte sie alle bitten, diese Kirche so zu verändern, dass die verheirateten Priester und ihre Frauen sagen können:

Ja, wir sind Christen!

Die Problematik aus der Sicht der Kinder:

<u>**Rebekka**</u>*:*

Mein Vater ist Priester ohne Amt

(...) und ich bin sehr stolz auf ihn; besonders wenn ich ihn predigen sehe.

Aber es hat auch Nachteile. Viele Wochenenden gehen kaputt, weil meine Eltern Gespräche führen müssen, z.B. über den Zölibat. Es kommen Frauen und Priester, die über ihre Sorgen und Nöte sprechen.(...)

Weil mein Vater ja Priester ohne Amt ist, waren wir schon oft in der Zeitung, da war ich richtig stolz.(...)

Mein Vater ist sehr gläubig und ehrlich gesagt, ärgert mich das, weil ich nicht gern in die Kirche gehe. Es ärgert mich sehr, dass mein Vater kein Priester mehr sein darf, nur weil er geheiratet hat. In der evangelischen Kirche darf der Priester doch auch heiraten. Warum dann nicht auch in der katholischen Kirche?

(...) Es wäre sehr schön, wenn mein Vater wieder im Amt sein könnte. Das würde ihm sicherlich viel Freude machen, denn ich weiß, dass er ein guter Priester ist.[51]

Anita:

Pater heißt Vater

Wenn wir zu zweit sind
ist mein Vater mein Vater.
Wenn wir zu dritt sind,
ist mein Vater ein Pater.
Pater heißt Vater,
doch das gibt keinen Sinn,
weil ich dem Pater
sein eignes Kind bin. [52]

Mein Vater

Mein Vater trägt ein schwarzes Kleid,
er ist ein schwarzes Schaf.
Darunter ist er ein Mann,
was keiner sehen kann.
Viel lieber sollt ein Frosch er sein,
das fänd' ich schön und fein.
Dann würfe ich ihn an die Wand,
dann fiele ab das Froschgewand,
ich gäb ihm einen Kuß
und Schluß.[53]

---

[51] K.Jäckel: Sag keinem wer dein Vater ist, S.43f.
[52] A.a.O.,S.53.
[53] Ebd.

Claudio:

Papa, wen ich groß bin, werde ich für dich Priester

"Papa, warum kannst du denn nicht bei uns sein? Du kannst dem Papst doch sagen, dass ich dich jetzt haben muss. Ein Junge muss doch seinen Papa haben.

Ach, Pap, sag ihm doch einfach, dass du jetzt erst mal eine Pause machst. Wenn ich dann groß bin, kann ich ja für dich Priester werden. Und du bleibst dann bei der Mutti."[54]

Miriam und Gabriel:

Sehr geehrter Herr Papst!

Mein Vater ist laisierter Priester. Wenn mein Vater meine Mutter nicht aus Liebe geheiratet hätte, gäbe es uns nicht. Vielleicht werden mein Bruder und ich ja mal wichtige Leute! Wollen Sie nicht zulassen, dass die Priester heiraten dürfen? Ich fände es gut, und Sie hätten mehr Priester! Vielleicht wollen Sie sich auch noch einmal überlegen, ob Frauen nicht Priesterinnen werden können. Ich überlasse es Ihnen! Mein Vater hat aus lauter Liebe zu meiner Mutter den Dienst in der Kirche aufgegeben, Er bereitet so gern die Messe vor! Heute hat mein Vater seinen 19. Weihetag. Wir haben ihn ganz fest umarmt, und heute feiern wir mit unseren freunden, Für Gott und uns bleibt er immer Priester! Dieses Jahr gehen mein Bruder und ich zur Erstkommunion. Das Wichtigste, was wir gelernt haben und immer behalten sollen, ist: "Gott liebt alle Menschen unendlich." [55]

3 Analyse der Problematik bezüglich des Ausschei- dens aus dem Amt und deren Auswirkungen auf das Verhalten gegenüber Frauen und eigenen Kindern als Grunderkenntnis für die Folgen

Die Kirche benennt das Ausscheiden eines Priesters als Bruch, Flucht, Treuebruch, als "Verweigerung des Tragens des Joches Christi". Sie qualifiziert diese persönliche Entscheidung als persönliche Schuld vor Gott, vor der Kirche und der Gemeinde.

Inwieweit sich der Priester schuldig fühlt hängt ab vom Maß der Identifikation mit der Lehre der Kirche zu dieser Thematik.

Die Reaktionen von amtlicher Seite auf die Zölibatsdiskussion in den Gemeinden und die amtlichen Reaktionen auf Versuche der Laieninitiativen, Priesteramtskandidaten Informationen über die Situation nach einem evtl. Ausscheiden aus dem Amt zu geben, machen

---

54 Jäckel, S.111f.
55 A.a.O.,S.204.

deutlich, dass diese Informationen unerwünscht und Tabu sind. Das Ausscheiden aus dem Amt hat psychologisch mit Trennung von der Mutter und der 'Mutter Kirche` zu tun.

Zur wirtschaftlichen Lage nach dem Ausscheiden

Der ausgeschiedene Priester ist in einem seiner Ausbildung entsprechenden Beruf praktisch nicht vermittelbar, da alle damit zusammenhängenden Berufe zu ihrer Ausübung der Erlaubnis der katholischen Kirche bedürfen.

Manche Diözesen gewähren eine monatliche Unterstützung in Höhe des Bafög. Andere wieder, besonders Ordenspriester, hatten wegen des Gelübdes der Gütergemeinschaft kein eigenes Einkommen und haben daher keinen Anspruch auf Arbeitslosengeld noch auf Arbeitslosenhilfe, so dass nur der Gang zum Sozialamt bleibt.

Es gibt keine einheitliche Regelung. Alles ist der Willkür überlassen.

Allerdings existiert eine geregelte Nachzahlung der Rentenversicherung, aber nur zum niedrigsten Satz, das ist 1/5 der Beitragsbemessungsgrenze.

Bei Ordenspriestern kommt erschwerend hinzu, dass sie wegen des Armutsgelübdes normalerweise über kein persönliches Eigentum und über keine Ersparnisse verfügen.

Drewermann schreibt in seinem Buch: "Kleriker" über die wirtschaftliche Situation:

"Ein vom Dienst suspendierter Priester bekommt, je nach Diözese, heute zwischen 5000,- und 20.000,- DM Überbrückungsgeld - in keinem Falle mehr, als er zu zweit davon länger als ein Jahr lang leben könnte, und das in einer Situation, da er allenfalls in einem Langzeitstudium (Pädagogik, Medizin etc.) die Chance bekommt, einen Beruf vergleichbarer sozialer Wertschätzung ausüben zu können."(...)

"Wenn wir in der Beschreibung des klerikalen Lebens von Amts wegen immer wieder betont haben, wie sehr im psychischen Erleben der Priester und Ordensleute die Existenzangst durch die Bindung an die Mutter Kirche aufgelöst werde, so schließt sich jetzt der Kreis, wenn wir sehen, wie sehr die katholische Kirche selber materielle wie psychische Ängste aller Art zu erzeugen sucht, um sich der 'Treue` ihrer bediensteten Untertanen zu versichern. Es ist ihre mit moraltheologischen Rücksichten kaschierte Absicht, die Betreffenden, zusätzlich zu all den anderen Beugemaßnahmen, durch den Anblick des bürgerlichen Nichts in ihre gnädigen Arme zurückzutreiben."[56]

Im Hinblick auf diese 'Abgründe` ist die Verzweiflung zu verstehen, die Priester und Ordensleute so handeln lässt, wie sie es allzu oft eben tun.

---

[56] Drewermann: Kleriker; S.643f.

"Kann ein Bischof in die Seelen seiner Priester schauen? Kennt er ihre Gedanken, Wünsche, Sehnsüchte Träume? - Sie müssen ihm verborgen bleiben wie deren Not, Ringen, Versagen, Schuldigwerden. Ich möchte dem Voyeurismus keinen Vorschub leisten, aber ich muss aufgrund eines umfangreichen Materials von einer profunden Not unter Priestern und Ordensleuten Kenntnis geben. Ich muss auf das noch tiefer empfundene Leid von Frauen zu sprechen kommen, die mit einem Priester ein verbotenes Verhältnis haben. Sie sind aus Liebe die verschwiegenen Opfer des Zölibatsgesetzes, obwohl sie nicht selten zu Tätern gestempelt werden. Tausende von Priesterkindern dürfen nicht vergessen werden, die der Liebe ihr Leben danken, einer Liebe, die es nicht hätte geben sollen. Diese Kinder haben ein Recht auf die Zuneigung von Vater und Mutter. Zu deren Schaden setzt die Amtskirche bedenkenlos Unrecht für Recht. Statt dass sie den Priester, der Vater ist, an seine Vaterpflicht erinnert, begünstigt sie seine Flucht aus der Verantwortung oder lässt ihm keine andere Wahl als die Lebenslüge.

Ich muss auch der ständig wiederholten Behauptung widersprechen, die am Zölibat gescheiterten Priester hätten seinerzeit in völliger Freiheit und im reifen Alter eine endgültige und unwiderrufliche Entscheidung getroffen, genauso wie ein Mann und eine Frau, die sich sakramental aneinander binden. Es ist unzweifelhaft erwiesen, dass es für fast jeden Priester historische, biologische, psychologische und soziologische Gründe gibt, die an seiner Freiheit zweifeln lassen, obwohl die meisten unter ihnen das nicht wahrhaben wollen. Es war der Zwang des Faktischen, der sie an der Wahl des ehelichen Lebens hinderte. Hätte es eine Alternative zum zölibatären Priestersein gegeben, hätten sie in der Mehrheit eine andere Wahl getroffen." [57]

[57] Marz: Alles für Gott, S.128f.

VI Empirische Forschungsergebnisse über die Thematik

1 Zur geistigen Schulung der Kleriker: neurotische Idealbildung

Man muss, um sich die psychologische Bedeutung klarzumachen, vorstellen, dass die geistige Schulung der Kleriker heute immer noch wesentlich autoritär im eigenen Bereich und defensiv gegenüber den Leugnern des Christentums geprägt ist. Nicht zu lesen, zu verstehen und zu lernen, sondern vorzuführen und abzuführen, zu beurteilen und zu verurteilen war und ist die Kunst dieser Begriffsjongleure- und die Anmaßung am Ende, die allein übrig bleibt: die Illusion von dem Alleinbesitz der Wahrheit! Es versteht sich, dass eine solche Sicherheit umfassender Beurteilungskompetenz von Amts wegen bzgl. aller Fragen, die menschlich irgend relevant sind, sich nicht aus dem Halt eines erworbenen Wissens ergibt, sondern lediglich eine Denkverweigerung aus Angst vor dem Rückfall in die ontologische Unsicherheit darstellt. Sie stand bereits am Anfang des Wunsches, im Amt des Klerikers Zuflucht zu finden. Doch das eigentliche Problem liegt nicht im Arrangement von Ignoranz und Arroganz im Leben des einzelnen Klerikers, der sich um dem Chaos der eigenen Nichtexistenz zu entgehen, wie verzweifelt immer an die richtige Lehre der Kirche klammert, das Problem liegt in der Neigung jeder Religion, ihren Gläubigen eine 'Sicherheit` und 'Gewißheit` vorzugaukeln, die sie zu leicht lenkbaren Kindern (wie Kinder sollt ihr den Papst und die Kirche Lieben und eurem Bischof, als dessen Vertreter, gehorchen) macht.

Entscheidend auf dem Weg zum späteren Klerikersein aber ist nun der Umstand, dass in der katholischen Kirche ein Wertsystem auftritt, dass diese Formen von Gehemmtheit bereits sehr früh als eine im Grunde ideale Art der Reinheit, ja genau betrachtet, sogar bereits schon als einen ersten Hinweis auf das Geheimnis einer möglichen 'Berufung` zum Priester oder zur Ordensschwester interpretiert. Es ist die neurotische Idealbildung der katholischen Kirche selbst, die den jugendlichen Neurosen ihr Alibi, ihre Legitimation, ja ihre göttliche Verklärung verschafft. Statt im Sinne der Menschlichkeit Jesu, den Heranwachsenden Mut zu machen, ihre pubertären Ängste und Verklemmungen, so gut es geht, zu überwinden, unternimmt die katholische Kirche de facto alles, um diese Ängste nach Möglichkeit zu schüren. Man kann es nicht anders sagen: Sie lockt mit ihren Vorstellungen bereits auf dem Umweg der elterlichen Erziehung, Jungen und Mädchen, die ihrem Einfluss stark genug ausgesetzt sind, unmerklich in eine Sackgasse, an deren Ende sie, die katholische Kirche selber dann steht, um ein im menschlichen Sinne oft genug, bereits verlorenes Leben als von Gott erwählt hinzustellen und in den Hofmauern der bischöflichen Priesterbildungsanstalten und ordenseigenen Konvente, möglichst fern von allen störenden Einflüssen der <<Welt>>, ungehindert weiterführen zu können. Es entsteht bei dieser Verfälschung von

Neurose in Heiligkeit, von Krankheit in Erwählung, von Lebensangst in heiliges Gottvertrauen gerade das Bild, das Friedrich Nietzsche im "Zarathustra" von den "Predigern des Todes" malte: (...) Der Kampf gegen die Natur, die Spannung des Geistes gegenüber dem einfachen kreatürlichen Dasein hat in der katholischen Idealbildung eines "reinen", "engelsgleichen" Lebens eine Form angenommen, die das Kranke, Doppelbödige, Verlogene und Verlorene förmlich braucht, um sich aus der Hefe dieses abgestandenen und abgetanen Lebens zu erneuern. Es ist eine erstickende Dunstglocke, die jene derart 'Berufenen` seit Kindertagen umwölbt. Es ist einer der schlimmsten Vorwürfe, die man gegenüber der jetzigen Form des Klerikerideals erheben muss, dass diese Absonderung vom Leben, diese Imprägnatur aller natürlichen Antriebe mit dem Odium des Sündhaften in der Tat immer wieder so vollkommen gelingt, dass die Betreffenden nicht einmal die Chance haben zu merken, wie alternativlos ihr Leben in eine bestimmte Richtung hinein vorgeprägt und vorgeformt worden ist.[58]

2 Schuldgefühle, Entstehung und Wirkung

Das Gefühl der Überverantwortung nebst den entsprechenden Retterphantasien, die bedingungslose Bereitschaft des Ichs zur Totalidentifikation des Überichs, die narzisstisch gepflegte Position der Ausnahme aufgrund einer besonderen Erwähltheit, die Verdrängung ganzer Teile der eigenen Psyche mitsamt den Erinnerungen an die ursprüngliche Familiensituation sowie deren Ersetzung und Überhöhung durch ein göttliches Schicksal von Berufung und Vorsehung, nicht zuletzt auch die Neigung, sich die eigene Güte und Werthaftigkeit zu verdienen, sind die psychischen Gegebenheiten, die einen Menschen dazu bereit machen, sich solch einer Struktur zu unterwerfen.

Eugen Drewermann sagt, Kleriker seien nicht die ersten Opfer ihrer Opfertheologie, sondern umgekehrt," jemand der sich zum Kleriker der katholischen Kirche eignet", sei, psychoanalytisch gesehen in weiten Bereichen seiner Persönlichkeitsentwicklung schon als Kind <<geopfert>> worden, sonst könnte er sich später nicht mit theologischen Doktrin identifizieren. An der Ideologie und Mystik des Opfergedankens halten sie verzweifelt fest, denn sie bedeutet ihr ganzes Selbst, ihre Identität, die ihr Anderssein ausmacht. "Im Untergrund und Hintergrund der Opfertheologie lauert ein maßloser Wunsch nach Selbstvernichtung, ein Diktat der Angst, wirklich" eine furchtbare seelische Verletzung, die "als erstes dem Kleriker selbst, noch als er ein Junge (...) war, zugefügt worden sein muss." [59] - Diese Sehnsucht nach Opfer und Nichtsein ist es, die die Botschaft Jesu um jeden Sinn bringt und das Neue Testament verfälscht. (vgl. Kleriker,S.91) -

---

[58] Vgl. Drewermann, Kleriker
[59] Drewermann, Kleriker,S.91.

An dieser Stelle sehen wir, wie alles verwoben ist. Durch die Verfälschung der Lehre Jesu und Hinzuziehung der Opfertheologie des Alten Testamentes kam es zu einer bestimmten Auswahl von Episkopen und Diakonen, die diese psychischen Eigenschaften aufwiesen. Die psychisch geschädigten Männer tendierten zu all den kulturellen Einflüssen hin, die ihre religiösen Opferbedürfnisse unterstützten. So kam es im Laufe der Jahrhunderte zur Vergesetzlichung des Zölibates und zu furchtbaren, sadistischen Ideologien, die z.B. Hexenverfolgung und die Inquisition als solche mit sich brachten.

Dahinter steckt, dass seelisch entsetzlich verletzte Menschen, immer weiter verletzen müssen und jedem gesunden Menschen gegenüber bösartig und neidisch reagieren, um ihr eigenes Wesen und Leben nicht in Frage stellen zu müssen.

Wie muss es um die Kirche selber bestellt sein, wenn sie aus lauter Angst vor eben der Freiheit des Menschen, welche sie doch nach ihren theologischen Doktrin gerade in den 'evangelischen Räten' ausgedrückt sieht, mit schwersten Strafen bis hin zur Vernichtung der bürgerlichen Existenz und mit möglichst größter Erschwernis eines Neuanfangs arbeiten muss, um eben diesen Rückzug eines Klerikers aus seiner extremen Daseinsform zu verhindern.

3 Laisierungschancen bei Nachweis einer Trieb-anomalie

Erst wer mit schreckerregenden Enthüllungen - einer Triebanomalie, einer sexuellen Perversion oder dergleichen - aufzuwarten vermag, wird die katholische Kirche dahingehend beruhigen, dass ja nicht sie, sondern der Einzelne selbst die Schuld an seinem Scheitern im Klerikeramt trägt, und erst als solchermaßen beruhigte wird sie ihn freigeben - als einen Aussätzigen, der den Raum des Heiligtums fortan wirklich nicht länger mehr beschmutzen möge.[60]

Dieses Klima der persönlichen Schuldzuweisung wird es schon dem angehenden Kleriker schwer machen, sich mit Fragen nach der Situation eines Ausscheidens aus dem Amt zu beschäftigen. Wie schwierig es ist, sich mit dem Klerikersein überhaupt zu beschäftigen und auch speziell mit den Mitteln der Befragung und Statistik an diese Personengruppe heranzugehen, sehen wir im folgenden Hinweis:

"Es gehört zu den Paradoxien psychoanalytischer Untersuchungen, dass ihren Ergebnissen oft gerade dann am heftigsten widersprochen wird, wenn sie ersichtlich am empfindlichsten zutreffen - allein schon deshalb macht es keinen Sinn, die Hintergründe der Psychologie des

---

[60] A.a.O., S.635.

Klerikerseins mit den üblichen Mitteln der Befragung und Statistik erforschen zu wollen. Es fällt den Klerikern unzumutbar schwer, auch nur von weitem sich einzugestehen, wie problematisch und konfliktreich das Eheleben der eigenen Eltern verlaufen sein muss. Drewermann behauptet, es bedarf gewöhnlich einer Therapie von vielen Monaten, um gegen all die Widerstände anzugehen, die sich dieser Wahrheit entgegenstellen und damit die eigentliche Motivationsgeschichte zum Priesterberuf herauszufinden.

4 Zum objektiv etablierten System der sozialen Strafe

Es genügt der schweigende Kontaktabbruch liebgewonnener Freunde oder enttäuschtes Getue ehemaliger Kollegen oder die offene Häme derer, die es schon immer wussten, um die heftigsten Erschütterungen auszulösen und damit auch die neu geschlossene Liebesbeziehung zu bedrohen und nachhaltig durcheinanderzubringen. Selbst nach Jahren wagen es längst verheiratete Priester womöglich immer noch nicht, ihren Fuß in die alte Pfarrei zu setzen. Latent fühlen sie sich, entgegen aller humanen Vernunft, doch in Übereinstimmung mit den Regeln der Kirche, als Ausgesetzte, Geächtete; sie sind und bleiben sogar für sich selbst <<outlaws>> der katholischen Gemeinde. [61]

"Vor allem aber: Dieselbe katholische Öffentlichkeit, die aus Gleichgültigkeit oder Gleichmut dem geheimen oder halboffenen Liebesleben ihrer Kleriker <<beiwohnt>>, kann dann doch mit dem Killerinstinkt einer Mobbingmeute auf einen einzelnen herabstürzen, wenn ihn die Kirche aus politischen Gründen zur Jagd freigibt."[62]

Auch scheint es die Christenpflicht treuer Katholiken zu sein, ihren Priester zur Räson zu rufen: Insbesondere wird man die Schuld der Frau zuschieben. " Man wird ihr vorwerfen, sie habe jenen Priester in widerwärtiger, gerissener, schamloser oder unverschämter Weise *verführt*; man wird nicht zur Kenntnis nehmen, dass sie schon aus Gründen der Diskretion gegenüber ihrem Geliebten gegen solche Vorwürfe sich gar nicht verteidigen kann. (...) Man wird sie, bei fortgesetzter <<Unbußfertigkeit>>, als <<Priesterhure>> und <<Zölibatesse>> beschimpfen; sie wird in den Augen der Gläubigen als entehrt gelten; *sie* hat die Kirche zu meiden, in der jener Priester die Messe liest, *er* hätte sogar die Pflicht, ihr an der Kommunionbank das Sakrament zu verweigern.[63]

Und wenn das alles nichts nützt, er sein Amt niederlegt, dann wird die Hatz trotzdem weitergehen, darüber klagen viele verheiratete Priester. Immerhin gibt es nichts, was der eigenen <<Charakterstärke>> so sehr schmeichelt, als die <<Schwäche>> anderer.

---

61 Vgl.A.a.O.,S.643
62 A.a.O.,S.642.
63 A.a.O.S.642f.

Wie sagt es der Buchtitel, den Alfons Kraus, für sein Werk über diese Problematik wählte: "Für einen gefallenen Engel beten sie nicht."

Ein aus dem Amt geschiedener Priester schreibt in seiner Semesterarbeit [64] folgende stichwortartige Hinweise über sein persönliches Befinden nach dem Ausscheiden aus dem Amt:

- Breite Schwankungen zwischen tiefem Glücksgefühl, die Liebe endlich frei und offen leben zu können, und Depressionen durch das lange Leiden an der kirchengesetzlich verordneten Form der 'freiwilligen' Ehelosigkeit um des Himmelreiches willen,
- die anfangs tiefe, ohnmächtige Wut gegen die Machtkirche wegen der Wegnahme meines priesterlichen Amtes, das bis dahin ein wesentliches Stück meiner Identität ausgemacht hat (Rollenverlust-Identitätsverlust)
- durch den Umzug von Süddeutschland ins Rheinland der Abschied von vertrauten Menschen, Freunden, Bekannten und der fast zur Heimat gewordenen Umgebung,
- große Schwierigkeiten mich an das Leben außerhalb der geschlossenen Gesellschaft mit ihrem geregelten Tagesablauf, finanzieller Absicherung, sozialem Status und gewohnter Tätigkeit anzupassen.
- zwei Monate arbeitslos, Berufssuche, Sozialhilfeempfänger,
- nach zwölf Jahren wieder Student, trotz abgeschlossenen zwölfsemestrigen Hochschulstudiums,
- monatelang große Schwierigkeiten im Umgang mit der emotional sehr bewegten Mutter,
- Trauer, Wut, Depression bei der Aufarbeitung der Kränkungen, Verletzungen und Entsagungen seit den Tagen der Kindheit, Jugend und in der Zeit des Ordenslebens,
- Enttäuschungen und Wut über die 'Höhe` der finanziellen Unterstützung durch den Orden.

[64] Forschungsarbeit des WS 89/90 K.J.M.- Methoden der Empirischen Sozialforschung- Thema: Untersuchung des Informationsstandes von Priesteramtskandidaten hinsichtlich der möglichen Konsequenzen durch späteres Ausscheiden aus dem Amt, S.12.

VII Statistik

1 Auszüge aus dem Forschungsbericht über die im Auftrag der Deutschen Bischofskonferenz durchgeführte Umfrage unter allen Welt- und Ordenspriestern in der Bundesrepublik Deutschland von 1973

Tabelle 42
Bundesrepublik mit West-Berlin
Welt- und Ordenspriester

Teilzeitpriester - nebenberuflicher Priester

FRAGE: "Es ist vorgeschlagen, neben den hauptamtlichen Priestern den Teilzeitpriester einzuführen. Wie stehen Sie zu diesem Vorschlag?"

	Welt- und Ordenspriester insgesamt	Guttman-Skala der Professionalisierung: 5 Sehr ausgeprägt	4	3	2	1	0 Unwichtig
	%	%	%	%	%	%	%
Bin dafür	22	44	28	21	16	4	8
Unter bestimmten Umständen dafür	42	40	48	49	44	39	36
Lehne Teilzeitpriester ab	32	12	23	28	37	51	43
Keine Angabe	4	4	1	2	3	6	13
	100	100	100	100	100	100	100

FRAGE: "Es wird gesagt, das Priesteramt kann nur glaubwürdig wahrnehmen, wer zugleich einen anderen Beruf hat. Was ist Ihre Meinung?"

	Welt- und Ordenspriester insgesamt	5	4	3	2	1	0
Stimme nicht zu	57	30	47	57	59	75	70
Kann in bestimmten Situationen zutreffen	35	56	47	36	32	17	20
Stimme zu	3	11	3	3	3	1	1
Unentschieden	5	3	3	4	6	7	9
	100	100	100	100	100	100	100

ANMERKUNG: Die Ergebnisse der Guttman-Skala der Professionalisierung basieren auf einem repräsentativen Querschnitt von 2012 IBM-Karten.

ihnen helfe das geistliche Gespräch und der Dienst am Nächsten besonders oder die praktische Seelsorgearbeit (Tabelle A 72). Denjenigen, denen der Weg zum geistlichen Leben während der Studienzeit nicht eröffnet worden ist, stehen die Hilfs- und Ausdrucksmöglichkeiten des geistlichen Lebens insgesamt weniger zur Verfügung. Wo die Einführung in das geistliche Leben unzureichend oder unwirksam war, stützen sich diese Priester zum Teil sogar stärker als die Priester mit einer geglückten Einführung in das geistliche Leben auf das geistliche Gespräch, die Seelsorgearbeit, den Dienst am Nächsten. Die Priester ohne Einführung in das geistliche Leben tendieren auch in besonderem Maße (zu 20 Prozent) zu einem Anschluß an religiöse Bewegungen oder Gemeinschaften (Tabelle 43).

Fragen zum Zölibat

Die Diskussion um den Zölibat wird von der Hälfte der Priester begrüßt. Die andere Hälfte der Priesterschaft empfindet die Diskussion als nicht notwendig, zum Teil sogar überflüssig, aber vielleicht klärend. Es sind die jungen Priester, die die Diskussion nahezu einhellig, zu mehr als 70 Prozent begrüßen, während die älteren Priester diese Diskussion ablehnend oder zurückhaltend verfolgen (Tabelle 44).

66

Tabelle 43
Bundesrepublik mit West-Berlin
Welt- und Ordenspriester

Frage: "Was hilft Ihnen **b e s o n d e r s** im geistlichen Leben?"

	Welt- und Ordenspriester insgesamt	Welt- und Ordenspriester, die auf die Frage, ob ihnen in ihrer Studienzeit Wege zum geistlichen Leben gezeigt wurden, antworteten:			
		Ja	Zum Teil	Kaum	Gar nicht
	%	%	%	%	%
Feier der Liturgie	69	72	69	62	38
Spontanes Gebet	53	55	53	48	39
Meditation	42	48	37	31	23
Seelsorgearbeit	36	35	38	36	40
Schriftlesung	34	36	32	28	25
Dienst am Nächsten	30	28	33	35	30
Privates Breviergebet	30	38	24	16	12
Bußsakrament	28	35	21	14	15
Theologisches Studium	27	25	28	33	21
Geistliches Gespräch	26	23	29	32	35
Exerzitien	26	32	21	13	9
Gemeinsames Gebet	13	14	12	10	7
Aszetisches und mystisches Schrifttum	10	13	8	7	3
Anschluß an eine religiöse Bewegung oder Gemeinschaft	10	11	9	8	20
Vita communis	10	12	7	7	11
Keine Angabe	1	x	x	x	3
	445	477	421	380	342

Die Frage nach der Aufhebung der Zölibatsverpflichtung teilt die Priesterschaft grob in drei Fraktionen. Die eine hält die Aufhebung für notwendig, die andere Fraktion für nicht notwendig oder unvertretbar, eine dritte Gruppe beurteilt die Zölibatsfrage differenzierend. Die Motive und das Profil dieser Gruppen werden im folgenden hervortreten.

Daß bewährten verheirateten Männern die Priesterweihe gewährt werden kann, würde von der Mehrheit, wenn auch nicht ganz ohne Zurückhaltung, gebilligt. Wiederum sind es die jungen Priester, die sich eindeutig für die Zulassung der viri probati einsetzen und generell für die Aufhebung der Zölibatsverpflichtung in dem Sinn, daß dem einzelnen die Entscheidung überlassen wird (Tabelle 45).

Diese Stellungnahmen können zunächst von der Logik der Frage her nicht als ein Reflex einer latenten persönlichen Entscheidung gegen die Zölibatsverpflichtung betrachtet werden. Danach wurde nicht gefragt. So ist zum Beispiel auch zu beobachten, daß zwar die jungen Priester in großer Mehrheit erklären, die Aufhebung der Zölibatsverpflichtung sei notwendig oder erwägenswert, aber gleichwohl erklären zwei Fünftel der jungen Priester, sie hätten keine Bedenken, wegen des Zölibats jungen Menschen zum Priesterberuf zu raten (Tabelle 46). So könnte man zunächst zu der Auffassung gelangen, die jungen Priester träten nicht so sehr gegen die Zölibatsverpflichtung auf als für das Prinzip der Entscheidungsfreiheit.

Tabelle 44
Bundesrepublik mit West-Berlin
Welt- und Ordenspriester

Diskussion über den Zölibat notwendig:

FRAGE: "Wie stehen Sie zu der Diskussion um den Zölibat: Halten Sie sie für notwendig oder überflüssig?"

	Welt- und Ordenspriester insgesamt	Jahr der Priesterweihe: Vor 1921	1921-1925	1926-1930	1931-1935	1936-1940	1941-1945	1946-1950	1951-1955	1956-1960	1961-1965	1966-1970
Die Diskussion ist -	%	%	%	%	%	%	%	%	%	%	%	%
notwendig	47	19	16	24	26	33	35	40	54	58	77	74
nicht notwendig, aber vielleicht klärend	36	43	49	48	50	46	47	43	35	35	18	19
überflüssig	14	31	32	25	21	18	16	15	10	5	3	5
Keine Meinung	3	7	3	3	3	3	2	2	1	2	2	2
	100	100	100	100	100	100	100	100	100	100	100	100

Welt- und Ordenspriester über die Zölibatsfrage

Welt- und Ordenspriester

FRAGE: "Es wurden in letzter Zeit Änderungen in der Zölibatsfrage diskutiert. Wie stehen Sie zu den beiden folgenden Änderungsvorschlägen?"

Daß bewährten verheirateten Männern die Priesterweihe erteilt wird	Welt- und Ordenspriester insgesamt	Jahr der Priesterweihe: Vor 1921	1921-1925	1926-1930	1931-1935	1936-1940	1941-1945	1946-1950	1951-1955	1956-1960	1961-1965	1966-1970
	%	%	%	%	%	%	%	%	%	%	%	%
Notwendig	28	10	9	12	17	21	22	25	33	42	46	43
Erwägenswert	51	48	51	54	58	57	58	54	51	44	43	43
Nicht notwendig	10	15	19	17	12	11	11	12	8	6	4	6
Unvertretbar	6	12	15	9	8	7	5	5	4	3	2	3
Keine Angabe	5	15	6	8	5	4	4	4	4	5	5	5
	100	100	100	100	100	100	100	100	100	100	100	100

Daß die Zölibatsverpflichtung in Zukunft aufgehoben und dem einzelnen die Entscheidung überlassen wird	Welt- und Ordenspriester insgesamt	Vor 1921	1921-1925	1926-1930	1931-1935	1936-1940	1941-1945	1946-1950	1951-1955	1956-1960	1961-1965	1966-1970
Notwendig	28	6	4	8	11	15	18	20	31	44	53	54
Erwägenswert	23	9	11	15	19	24	25	25	29	28	28	25
Nicht notwendig	16	17	16	19	20	22	21	22	17	13	9	9
Unvertretbar	28	51	61	50	44	35	31	29	20	12	8	9
Keine Angabe	5	17	8	8	6	4	5	4	3	3	2	3
	100	100	100	100	100	100	100	100	100	100	100	100

Tabelle 46
Bundesrepublik mit West-Berlin
Welt- und Ordenspriester

Bedenken, jungen Menschen zum Priesterberuf zu raten:

FRAGE: "Hätten Sie wegen des Zölibats grundsätzlich Bedenken oder keine Bedenken, jungen Menschen zum Priesterberuf zu raten?"

	Welt- und Ordenspriester insgesamt	Jahr der Priesterweihe: Vor 1921	1921-1925	1926-1930	1931-1935	1936-1940	1941-1945	1946-1950	1951-1955	1956-1960	1961-1965	1966-1970
	%	%	%	%	%	%	%	%	%	%	%	%
Hätte keine Bedenken	59	68	76	71	71	67	69	64	56	47	41	42
Hätte grundsätzlich Bedenken	22	13	11	13	15	18	18	20	26	31	35	30
Unentschieden	19	19	13	16	14	15	13	16	18	22	24	28
	100	100	100	100	100	100	100	100	100	100	100	100

70

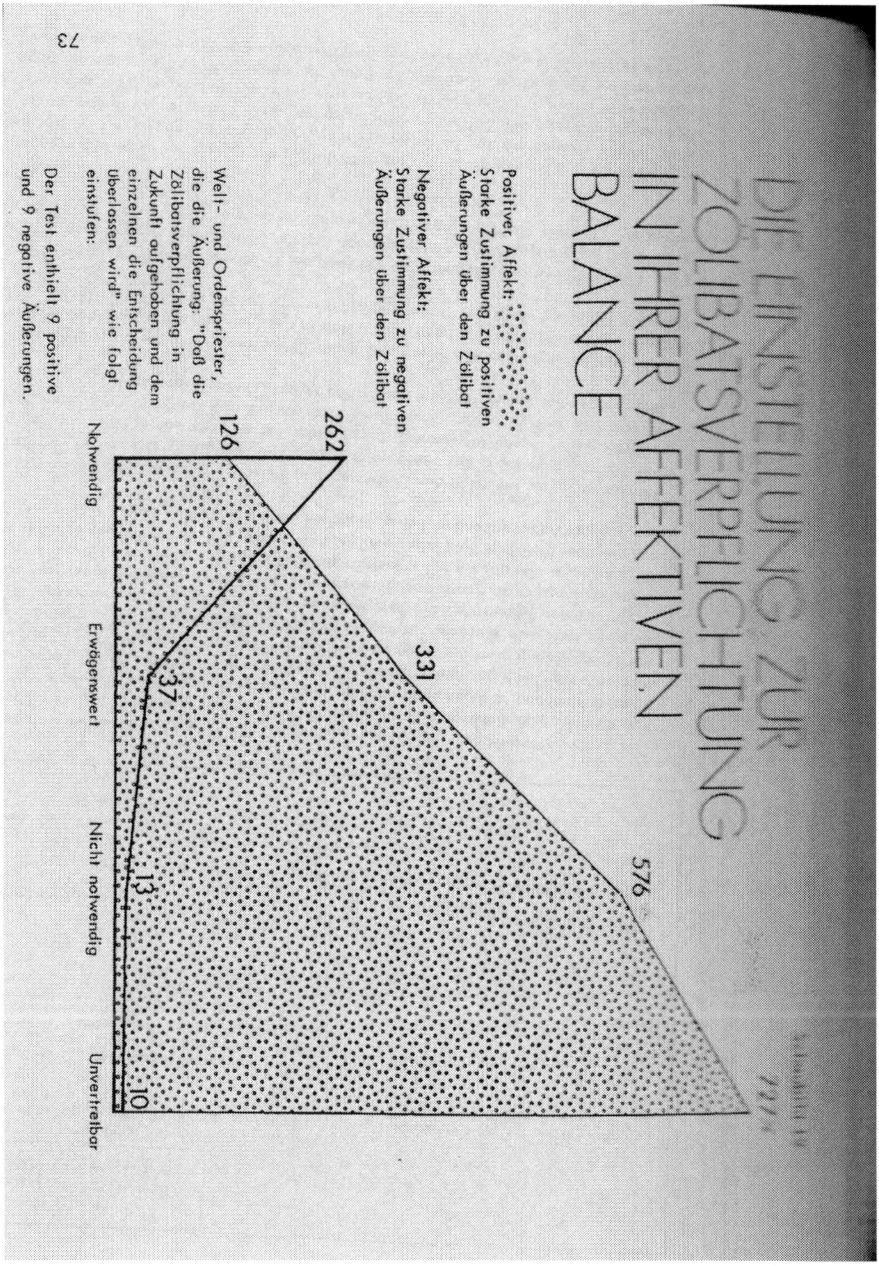
DIE EINSTELLUNG ZUR
ZÖLIBATSVERPFLICHTUNG
IN IHRER AFFEKTIVEN
BALANCE
Positiver Affekt:
Starke Zustimmung zu positiven
Äußerungen über den Zölibat
Negativer Affekt:
Starke Zustimmung zu negativen
Äußerungen über den Zölibat
Welt- und Ordenspriester,
die die Äußerung: "Daß die
Zölibatsverpflichtung in
Zukunft aufgehoben und dem
einzelnen die Entscheidung
überlassen wird" wie folgt
einstufen:
Der Test enthielt 9 positive
und 9 negative Äußerungen.
576
331
262
126
37
13
10
Notwendig
Erwägenswert
Nicht notwendig
Unvertretbar
73

Tabelle 48
Bundesrepublik mit West-Berlin
Welt- und Ordenspriester

FRAGE: "Hätten Sie wegen des Zölibats grundsätzlich Bedenken oder keine Bedenken, jungen Menschen zum Priesterberuf zu raten?"

	Welt- und Ordenspriester insgesamt	Welt- und Ordenspriester, die die Äußerung: "Daß die Zölibatsverpflichtung in Zukunft aufgehoben und dem einzelnen die Entscheidung überlassen wird" wie folgt einstufen:			
		Notwendig	Erwägenswert	Nicht notwendig	Unvertretbar
	%	%	%	%	%
Hätte keine Bedenken	59	21	57	82	85
Hätte grundsätzlich Bedenken	22	55	15	6	7
Unentschieden	19	24	28	12	8
	100	100	100	100	100

3. Das Amtsverständnis der Gegner der Zölibatsverpflichtung unterscheidet sich deutlich von dem der vorbehaltlosen Befürworter. Auf die Frage, wovon sie in ihrem Dienst als Priester bestimmt und getragen werden, antworten die Gegner der Zölibatsverpflichtung in wesentlich geringerer Zahl: von der Priesterweihe oder von der Treue zu meiner Entscheidung oder auch von meiner persönlichen Beziehung zu Gott. Sie betonen dagegen mehr den Wunsch, für andere dazusein, den Dienst an der Gemeinde und das Vertrauen der Gemeinde. Die Beziehung zu Gott wird von den Gegnern des Zölibats in g ringerem Umfang als Fundament ihres Dienstes betrachtet, auch die Idee, im Auftrag Chris tätig zu sein, obwohl sie mit immerhin gut 40 Prozent und damit an dritter Stelle der Moti ein gewisses Gewicht hat (Tabelle A 74). Hier deutet sich an, daß diese Priester nicht nur ein anderes Amtsverständnis haben, sondern auch theologisch anders orientiert sind.

Noch deutlicher läßt sich der Zusammenhang zwischen Amtsverständnis und Zölibatsverpflichtung an Hand der Skala nachweisen, wie sehr die Priester einer vertikalen Interpretation ihres Auftrags und ihrer Rollenfunktion verpflichtet sind. Je weniger die Priester das Gefühl haben, ihren Beruf kraft verliehener Autorität auszuüben, desto eher neigen sie zur Aufhebung der Zölibatsverpflichtung (Tabelle 49).

Ihr Amtsverständnis wollen die Priester, die die Zölibatsverpflichtung ablehnen, auch in der Kleidung zum Ausdruck bringen. Sie treten in der Mehrheit dafür ein, daß Priester sich in der Kleidung von ihrer Umgebung nicht unterscheiden sollten (Tabelle 50).

Da der Zölibat bei seinen Gegnern mit der Idee des Priesteramtes kaum verbunden ist, können sie auch unbefangen dafür eintreten, daß Priester, die ihr Amt niederlegen und mit kirchlicher Erlaubnis die Ehe eingehen, weiterhin im priesterlichen Dienst tätig sind (Tabelle 51).

Der Wunsch nach einer stärkeren Professionalisierung des Priesteramtes ist eng mit dem Gedanken an die Aufhebung der Zölibatsverpflichtung verbunden (Tabelle A 75). Das heißt: Der Widerstand gegen die Zölibatsverpflichtung hat keine partiellen Motive, sondern ist eingebettet in eine grundlegende Neukonzeption des Priesteramtes, von der spirituellen Begründung bis zur Ausformulierung eines neuen Rollenkonzepts und einer darauf abgestimmten Berufsausbildung. Was sich hier in statistischen Konfigurationen abzeichnet, ist

VIII Sozialpädagogische Betrachtungen

1 Sozialpädagogische Überlegungen, Darstellung der Hilfsinitiativen und deren Tätigkeiten und Ziele, Aufzeigen weiterer Möglichkeiten und Erstellung eines Konzeptes

1.1 Identitätsaufbau

Eine ausführliche tiefenpsychologische Kommentierung der in sich sehr unterschiedlichen Selbstbilder von Priestern und ihrer Veränderung ist hier nicht möglich, einige aufschlussreiche Schlaglichter müssen genügen.

Paul Hoffmann beschreibt in seinem Buch : "Priesterkirche"[65], die Vorstellung, die Wiener Mittelschüler zur Zeit des Konzils (1963) vom katholischen Priester haben. Der Priester ist "noch eindeutig ein <<heiliger Außenseiter>> mit übermenschlichen Zügen, der - von der Welt abgesondert - konfliktfrei auf einer höheren Ebene lebt und alle Normen und Ideale erfüllt. Er ist der amtliche Kultvollzieher (...) der von Gott <<Berufene>>. Die übersinnliche Kraft, die von oben überwältigt, löscht alle anderen Interessen aus und ermöglicht so den Verzicht auf alles Schöne und Gute, das die Welt bieten kann. Ohne jeden Zweifel, in absoluter Glaubenssicherheit lebt er auch sein Zölibat in <<angelischer>> sexueller Reinheit. Für normale Menschen unerreichbar, wird er als Seelsorger nur für menschlich Angeschlagene und geistig Unselbständige benötigt, da Gott und eine solche Religion mit der normalen Alltagswelt nichts zu tun haben.

Diese idealistisch überhöhten, magisch-mythischen Auffassungen sind (...) als bewusste oder unbewusste Leitbilder bis heute wirksam und bestimmen das faktische Erscheinungsbild - allen theologischen Theorien zum Trotz. Als fixierte Fremdbilder haben sie ihre Entsprechung in priesterlichen Autostereotypen [66] :

⇒ Träger unverlierbarer göttlicher Vollmacht

⇒ Mittler zwischen Gott und den Menschen

⇒ Stellvertreter Jesu Christi

⇒ Opferpriester

⇒ Sakramentsverwalter

⇒ Guter Hirte

---

65 Paul Hoffmann (Hrsg.): Priesterkirche, Theologie zur Zeit ;Bd.3, Patmos Verlag Düsseldorf, 1.Aufl. 1987.
66 Vgl.A.a.O.,S.167.

Das alles sind subjektiv angeeignete, symbolische Ausgestaltungen und Vorstellungsbilder aus psychischen Tiefenschichten, die sich hier in erschreckender Offenheit zu Wort melden.

"Was hier dem Priester von einer bestimmten Theologie an essentiellen Fähigkeiten, Kompetenzen und Vollmachten zugeschrieben wird, das passt dadurch gedeckt und <<legitimiert>>, zugleich mit sehr archaischen, narzisstischen Phantasien und Wünschen des Menschen zusammen.[67] Hier werden Allmachts - und Größenphantasien infantil-unreifer bzw. schwer pathologischer Art auf den apostolischen <<Diener der Freude>> (Paulus) 'übertragen' und dort untergebracht, an ihn 'delegiert' und abgetreten.

Es geht bei solchem Identitätsaufbau zunächst um kollektive-historische Vorgänge, um Selbstvergötzung und Idolatrie.

Die Identifizierung mit solcher archaisch-religiösen Übertragung

- Machtvollkommenheit und die identifikatorische Stellvertretung Christi - lassen sich zwanglos den beiden fundamentalen Polen am Anfang der menschlichen Selbstentwicklung zuordnen.

Es sind die noch archaisch-unreifen Grundstrukturen der narzisstischen Größen- und Allmachtsphantasien, das *Größen-Selbst* des Kindes und der Pol der *idealisierenden Verschmelzungswünsche* mit den *omnipotenten (Eltern-) Figuren*. [68]

"In kaum verwandelter Gestalt - die an den Priesterbildern zu konstatieren war - entfalten diese archaischen Konfigurationen ihre pathogene, Leiden schaffende Wirkung, wie sie für alle, das Selbst (des Priesters, der sich so verstehen muss) und die anderen, die ihn so sehen (sollen), in der Geschichte der Pastoral greifbar genug ist.

Trotz des Zurücktretens der kultisch-sakralen Sicht mit dem Konzil ist sie - laut Synodenumfrage - bei 65 % aller Katholiken und bei 80 % der Kirchgänger vorhanden und erwünscht.[69]

Seit dem Vaticanum stehen nicht mehr die Ideale der persönlichen Heiligkeit und der vollkommenen Selbstverleugnung im Vordergrund. Die eigene Menschlichkeit wird weniger mit bedauerlicher Fehler- und Sündhaftigkeit assoziiert, sondern als etwas Erstrebenswertes empfunden. Dennoch: es gibt einerseits ein unbewusstes Weiterwirken (...)" der über jahrhundertelange Traditionen 'vererbten' Priester-Ideale, die in psychischen Tiefenschichten strukturell unbewusst verankert sind. Andererseits erwachsen neue Ideale, die den alten um nichts nachstehen. Von der individualistischen Sakral-Person soll der Priester zum kommunikativen, personal-dialogischen und mitmenschlich

---

[67] Vgl.A.a.O.,S.168.
[68] Vgl.a.a.O.S.168f.
[69] Vgl.a.a.O.,S.170.

- solidarischen Diener des Evangeliums werden. Diese höchsten Ansprüche und (Über)Forderungen bewirken, dass Priester und Ordensleute unter unrealistisch überhöhten, abgespaltenen Idealen und einem strengen Über-Ich leiden und so an der Integration ihres Selbst mit dem Priesteramt zerbrechen.

2 Leben in gebrochener Identität

Auf der Basis eines strengen Kindheitsgewissens, das im religiösen Elternhaus früh schon mit Gott gleichgesetzt wird und ihn zu einem lieblosen, unbarmherzigen Tyrannen macht, dem man sich in Furcht und Demut unterwerfen muss, entdeckt man den heroischen Typ des <<leidenden Helden>>. Es entwickelt sich eine scheinbare <<Demutshaltung>>. "Sie verdeckt die unbewusste Hoffnung des versklavten Selbst, gerade dadurch zum inneren <<Herrscher>> zu werden: Solange sich Selbstversklavung als Demut tarnt, bleibt der Augenaufschlag zu Gott 'Selbstvergötterung'. Auf der bewussten Ebene versucht der heroisch Leidende, mit den maßlos überfordernden Idealen seines gestrengen "Herrengewissens" (Reinheit, Sündlosigkeit, Vollkommenheit) zu verschmelzen, d.h. möglichst nahtlos übereinzustimmen. Hinter solchen Pseudo-Übereinstimmungen steht freilich die lebensgeschichtlich früh erzwungene, nicht mehr bewusste Anpassung und Unterwerfung des Selbst, die nun - auf Gott übertragen - auch religiös gefordert wird. Wo aber das lebenswichtige, liebevolle Sich-Einfühlen und Hineindenken in die Grundbedürfnisse des Selbst - die Empathie - fehlt oder unzureichend bleibt, kann es auch nicht zu empathisch-verstehendem Umgang des Menschen mit sich selber kommen. Er sieht sich statt dessen zu einer Art <<Super-Empathie>> *mit den anderen* gezwungen, um existieren zu können." [70]

Auf dem Boden dieses mangelnden Selbstvertrauens und religiösen Vertrauens entsteht eine tiefe Krise, die die Selbst- Entwicklung schwer blockiert. Ein noch ganz unverwandeltes archaisches Größen-Selbst muss sich kompensatorisch aufblähen und entwickelt als Selbstschutz eine <<Entweder-Oder-Haltung>>: entweder *ich* bin und bleibe der Größte, oder der übermächtig-bedrohliche *andere* obsiegt und versklavt mich. Klar, dass hier für ein Einfühlen in andere kein Raum bleibt und sich statt dessen zwangsläufig eine grandiose <<Super-Empathie>> *mit sich selbst* entwickelt - (...) der rücksichtslos-egozentrisch in sich verkrümmte Mensch, der sich selbst erhöht und herrschen will statt dienen."[71]

Beide Formen der Empathie sind Fehlformen. Sie sind keine wirkliche Einfühlsamkeit.

---

70 Heribert Wahl:Narzißmus in Hoffmann: Priesterkirche, S. 172.
71 A.a.O.,S:172f.

Beide erweisen ihre Zusammengehörigkeit in dem Zwang, das nicht gelebte, nicht lebbare Gegenstück zu überkompensieren. Die heroische Größe mittels Leiden entpuppt sich als unbewusste Selbstvergötzung. Die herrische Grandiosität dagegen, die sich mit dem tyrannischen Über-Ich-Gott identifizieren muss, um der Versklavung zu entgehen, verhüllt nur mühsam ihre narzisstische Bedürftigkeit nach Anerkennung, Liebe und Einfühlung, die diesem Selbst weder in seiner Lebensgeschichte noch von seinem <<Herr-Gott>> geschenkt wurde.

Angesichts ihrer eminent hohen, daher menschlich bedrückenden <<Berufung>>, erleben solche Menschen sich als <<Helden Gottes, die schwerste Opfer bringen>>. In dieser existentiellen <<Not>>, im täglichen Zwiespalt zwischen der eigenen Armseligkeit und der anspruchsvollen Gnade, wo das Kreuz zum wahren Zeichen priesterlichen Kämpfens und Ringens wird, repräsentieren sie genau den <<heroischen Leidenstyp>>, den <<geopferten Helden>>.

"Wo aber dieser Angefochtene, demütig Leidende, zugleich als der <<heilige Außenseiter>> erscheint, <<dem die Welt der Sünde immer fremd (geblieben) ist>>[72] dort wird die Kehrseite greifbar; nämlich die grandiose Selbstvergötterung und narzisstisch, einzigartige Herausgehobenheit - allerdings, ohne dass der dynamische Hintergrund sowohl der Selbst-Geschichte wie des Gottesbildes gesehen und empathisch verstanden werden kann. Deshalb sind solche 'Ideale' so gefährlich, weil das menschlich wie christlich Entscheidende immer verdeckt bleibt, solange die unbewussten Anteile in jedem Ideal nicht wahrgenommen werden dürfen.

Auf jeden Fall aber geht es um eine Entleerung des Ichs durch äußere und /oder innere Faktoren, um Momente ontologischer Unsicherheit, also Ungeborgenheit, Opfer und Verantwortung, die in der Kindheit die psychische Abspaltung des Ich verursachten.

Das "Nicht-Sein-Dürfen" führt (so Erich Fromm in „Haben oder Sein“) zum "Haben-Wollen", zur leeren Ersatzidentität. So kommt es, dass die Verdrängung des nicht Lebbaren zu Süchten führt.

Nicht selten sind Priester, die einsamen Zecher, die ihr Alkoholproblem mühsam verbergen. Auch ruheloses Umherreisen und Sucht nach Süßigkeiten z.B. sind Modi zur Kompensation.

Sucht ist die Sehnsucht nach Entgrenzung. Die Kulturanthropologin F.D. Godman sagt: „Grenzerfahrungen sind wichtig für die seelische Gesundheit.“ Das Fehlen von Ekstase-Ritualen - positiver Wunsch nach Entgrenzung- endet in fataler Suchtkarriere.

---

[72] Eine Predigt von 1994!zitiert bei Brosseder: Priesterbild in der Predigt in Paul Hoffmann: Priesterkirche, S.173.

Hinter der Sucht steht ein Mensch mit schwach ausgeprägtem Selbstwertgefühl, das sich in mangelnder Selbstsicherheit oder in übertrieben grandioser Weise zeigt - ein <<Sucher>> nach Zufriedenheit, Geborgenheit, Zuwendung etc. Und in dieser Feststellung sehen wir Parallelen zu den vorher herausgearbeiteten Priesteridentitätsschwierigkeiten.

Zu einer persönlichen Weiterentwicklung kann es nur durch die Liebe kommen, die als verläßliche, wirkliche Überflutung die ganze Persönlichkeit ergreift und von innen heraus zu verändern fähig ist.

Da der Zölibat aber dagegen steht, kommt eine furchtbare psychische Belastung hinzu: das ungelebte, existentielle Liebesbedürfnis hat eine Adresse gefunden und muss nun verdrängen, um die finanzielle Existenz nicht zu gefährden.

Wie auch die Entscheidung getroffen wird, es bleibt ein Unglück zwischen zwei existentiellen Bedürfnissen entscheiden zu müssen.

Das ist der Grund, warum hier Hilfsmaßnahmen so ungeheuer wichtig sind.

Auch wenn der Priester sich für die Liebe entscheidet, so ist er noch immer eine gefährdete Persönlichkeit, die eigentlich erst einmal ihre Vergangenheit aufarbeiten muss, um beziehungsfähig zu werden. Auch die Frauen sind oft beziehungsgeschädigt und benötigen psychischen Beistand. Abgesehen also von der finanziellen Situation - die Priester stehen meist vor dem Nichts -, stecken die Paare in psychisch existentiellen Umschwüngen, so dass sie des Zuspruches und der materiellen Hilfe von Leuten bedürfen, die ihre derzeitige Situation selbst erlebt und durchlitten haben. Deshalb ist es ein Segen für sie, dass sich die aus dem Amt geschiedenen, verheirateten Priester und deren Frauen solidarisiert haben. Ihre Vereinigung überzieht das ganze Bundesgebiet und setzt sich im angrenzenden Ausland fort. Es gibt auch internationale Zusammenarbeit. Die Hilfsmöglichkeiten und Ziele, die sie bisher anbieten, werde ich unter Punkt 2 nachfolgend schildern.

2.1 Die psychoanalytische Beratung

Ich bin der Ansicht, dass die zweckdienliche psychologische Beratung der Priester und ihrer Partnerinnen neben psychoanalytischen bzw. psychotherapeutischen Einzelgesprächen auch noch in folgenden Gruppenformen stattfinden sollte:

Carl Rogers erwähnt in seinem Buch "Encountergruppen"[73]:

[73] Carl Rogers: Encountergruppen, Kindler-Verlag, München 1970,S.13.

T-Gruppen (trainings-groups)

In diesen Gruppen wurde ursprünglich die Ausbildung der Fähigkeiten zu menschlichen Beziehungen in den Vordergrund gestellt.

Encounter-Gruppen

Sie betonen mehr das persönliche Wachsen sowie die Entwicklung und Verbesserung der interpersonalen Kommunikation und Beziehungen durch einen Erfahrungsprozess.

Sinnesbewusstseins (sensory awaerness groups) und Körperbewusstheits - Gruppen (body awaerness groups)

Diese Gruppen betonen die physische Bewusstheit und den Ausdruck durch Bewegung, spontanen Tanz und Ähnliches.

Die Gruppenformen eignen sich für die Teilnahme als Einzelperson, als Paar oder als Familie.

Der Gruppenleiter bringt sich als <<Person>> ein, d.h. er hat keine übergeordnete Stellung, sondern spricht genau wie die anderen von seiner eigenen Erfahrung und seinen Problemen. Die Teilnehmer lernen voneinander, d.h. Männer von Frauen, Frauen von Männern, Paare von Paaren und Eltern von Eltern, Kinder von Kindern, Kinder von ihren und anderen Eltern, Eltern von ihren und anderen Kindern.

In den meisten Fällen finden diese Gruppen zweimal wöchentlich statt oder intensiv für ein Wochenende, eine Woche oder sogar mehrere Wochen.

Daneben gibt es Marathongruppen, in welchen man sich 24 Stunden oder länger trifft.

Generelle Merkmale

Die verschiedenen Gruppen haben alle ähnliche Merkmale.

- Eine Gruppe zählt in der Regel acht bis achtzehn Mitglieder und ist relativ unstrukturiert. Sie sucht sich ihre eigenen Ziele und persönlichen Richtungen.
- In fast allen Fällen besteht die Verantwortlichkeit des Leiters darin, den Ausdruck von Gefühlen und Gedanken seitens der Gruppenmitglieder zu erleichtern.
- Der Gruppenleiter und die Gruppenmitglieder konzentrieren sich auf den Prozess und die Dynamik der unmittelbaren persönlichen Interaktionen.
- In einer Gruppe lässt sich ein psychologisches Klima der Sicherheit herstellen, indem sich nach und nach die Freiheit des Ausdrucks und die Reduktion der Abwehr einstellen. In

einem solchen Klima werden viele unmittelbare Gefühlsreaktionen eines jeden Mitglieds gegenüber sich selbst ausgedrückt.

- Ein Klima gegenseitigen Vertrauens entwickelt sich aus dieser wechselseitigen, gemeinsamen Freiheit, echte positive wie negative Gefühle auszudrücken.
- Jedes Mitglied gelangt zu größerer Akzeptanz seiner Selbst.[74]
- Das Lernen in der Gruppe wirkt sich nach der Gruppenerfahrung zeitweilig oder auch dauerhaft auf die Beziehungen zu Ehegatten, Kindern, Kollegen, also auf die Umwelt aus.

Aus der Schilderung ergibt sich deutlich, dass diese Maßnahmen das einzig Richtige sind für den Aufbau der Priesterpersönlichkeit, der Beziehungsfähigkeit und sich ebenso für die oft in einer Ausnahmesituation lebenden jungen Ehepaare und Familien eignen.

3 Darstellung der bereits vorhandenen Initiativen und deren Möglichkeiten und Ziele

3.1 Die Initiative der "Vereinigung katholischer Priester und ihrer Frauen e.V."

Zu dieser Initiative gehören nicht nur vom Zölibat betroffene Priester und deren Frauen, sondern auch andere Personen, die die Ziele der Vereinigung unterstützen. Sie wurde 1984 gegründet.

Die wesentliche Gleichheit von Frauen und Männern wird dadurch ausgedrückt, dass Programm und Satzung dies vorsieht und der Name der Vereinigung bewusst so gewählt wurde.

Es gibt Tagesziele, mittelfristige und weit gesteckte Ziele.

Die Tagesziele betreffen die Hilfe in Wort und Tat an die Priester und Frauen, die unmittelbar unter dem Zölibatsgesetz leiden. Dies betrifft besonders diejenigen, die ihren Beruf im kirchlichen Raum nicht weiter ausüben dürfen, ohne Arbeitslosengeld dastehen und oft ihr soziales Umfeld verlieren. Hier sollen Kontakte und jede mögliche Hilfe angeboten werden.

Mittelfristig setzen sich die Mitglieder dafür ein, dass das Dispensierungsverfahren durchsichtiger und rascher abgewickelt wird. Auch die Praxis muss in Frage gestellt werden, dass Frauen, die für den Kirchendienst ausgebildet sind, nur weil sie einen Priester heiraten, nicht weiter im kirchlichen Dienst bleiben dürfen.

---

74 A.a.O.,S.14.

Eine sozialgesetzlich abgesicherte Regelung der Halbwaisenrente für Kinder verstorbener Priester ist u.a. eine der sozialen Forderungen, für die sich die Vereinigung einsetzt.

Langfristig geht es um die Gleichstellung von unverheirateten und verheirateten Priestern und um die Gleichstellung von Männern und Frauen. Was diese Vorstellung betrifft, sind wir uns mit vielen anderen Gläubigen, kirchlichen Gruppen, Priestern im Amt, ja mit Bischöfen und Bischofskonferenzen der Weltkirche einig, schreibt Karin Jäckel sinngemäß, in ihren Ausführungen über die Organisation. [75]

Die Vereinigung hat einen Solidaritätsfond mit dem Namen: "Fraternitas e.V.".

Folgende Aktivitäten sind z.B. möglich und vorgesehen, sofern Geld vorhanden ist:

- Finanzielle Unterstützung von betroffenen Frauen und Männern,
- Unterstützung von Betroffenen in Krisensituationen (etwa durch Kurse oder psychosoziale Beratung),
- Durchführung von Bildungsveranstaltungen zu religiösen Themen,
- Herausgabe des Mitteilungsblattes und aller anderen Publikationen der VKPF,
- Anstellung und Beschäftigung von arbeitssuchenden Betroffenen
- Beteiligung an den Kosten, die einem Träger entstehen, wenn er eine(n) Betroffene(n) als ABM-Kraft einstellt.

Alle diese Maßnahmen sind in einzelne Projekte aufgeteilt und werden jeweils regional, z.B. als ABM-Stelle vor Ort durchgeführt.

Der Solidaritätsfond fungiert nach Abstimmung mit dem Vorstand als Träger für die einzelnen ABM-Stellen.

Der Solidaritätsfond ist vom Finanzamt Hildesheim als gemeinnützig anerkannt und damit berechtigt, Spendenquittungen für steuerliche Zwecke auszustellen.

Die politische Arbeit der Vereinigung soll aber sauber und deutlich von der sozialen und Bildungsarbeit getrennt werden, daher werden keine finanziellen Transaktionen vorgenommen. Jeder Spender kann auf diese Weise seinen Schwerpunkt bestimmen.

Zukunftsaspekte sieht die Vereinigung unter folgenden Gesichtspunkten:

Helfen: Allen, die durch die Zölibatsgesetzgebung in Not geraten sind, und zwar auf jede mögliche Art (solidarisch nach innen).

---

[75] Karin Jäckel: Sag keinem wer dein Vater ist, S.248.

Heilen: Menschen, die sich selbst ganz oder zum großen Teil über das von der "Mutter Kirche" verliehene Amt definiert haben, benötigen Hilfe bei der Neu- bzw. Weiterentwicklung ihrer Identität. Kontakte und geschwisterlicher Umgang können dem einzelnen bei diesem ReifeProzess helfen. Die VKPF fordert nach dem Ausscheiden aus dem Amt zur Auseinandersetzung mit diesem Amt und zu einem Läuterungsprozess heraus. Dadurch öffnen sich dem einzelnen neue Wege, heute als (gläubiger) Mensch zu leben.

Lernen: Die Vereinigung sollte ein Lernfeld sein, wo wir uns aus den Verstrickungen des Amtes befreien und den geschwisterlichen Umgang miteinander lernen und ausprobieren können.

Solidarisch handeln: Die Vereinigung ist kein Selbstzweck. Sie soll letztendlich dazu führen, dass sich die einzelnen "vor Ort" mit anderen "Gottsuchern" zusammenfinden. Auch als ganze soll sie intensivere Verbindungen zu den verschiedenen Reformgruppen suchen.

Sie sollte sich mit anderen Gruppen, die gegen die Entmündigung der Christen in den verschiedensten Bereichen kämpfen, zusammenschließen. Der unauslöschliche Charakter der Priesterweihe sollte nicht dazu benutzt werden, um noch als Ausgeschiedene - zwar von der Amtskirche ausgesetzt - eine besondere Kaste sein zu wollen. [76]

3.2 Die Initiativgruppe der vom Zölibat betroffenen Frauen

1983 entstand durch eine Kontaktanzeige der Sozialpädagogin Anne Dördelmann-Lueg, die eigentlich darauf aus war, Gesprächspartnerinnen zu finden, die ähnliches erlebt hatten wie sie selbst, diese Initiativgruppe.

Das Motiv war u.a. einander Hilfestellung zu geben bei der Suche nach einem neuen Standort in der Kirche.

3.3 Die Zielsetzung heute:

- **Gegenseitige Unterstützung** bei der Bewältigung der besonderen Probleme einer solchen Beziehung, z.B. hoher psychischer Belastung durch Heimlichkeit, Isolation, Angst vor Arbeitsplatzverlust u.a.
- **Ermutigung** möglichst vieler betroffener Frauen aus der Isolation herauszutreten und Kontakt mit der Gruppe aufzunehmen, denn sie sind kein Einzelfall.

---

[76] Klaus Haupenthal: Mitteilungsblatt der >>Vereinigung katholischer Priester und ihrer Frauen<<e.V. August 1989 Nr.2, S.7.

- **Mitwirken bei sachlichen Diskussionen** zum Problem "Pflichtzölibat", um auch bei Nichtbetroffenen die negativen Auswirkungen dieses Kirchengesetzes (z.B. den Priestermangel) bewusst zu machen.
- **Einsatz** für eine Kirche

⇒ die offener und menschlicher ist

⇒ die Priester und ihre Partnerinnen nicht diskriminiert

⇒ die Frauen eine gleichwertige Stellung einräumt

⇒ die glaubwürdig ist in ihrer Sorge um das Heil aller.

Die Gruppe legt wert darauf, den Status der informellen Gruppe zu halten, also nicht ein eingetragener Verein zu werden.

Inzwischen gehören dieser Initiative ca. 300 Frauen an, und man kann wohl auf jede Frau, die ihre Scheu überwindet und aus der Anonymität heraustritt in ein gewisse Öffentlichkeit, zwei weitere rechnen, die diesen Schritt nicht wagen.

Ungefähr 1/3 der Frauen nimmt an den Wochenenden teil, die zweimal im Jahr stattfinden.

Die Altersgruppe der Frauen liegt zwischen 18 und 80, die meisten sind jedoch zwischen 45 und 80 Jahre alt.

Darunter sind Frauen,

- die eine heimliche Beziehung haben,
- die mit einem Priester (mit oder ohne Laisierung verheiratet sind)
- die eine Beziehung zu einem Priester beendet haben,
- verheiratete Frauen, die neben der Ehe eine
- Beziehung zu einem Priester aufrecht erhalten.

In allen diesen Beziehungsformen gibt es Frauen mit Priesterkindern. Auch Abtreibungen kommen vor.

Das Wesen der Gruppe

Was die Frauen verbindet sind die Erfahrungen aus der Beziehung zu einem Priester. Das schafft ein Gefühl der Zusammengehörigkeit und führt zu praktizierter Solidarität.

Die Gespräche stehen an erster Stelle. Verschwiegenheit ist dabei die Regel Nr.1. Zeit und Ort der Treffen werden nicht öffentlich bekannt gemacht.

Neben den Gesprächen über die eigene Situation und die Erfahrungen, die weitergegeben werden, besteht die Notwendigkeit von Öffentlichkeitsarbeit. In erster Linie sollen andere betroffene Frauen erreicht werden, aber auch die Informierung der Öffentlichkeit und die Anregung der kirchlichen Diskussion ist notwendig.

Zusammenfassend kann man als Zielsetzung der Gruppe formulieren:

- Raum zum Gespräch
- Rückhalt geben
- Selbstbewusstsein vermitteln
- Entscheidungshilfe
- praktische Solidarität
- Öffentlichkeitsarbeit.

Die Öffentlichkeitsarbeit

wird von den Frauen unentgeltlich und oft mit hohem zeitlichen Aufwand geleistet. Viele Frauen, die sich nicht direkt beteiligen können, unterstützen die Aktionen durch Spenden und durch Vorfinanzierung von Druckkosten.

Die Öffentlichkeitsarbeit ist vor allem deshalb in diesem Umfang möglich, weil zahlreiche, mit Priestern verheiratete Frauen, sich hier einsetzen und auch für die Frauen eintreten, die in einer heimlichen Beziehung zu einem amtierenden Priester leben.

Zur Öffentlichkeitsarbeit gehören:

- Mitwirkung in Fernseh- und Rundfunksendungen
- Artikel in Tageszeitungen und Zeitschriften
- Anwesenheit der Gruppe bei wichtigen kirchlichen Ereignissen wie z.B. Katholikentagen
- Eigendruck
- Anwesenheit auf Frauenmessen.

Die Gruppe hat auch einen Fond, der u.a. auch denen eine Teilnahme an den Treffen ermöglicht, die sich dies finanziell eigentlich nicht erlauben könnten.

Seit zwei Jahren hat Frau Dördelmann-Lueg die Leitung an Frau Ursula Haertlé übertragen. Diese nahm eine Neuorganisierung vor, und seither werden auch Mitgliederbeiträgen erhoben.

4 Aufzeigen von weiteren Hilfsmöglichkeiten

Wie zu sehen ist, sind eigentlich die vorhandenen Hilfsmöglichkeiten umfassend. Was mir jedoch auffällt ist, dass sich alles zu sehr splittet. Mir scheint daher eine Einrichtung, die zu einer privaten Institution würde, aber einen mächtigen Block bilden könnte gegen die Willkür der Kirche und deren Gesetzgebung, wirkungsvoller und sinnvoller.

Eine starke Organisation, die all die Hilfeleistungen, jeweils regional anbietet und dadurch effektiver arbeitet und besser erreichbar wird.

Betroffene Priester und Frauen, die solch eine mächtige Organisation wähnen, würden sich eher entscheiden und andere mehr der Kirche die Stirn bieten.

Also, meine Vision wäre eine Organisation, die alle Aktivitäten und Hilfeleistungen, sowie Gelder integriert in ein großes Projekt, das wie gesagt mit regional dafür zur Verfügung stehenden Räumlichkeiten und je nach Bedarf, auch täglich arbeitet.

IX Entwurf eines Projektes

Name: "L I C H T B L I C K"

- Beratungsstelle für vom Zölibat betroffene Menschen-

Ort:	regional
Organisationsstruktur:	NGO - nichtregistrierte Organisation
Rechtsstruktur:	e.V.
Finanzierung:	Spenden und Mitgliederbeiträge
Arbeitsstruktur:	Hauptamtliche und ehrenamtliche Mitarbeiter
Beratungsbedienstete:	Seelsorger, Psychologen, Sozialpädagogen, Kirchenrechtler

Beratungskonzept:

1 Information
   1.1 Rechtsberatung
   1.2 Arbeits- und Berufsberatung
2 Problemberatung (nicht direktiv)
   2.1 Individuell
   2.2 Gruppen mit Supervision
      2.2.1 Paare
         Frauen /Männer
         Priesterkinder bzw. Jugendliche
3. Gesprächsgruppen

Tätigkeitsfelder:

a) Infomöglichkeiten

- zur Aufgabe des Amtes
- zur Neuorientierung
- Rechtsberatung
- Arbeitsberatung

b) Ein Hilfsfond freiwilliger Helfer für die Übergangszeit im Sinne von Bafög für das evtl. Zweitstudium.

c) Zusammenarbeit mit dem Arbeitsamt bzgl. Arbeitsvermittlung

d) Speziell geschulte Psychologen und Sozialpädagogen

- zur Einzelberatung und evtl. Therapie,
- kleine Gesprächsgruppen, die unter Supervision 14 tg. stattfinden, zu leiten.
- Selbsthilfegruppen für Paare,
- Selbsthilfegruppen für Frauen,
- Selbsthilfegruppen für Männer,
- Selbsthilfegruppen für jugendliche Priesterkinder,

die sich nur austauschen wollen.

Die Ziele dieser Beratungsstelle wären :

1. Auffangstation und Hilfsorganisation zu sein
2. Neuintegration des Priesters in die Berufswelt
3. Aufarbeiten der durch den Zölibat entstandenen psychischen Schäden durch Seelsorge und /oder Therapie für die Priester
4. Partnerschaftsberatung
5. Psychotherapie für geschädigte Frauen
6. Möglichkeit des Erfahrungsaustausches in kleinen Gruppen zu schaffen mit oder ohne Supervision, je nach Wunsch.

Nicht unerheblich ist, dass eine solche Beratungs- und Hilfsorganisation das Zölibatsgesetz unterminieren würde. Das Erpressungsmoment, die Existenz bei Zuwiderhandeln zu verlieren, würde entschärft.

Mit dem Wunsch aus dem Beruf auszuscheiden geht oft die Auseinandersetzung mit dem katholischen Glauben einher, und am Ende dieser Phase bleibt nur der Austritt aus der katholischen Kirche, so dass ein Verbleiben im Beruf auch für den Fall, dass der Zölibat in Zukunft freigestellt würde, für viele nicht mehr möglich ist. Insofern ist die vorgeschlagene Beratungsstelle auch dann unbedingt erforderlich, wenn es zu Neuorientierungen in der katholischen Kirche kommen sollte.

Geplant wäre eine Vernetzung mit der "Vereinigung katholischer Priester und ihrer Frauen" sowie mit den "Vom Zölibat betroffenen Frauen".

Methoden für die betreuten Gruppen: nicht direktive Beratung in Encounter-Gruppen nach Rogers.

Philosophie der Encountergruppe

Dem Programm liegt eine auf Personen bezogene Philosophie der Gruppenleitung zugrunde, eine Auffassung, die davon ausgeht, dass ein Maximum an Wachsen für die Gruppe möglich wird, weil der Gruppenleiter als 'Person' teilnimmt und nicht als irgendeine Art von Experte.

Der Gruppenleiter soll kein <Trainer> sein, sondern es ist wichtig für den Erfolg, für das Erreichen der Ziele, die ja eine Veränderung der persönlichen Einstellung beinhalten, dass das 'Menschsein` der Person des Gruppenleiters wahrgenommen wird. Je wirklicher, je echter er in der Interaktion ist, um so eher bewirkt er etwas. Seine menschliche Befähigung für solch eine Aufgabe ist wichtig, nicht sein Diplom, erklärt Rogers. Deshalb halte ich verheiratete Priester in ihrer seelsorgerlichen Eigenschaft und deren Frauen, die ja oft eine psychologische oder sozialpädagogische Ausbildung (z.B. Studium) haben für geeignete Gruppenleiter.

Die Kirchen haben die Intensivgruppen schon lange in ihre Seminare für Priester und Ordensgemeinschaften aufgenommen, daher sind die Methoden wohlbekannt.)

Gruppenziele:

Encounter-Gruppen können eheliche Spannungen abbauen und verhindern. zwischen Eltern und Kindern kann verbessert werden, so dass Schulschwierigkeiten z.B., Ängste, Vertrauensdefizite, Minderwertigkeitskomplexe abgebaut oder entgegengewirkt werden kann, was für die Kinder- und Jugendgruppen von Weiterhin werden die unterschiedlichen Lebenseinstellungen vor der Ehe festgestellt, so dass falsche Partnerschaften möglicherweise vermieden werden können. Die Kommunikation Bedeutung wäre.

X SCHLUSS
Zölibat , die Er - Lösung des Menschseins?

Gegen Ende des zweiten Jahrhunderts schrieb ein Siebzehnjähriger seinem Vater, Leonides, dem der Märtyrertod um Christi Willen bevorstand. In diesem Brief drängte er ihn tapfer in seinen Tod zu gehen, ohne Besorgnis um seine Familie von sieben Kindern.

Der junge Mann selbst ersehnte, als Märtyrer zu sterben. Seine Mutter hatte Mühe, ihn zur Vernunft zu bringen und versteckte sogar seine Kleidung, um ihn davon abzuhalten, dass er die Römer anflehte, ihn zu töten. Der junge Mann war brillant, jedoch labil und unstet. Er definierte sich selbst als <<Sohn eines Märtyrers>> ein Titel, den er wertschätzte. Er geriet jedoch in Verzweiflung, als sich immer weniger Gelegenheit zum Märtyrertum bot und sich seine sexuellen Versuchungen zusehends intensivierten.

Drei Jahre nach der Hinrichtung seines Vaters, suchte der junge Mann, nunmehr zwanzig Jahre alt, einen Arzt auf, und bat darum, kastriert zu werden. Durch das Blut dieser Verstümmelung, glaubt der junge Mann, würde sein Menschsein erlöst werden.

Die Rede ist von Origenes, oftmals - mit gutem Recht - bezeichnet als einer der brillantesten Denker überhaupt. Aber Origenes ist ein geplagter Mann in einem geplagten Jahrhundert gewesen.

Wenn wir diese Geschichte betrachten, fällt gleich auf, dass wir uns nicht vorstellen können, dass Jesus wie Origenes hätte handeln können oder solch eine Gewalttat von seinen Jüngern gefordert hätte. Der Unterschied zwischen Origenes und Jesus besteht wohl darin, dass Jesus sein eheloses Leben nicht als ein Zeichen für Gottes Himmelreich auf Erden ansah, sondern sein Prophetsein und sein Wanderleben bedingte wohl diese Lebensform.

Jesus war in erster Linie ein Prophet, er erwähnte nie seine Ehelosigkeit. Aber es steckt noch mehr dahinter :

Der Unterschied zwischen Origenes und Jesus liegt in der inneren Einstellung zum Geist. Jesus glaubte, der Geist komme zu allen und könne einen Jünger in jeglichem Familienstand berühren. Die Werte des Herzens sind vornehmlich die Werte des Geistes, nicht die Wahl Ehe oder Zölibat. Laut Origenes bevorzugt der Geist Ehelose.

In der christlichen Gemeinde gewann - auch durch Origenes` Kirchenordnung bedingt - eine Hierarchie an Bedeutung, die sich auf die Autorität und den Verzicht auf sexuelle Erfahrungen gründete. Im weiteren Verlauf der Kirchengeschichte wurde die Verbindung von Autorität und Zölibat zur Machtgrundlage.[77]

Dieser theologische Unterschied in Verbindung mit den psychoanalytischen Theorien bringt folgendes Ergebnis:

Nach den psychoanalytischen Theorien von Heribert Wahl [78], K.D. Hoppes [79] und Eugen Drewermann [80] gibt es den gemeinsamen Nenner, dass kollektiv-historische Vorgänge (archaische Bilder, narzißtische Phantasien des noch nicht entwickelten Ich) Menschen, die durch allzu strenge Erziehung ihr Ich abspalten mussten und gefühlsmäßige Befriedigung nicht durch ihre Bezugspersonen erfuhren, sondern ersatzmäßig, durch Projektion auf die christlichen Vorstellungsinhalte, dazu, sich ihres Selbst zu entleeren. Diese nun vom Über-Ich erlaubten religiösen Gefühlsmomente müssen in der frühen Kindheit so starke und befriedigende Erfahrungen gewesen sein, dass sie mit der Macht einer schicksalhaften Bestimmung, die ganze weitere Lebensrichtung vorprägen und gestalten. Dahinter aber steht ein Klima der Unsicherheit und Ungeborgenheit im Elternhaus.[81]

Diese Theorien, die sicher grundsätzlich zutreffen, erklären das, was oft 'Berufung' genannt wird. Auf jeden Fall gehen sie davon aus, dass sich junge Männer für diesen Beruf entscheiden, die in ihrer psychischen Entwicklung gestört sind. Die Überhöhung des Priesterbildes, die nicht wenig mit der traditionell katholischen Einstellung zur Sexualität zu tun hat und daher den Zölibat hochhält, hat also zur Folge, dass Personen mit „ekklesiogenen Persönlichkeitsstörungen“ [82] diesen Beruf ergreifen.

Aus dieser Feststellung ist zu ersehen, dass alles miteinander verknüpft ist.

Innerseelische Bedürfnisse (archaische Bilder und Vorstellungen) von vergangenen Generationen, die vor einem anderen Wissens- und damit auch religiösen Hintergrund zu verstehen sind, bewirkten kollektiv gesellschaftliche Strukturen. Diese bedingen nun wiederum ihrerseits, dass die darin heranwachsenden Menschen durch die überlieferten Werte und Normen geprägt werden.

Im Hinblick auf die vorher getroffenen psychoanalytischen Feststellungen bezüglich der Priesterpersönlichkeit muss man sagen, die traditionell katholische Einstellung zum christlichen Glauben (Opfertheologie) und zur Sexualität (Reinheitsdenken) hat bewirkt, dass die

---

[77] Vgl. Dr. Padovano, Anthony T.: Vortrag anläßlich der IV. Corpus Conference in New York City, U.S.A., am 22.06.91: Die Erlösung des Menschseins.

[78] Heribert Wahl: Priesterbild und Priesterkirche in psychologischer Sicht in: Paul Hoffmann (Hrsg.): Priesterkirche,(Theologie zur Zeit, Bd.3, Patmos Verlag Düsseldorf, 1. Aufl.1987,S.165-178.

[79] A.a.O., S.171f.

[80] Eugen Drewermann: Kleriker, S.385 u.a.

[81] A.a.O., S.272 f.

[82] Heribert Wahl in: Priesterkirche, S. 172.

streng nach diesen Werten und Normen erzogenen Personen, schon in früher Kindheit, ihre naturgegebenen Bedürfnisse abspalten müssen und eben dann, in der Projektion auf ekklesiologische Inhalte, zu einer Persönlichkeitsstruktur finden, die in dieser Opfermentalität aufgeht.

Da jedoch die innerseelische Entwicklung durch Abspaltung der natürlichen, triebhaften Gefühlswelt, infantil blieb und ein liebevolles Einfühlen in die Grundbedürfnisse des Selbst fehlt oder unzureichend ist, haben wir es hier mit rücksichtslos-egozentrischen, verkrümmten Menschen zu tun, sagt Wahl.(s.Seite 230)

Einerseits ist der Beruf des Priesters, vor dem Hintergrund ihrer Erziehung und damit erwachsenen seelischen Struktur und Bedürfnisse, wie maßgeschneidert für diesen Personenkreis, andererseits können gerade sie die Bedürfnisse der Menschen und deren überhöhte Anforderungen an die Priesterpersönlichkeit, nicht erfüllen.

Deshalb ist es meines Erachtens ein Fortschritt, dass es immer mehr Priester gibt, die aus diesem psychischen Teufelskreis ausbrechen, die, durch die Liebe zu einer Frau, sich auf den Weg machen zu einer seelischen Weiterentwicklung und Gesundung. Das ist glaube ich, ein positiver Aspekt dieser vom traditionellen Glauben abfallenden Gesellschaft, der hoffentlich eines Tages positiv rückwirkt auf kirchliche Veränderungen.

dass solche gereiften und liebesfähige Priester in der bisherigen kirchlichen Struktur keinen Platz mehr finden, ja ihr Amt aufgeben müssen, weil die Zölibatsgesetzgebung sie dazu zwingt, ist vor diesem Gedankenhintergrund, eine Behinderung der positiven Entwicklung der Kirche zu wahren christlichen Werten hin.

„Wenn sich morgen alle Priesterfrauen zu erkennen gäben, würde sich in der katholischen Kirche einiges ändern. Zum Vorteil der Betroffenen und zum Vorteil der Kirche insgesamt.“[83]

Würde das wirklich etwas nützen?

Wir haben festgestellt, dass sich erst die Einstellung der Kirche und vieler Katholiken zur Sexualität ändern muss. Dann nämlich verliert der Zölibat seinen ‘Glanz’ und tatsächlichen Sinn - den der kultischen Reinheit.

Zuviel Ängste, vor allem in der älteren Generation, stehen einer gezielten Entscheidung, den Pflichtzölibat einfach aufzuheben, d.h. die ganze diesbezügliche Gesetzgebung zu streichen, noch im Wege.

Die sogenannten konservativen Laien - und das sind ja die, die in Gemeinden sich leidenschaftlich engagieren -, fürchten um ihr Kirchen- und Glaubensbild, das von Kindheit an ihr

[83] Kurztext der Werbung des Köselverlages für das Buch: Wenn Frauen Priester lieben -Der Zölibat und seine Folgen- unter der Überschrift: >>Priesterfrauen<< brechen ihr Schweigen.

ganzes Denken geprägt hat. Viel mehr als beim evangelischen -, wird der katholische Gläubige, durch das Sonntagsgebot, an seine Kirche gebunden. Glaube und Kirche sowie deren Aktivitäten werden dadurch ein Bestandteil des täglichen Lebens und Erlebens.

Eine radikale Änderung dessen, was vielen Heimat bot, wird von solchen traditionell erzogenen Menschen als unerträglich empfunden. Da schließt sich der Kreis und lässt keine Weiterentwicklung zu. Deshalb ist das Einwirken von Personen, die sich diesem Einfluss durch Bildung eines anderen Horizontes entziehen konnten, so wichtig, und daher sollte man auch das Kirchenvolksbegehren unter diesem positiven Entwicklungsaspekt betrachten.

Würden die Personen, die sich einen verheirateten Priester nicht bei der Eucharistiefeier vorstellen können, an ihren eigenen Vater denken - einen Vater, den sie vielleicht da oben, in seiner lichtvollen, menschlichen Reife vor Augen haben -, sicherlich wäre dann plötzlich ein Umdenken möglich.

Aber auch dieser Denkumweg zeigt, dass es einfach die verbogene Einstellung vieler Katholiken zur Sexualität ist, die dem Zölibat seinen 'Glanz' verleiht, denn der Vater wird eben auch nicht als sexuell aktives Wesen angesehen.

Sehen wir von den psychoanalytischen Vorprägungen der Gemeindemitglieder sowie der daraus hervorgehenden Priesterpersönlichkeiten einmal ab, so ist ganz praktisch zu erwähnen, dass der Klerus durch die Aufhebung des Pflichtzölibats seine abgehobene Stellung verliert. Auf dieser fußt die katholisch-kirchliche Hierarchie, ihre Machtstruktur und ihr ganzes Ansehen. (Das Ansehen eines verheirateten Priesters verlagert sich auf seine persönlichen Qualitäten.)

Wenn alle Priester heiraten dürften, läge der Verdacht nahe, dass die, die trotzdem im Zölibat und in Askese verbleiben wollen, endgültig als neurotisch betrachtet würden oder der Verdacht der Homosexualität käme auf. Mit der Zeit aber würde der Zölibat überhaupt nicht mehr als 'Zeichen' betrachtet, sondern als persönliches Bedürfnis, als ein unserer Gesellschaft entsprechendes 'Singleleben', angesehen. Es gäbe ihn dann eigentlich gar nicht mehr.

Ein weiterer Grund ist, wie erwähnt, der Machtverlust, denn die Zölibatsgesetzgebung dient ja auch als Druckmittel, Priester unterwürfig und abhängig zu halten. Mit der Verantwortung für und durch die konkrete Liebe und Geborgenheit von einer eigenen Familie, würden die Priester der <<Übermutter Kirche>> kritischer begegnen. Sie hätten eine ganz andere Lebensposition und Stärke, emotional wie beruflich. Die Kirche müßte dadurch total umdenken, ihr Einvernehmen als Arbeitgeber würde im Umgang mit ganz anderen Priesterpersönlichkeiten das Autokratische verlieren müssen. Folglich ist zur Erhaltung der bestehenden Struktur der Zölibat wohl unerlässlich.

Wie wir sehen, geht es um viel mehr als um eine 'disziplinäre Maßnahme', die nur „mit einem Federstrich", so sagte es einmal Papst Johannes XXIII., aufzuheben ist.

Ich glaube zwar, dass die Gesellschaftsentwicklung den Zölibat nach und nach immer mehr verdrängen wird, aber an eine freiwillige Aufgabe dieser Privilegien durch den Vatikan glaube ich nicht.

Faktum und heutiger Stand ist, dass „der Zölibat bei einem nicht unerheblichen Teil der Priester längst zur Farce geworden ist, weil vielfältige Kompromissformen gelebt werden.(...)

Gefragt wird heute nicht mehr nach der Fähigkeit, auf Sexualität und Partnerschaft zu verzichten, gefragt sind andere Tugenden:

- Lebenserfahrung statt Weltfremdheit und Theorie,
- Herzliche, liebevolle Anteilnahme und zuhören können statt Distanz,
- Aufgeschlossenheit und Sensibilität für die Probleme des Alltags statt Abgehobenheit,
- Bereitschaft und Engagement in bewegenden und aktuellen Fragen statt Angst vor der Obrigkeit,
- Mut zur Überprüfung des althergebrachten Glaubens statt Scheuklappen,
- Mut den Ballast der Jahrhunderte abzuwerfen, damit das wirkliche Anliegen Christi, die Erlösung der Menschheit durch Liebe, wieder Basis der Kirche wird.

Es ist nur zu hoffen, dass aus dem Leiden an der Kirche der nötige Druck entstanden ist, der die verkrusteten Strukturen hinwegsprengt und eine Auferstehung wirklich christlicher Werte hervorbringt. Damit wäre dann vielleicht sogar die Chance gegeben, dass durch die gemeinsame Rückbesinnung aller Christen auf das Evangelium - also durch ein großes ökumenisches Konzil-, es wieder **eine christliche Kirche! geben könnte und nur die wäre glaubwürdig.** (Paulus sprach: Ihr sollt euch nicht spalten!)

Ich will nun abschließend die in der Einleitung auf Seite 12 erhobenen Problempunkte versuchen zu beantworten, um alles noch einmal auf einen Nenner zu bringen:

⇒ Meine Arbeit hat anhand von Zitaten aus dem Neuen Testament, die Auffassung von Heiligkeit und Reinheit, die dem Zölibat, meines Erachtens auch nach neuer Begründung durch das II. Vatikanische Konzil, im eigentlichen zugrunde liegt, hinterfragt (s.S.69-76). Ich kam zu dem Ergebnis, dass Heiligkeit und Reinheit sehr wichtige Schlüsselbegriffe für das Verständnis des Zölibats und damit auch des katholischen Glaubens sind. Bereits in der zweiten Generation nach Christus veränderte sich die Position des "Amtes" des Episkopen. Das Bedürfnis der Menschen nach Personen, die das zu erwartende Himmelreich - in dem es nach Jesu Aussagen keine Heirat mehr geben wird - schon auf

Erden zu verkörpern vermögen, kam deshalb auf, weil die Erwartung des Endes dieser Welt, wie es Jesus versprochen hatte und seine Wiederkunft, nun doch nicht erfolgt waren.

Ich beantworte nun diese Problematik mit einer **eigenen These**.

Das Grundbedürfnis des Menschen nach etwas für ihn nicht Definierbaren, das er "Gott" nennt, fiel von der Sicherheit, die Jesus durch seine Aussagen über diesen Gott seinen Jüngern gegeben hatte, zurück in die ontologische Angst, als sich die Enderwartung, die alsbaldige Wiederkunft des Herrn, wie Paulus sie verkündet hatte, nicht erfüllte. Diese Enttäuschung bedingte, dass die Judenchristen ihren Glauben mit dem angestammten jüdischen Glauben verbanden und wieder ihre Synagogen besuchten. Die Symbolik der jüdischen Religion floss so in den christlichen Glauben ein. (Die Judenchristen sind die Stammväter der Ostkirche).

Ein weiterer Hintergrund ist das religiöse Bedürfnis, das die Sakralität hervorruft. Das Bedürfnis nach dem Heilen und Reinen, das sich gleichzeitig mit der Vorstellung des Göttlichen assoziiert, brachte ursprünglich die Reinheitsgebote hervor. Diese Grundbedürfnisse wurden nun, nach der Enttäuschung, erneut fordernd. Vielen schien jetzt ihr Jesuanischer Glaube naiv, und sie wandten sich der Philosophie zu. Es entstand eine Mischung aus Philosophie und Glauben, die sich "Gnosis" nannte, ein intellektueller Glaube, der dieses Reinheitsbedürfnis ganz streng mit einschloss.

Dieser und noch andere, im Text erwähnte (s.S.69) Gründe verursachten den Zölibat, der gleichzeitig einen Wandel des gesamten christlichen Denkens mit sich brachte. Mit dem Bestreben der Christen, dem Heiligen auf Erden durch Verzicht auf etwas Existentielles, eine materiale Form zu verleihen und Menschen die Möglichkeit zu erteilen, sich dem Göttlichen besonders nahe zu fühlen, kam es gleichzeitig zur Hierarchiebildung. Denn es ist eine klare Folge, dass etwas, was besonders herausgehoben sein soll, auch besonders hochstehend sein muss. Nur ist der Haken dabei, dass der Verzicht auf Sexualität, - der Menschen die Möglichkeit einbrachte, zu dieser Kaste der Kleriker zu gehören, die nun ein besonderes Ansehen bei den Menschen und in ihrer Einbildung auch vor Gott zugesichert bekamen -, nicht die wirkliche Größe von Menschen ausmacht. So führte dieser Weg, den die Kirche von da an nahm, immer mehr in die Irre.

Der Zölibat wurde zum Gesetz erhoben und damit zum Unterdrückungs - und Machtinstrument. Das ganze Ansehen und die Macht der katholischen Kirche fußt auf dieser Besonderheit, die immer noch daraus resultiert, dass Menschen das Bedürfnis nach Heiligkeit und Reinheit verkörpert haben möchten; dass sie sich vom Göttlichen ein Bild machen wollen, es am liebsten stellvertretend hier auf Erden haben möchten, hier im Materiellen. So ist der

Zölibat das wichtigste, was die katholische "Welt im innersten zusammenhält" (Faust) und ihr 'Glanz' verleiht. Es ist wohl kaum zu erwarten, dass die durch dieses Zeichen Seinserhöhten, freiwillig darauf verzichten werden.

Sicherlich liegt der Ursprung des falschen Weges darin, dass Paulus die Zusicherung der Wiederkunft des Herrn als Enderwartung dieser Welt noch in seiner Lebenszeit verstanden hatte und aus dieser Enderwartung heraus vom Heiraten und von der Sexualität abriet. Natürlich schien es Paulus nicht sinnvoll, in eine Welt, die bald enden würde, noch Kinder hineinzugebären.

Diese Enderwartungstheorie des Paulus wird inzwischen z.B. von der evangelischen Theologie öffentlich vertreten. Daher übernahm ich dieses Denken und kam zu der soeben ausgeführten These.

Der nächste Punkt:

⇒ Die Probleme des Pflichtzölibats werden anhand von Geschichtlichem und Aktuellem vor Augen geführt -, wurde auf den Seite 21-114 ausführlich bearbeitet und ist mit den gerade beschriebenen Ausführungen gleichzeitig beantwortet.

Weiterhin stand folgendes zur Debatte:

⇒ Die Folgen des Zölibatsgesetzes können mehrere Menschen gleichzeitig zutiefst betreffen. Das werde ich darstellen. Was auf Priester selbst mit dem Einbruch der Liebe in ihr Leben zukommt, soll geschildert werden. Auch die Problematik des Ausscheidens aus dem Amt werde ich im rechtlichen Teil, sowie anhand der persönlichen Berichte von Priestern und betroffenen Frauen, also an praktischen Beispielen, erläutern.

Als Resümee kann hierzu gesagt werden, dass die Verfassung eines Zölibatsgesetzes wohl dem Bedürfnis der Menschen nach Absicherung des Ansehens und der Macht einer Kaste, nämlich der der Kleriker, entsprach. Das Heilige wurde "abgesichert". Die Kleriker sollten damit ein für allemal dazu verpflichtet werden, und zwar gegen die Strafe des Existenzverlustes, ihre Verpflichtung zur Enthaltsamkeit, einzuhalten. Damit nur konnte das Ansehen des Klerikerstandes als "heiliger Stand" erhalten bleiben.

Welch uneindeutige Gesetzgebung das Kirchenrecht überhaupt und insbesondere das Zölibatsgesetz darstellt, habe ich auf den Seiten 50-67 versucht darzustellen. Was das praktisch auch heute noch für die damit in Konflikt geratenden Kleriker bedeutet, sagen die erschütternden Berichte von S.156-231 aus.

Fazit: Das Zölibatsgesetz ist in seinen Folgen ein Verstoß gegen die Menschenrechte. Aufzuzählen wären da z.B.:.

* das Recht auf uneingeschränkte Entwicklung,

* das Recht auf persönliche Freiheit,
* das Recht auf freie Meinungsbildung und -äußerung,
* das Recht auf Ehe,
* das Recht auf Arbeit,
* das Recht auf entsprechende Entlohnung,
* das Recht auf Wohnung.

Diese Rechte werden angefochten, wenn ein Mann, der sich zwar unter gewissen Umständen (s. S. 233-238) zum Priestertum verpflichtet hat, sich nach Jahren damit nicht mehr identifizieren kann und nun wieder in ein normales Leben zurück möchte. dass dies nicht ohne Diskriminierung und Existenz- sowie Wohnungsverlust möglich ist, bedingt u.a. die Verletzung der Grundgesetze, die vom Staat leider ohne weiteres geduldet wird.

Der Punkt:

⇒ Diese Arbeit wird verheiratete Priester und ihre Frauen zu Wort kommen lassen. Das Leben vor und nach dem Austritt soll beleuchtet werden. Die psychischen, gesellschaftlichen, ökonomischen und beruflichen Probleme sind darzustellen - ist gleichzeitig mit dem eben Erwähnten beantwortet. Hinzuzufügen wäre, dass der Zölibat durch seine Erhebung zum Gesetz und seine ein Kirchen- und Priesterbild zeichnende Wirkung, die Kleriker in ein übermenschliches Korsett zwingt. Seelische Überforderungen führen zur Heuchelei, - die gesetzlich sogar gefördert wird - oder zur psychischen Krankheit.

Auf der Seite der Frauen, insbesondere, wenn es um Beziehungen geht, die keine Legitimierung erfahren, ist Unterdrückung, Verlustangst und ohnmächtige Wut und/oder Ratlosigkeit die Regel. Ich will versuchen Bewältigungsstrategien aufzuzeigen, durch die die vorhandenen Selbsthilfemaßnahmen wirksame Ergänzung finden könnten.

Die Initiativgruppen der Katholischen Priester und ihrer Frauen sowie die der vom Pflichtzölibat betroffenen Frauen haben hier Möglichkeiten der Kommunikation und in begrenztem Maße auch der Abhilfe geschaffen. Das wurde von mir auf Seite 242-247 dargestellt.

Der nächste Punkt:

⇒ Bereits bestehende Möglichkeiten zur Hilfe für zölibatsgeschädigte Menschen werden also dargelegt und neue, bessere gesucht -

wurde dahingehend erfüllt, dass ich ein Projekt erstellte, das die in den Organisationen sehr gesplittet vorhandenen Möglichkeiten in einer das Land überziehenden Organisation vereinigt und möglicherweise dem Zölibatsgesetz contra zu bieten fähig wäre.

⇒ Die Arbeit soll der Bewusstmachung dienen und klären, ob es überhaupt Hoffnung gibt, dass der Pflichtzölibat entgegen der Meinung der kirchlichen Obrigkeit, abgeschafft werden könnte.

Dieser letzte Punkt ist m. E. sehr ausführlich dargestellt. Ob der Zölibat "entgegen der kirchlichen Obrigkeit abgeschafft werden könnte", ist nach den Erfahrungen, die ich mit den Gemeindemitgliedern und Klerikern machte, höchstens eine Frage der gesellschaftlichen Entwicklung. Solange der Papst das Alleinbestimmungsrecht hat, die katholische Kirche eine Autokratie ist und bestimmte Katholiken meinen, ohne diese, durch die ontische Angst bedingte, auf Erden zu verkörpernde Heiligkeit, nicht auskommen zu können, wird der Zölibat für diese Gruppe der Gläubigen als unabdingbares Zeichen von Heiligkeit und Reinheit benötigt. dass diese engen Glaubensrichtungen aber auch immer noch Zulauf haben, sogar wieder vermehrt, hat aber etwas mit dem Klima in unserer Gesellschaft zu tun. Durch ihre Lieblosigkeit und damit Ungeborgenheit, die Menschen in diese ontische Angst treibt und ihnen damit die Möglichkeit zur Entwicklung wahrer Liebesfähigkeit nimmt, benötigen die Menschen enge, feste Glaubensstrukturen, die ihnen Halt geben. So wird einerseits diese Verengung des christlichen Glaubens auf kultische Darstellung des Göttlichen benötigt und andererseits, durch eine völlig dem Materiellen und Rationalen verfallene Epoche, auch angegriffen und abgewertet. Eines steht in unserer Zeit gegen das andere. Der Konflikt ist schwer lösbar. Keines von beiden darf überwiegen, denn das wäre der Untergang. Deshalb ist die Rückbesinnung auf die wahren christlichen Werte, auf die Liebe, als oberstes Gebot Jesu, so unabdingbar.

Die einzige Möglichkeit hier Entwicklung aus der Ausweglosigkeit zu betreiben ist, dass die Kirche nachgibt und sich auf den eigentlichen göttlichen Auftrag besinnt. Ihre verkrusteten Strukturen abstreift und die "Liebe" - in jeglichem Sinne - als ihre Mitte findet. Damit würde sie die Menschen auffangen und die gesellschaftliche Entwicklung in eine dem Leben förderliche Richtung lenken können. Ich betone es daher noch einmal:

Wenn diese Gesellschaft nicht an ihrer Rationalität und Lieblosigkeit zugrunde gehen soll, dann sind es in dieser unserer abendländischen Kultur die 'wahren christlichen Werte' die notwendig wieder den Alltag der Menschen bestimmen müssen.

Die Kirche ist deshalb *die Institution*, die für die Entwicklung einer menschlicheren und damit gesünderen Gesellschaft, - damit hängt auch der Erhalt oder der Verfall der Natur und Kultur zusammen -, also im eigentlichen für die Zukunft der Welt, die Verantwortung trägt. Das muss ihr endlich bewusst werden, damit sie all die Kleinkariertheiten in Anbetracht ihrer großen heiligen Aufgabe hinter sich lässt. Sie bewahre die Schöpfung, sie überziehe diese Welt mit Liebe, dann darf sie sich christliche Kirche nennen, denn dann *ist* sie 'Haus Gottes`!

Die 'Er-Lösung vom Menschsein' ist wohl im Sinne des Zölibats als Lösung vom Materialen, von den Grenzen, die das „Im -Körper-Sein- uns aufzwingt, gemeint. Durch die Loslösung von den Verpflichtungen des Alltags und die Zuwendung zum Geistigen und Geistlichen ohne Ablenkung durch säkulare Dinge, sollen diese Menschen zu einem übermenschlichen bewusstsein finden können und damit den Körper und seine, den Menschen vom Göttlichen trennenden Zwänge hinter sich zu lassen fähig werden. Da der Mensch aber nur ganzheitlich, d.h. in der Integration von Körper und Geist „gesunder Geist in gesundem Körper" zu wahrem „Menschsein" finden kann, kann der Zölibat nur als tragischer Irrtum angesehen werden. Die einzige Erlösung von der Angst, die die Beschränkungen des menschlichen Geistes und Körpers mit sich bringen und von der eigentlich Erlösung gesucht wird, ist die Liebe. Deshalb hat Jesus uns das Gesetz gegeben, das nicht mit dem Verstand, sondern nur mit dem Herzen begreifbar ist: „Du sollst deinen Nächsten lieben wie dich selbst."(Mat.19:19; Mat.22:39; Markus 12:31,33; Römer 13:9).

Ich gebe Eugen Drewermann recht, der mir sagte: Gott ist die Liebe. Liebe in die Gesellschaft hineinströmen, das ist es, was diese Welt noch retten kann!

XI Literatur

ANDRESEN, Carl: Die Kirchen der alten Christenheit, W. Kohlhammer, Stuttgart, Berlin, Köln, Mainz 1971.

BRECHTER, Heinrich u.a.(Hrsg.):Lexikon für Theologie und Kirche, Verlag Herder, Freiburg 1986, Bd.14.

BRECHTER, Heinrich u.a.(Hrsg.):Lexikon für Theologie und Kirche, Aufl. :Das Zweite Vatikanische Konzil Verlag Herder, Freiburg, Basel, Wien,1967.

CODEX IURIS CANONICI, Lateinisch-deutsche Ausgabe, im Auftrage der Deutschen und der Berliner Bischofskonferenz u.a., Verlag Butzon & Bercker Kevelaer, 1983.

DENZLER, Georg: Die Geschichte des Zölibats, Originalausgabe, Verlag Herder, Freiburg im Breisgau 1993.

DERETZ, J.- NOCENT, A.: Konkordanz der Konzilstexte, Verlag Styria, Graz , Wien, Köln, 1968.

DE ROSA, Peter: Gottes erste Diener -Die dunkle Seiten des Papsttums- Doermersche Verlagsanstalten, Th.Knaur Nachf. München 1989.

DREWERMANN, Eugen: Ich steige hinab in die Barke zur Sonne, Walter-Verlag, Olten,4.Aufl. 1991.

DREWERMANN, Eugen : Kleriker - Psychogramm eines Ideals-, Walter-Verlag Olten, 1989.

DÖRDELMANN-LUEG, Anne : Wenn Frauen Priester lieben, Kösel Verlag, München 1994.

ERLER, Adalbert: Kirchenrecht, 5.Aufl.,C.H.Beck`sche Verlagsbuchhandlung München 1983.

FISCHER-WOLPERT, Rudolf: Wissen Sie Bescheid? Lexikon religiöser und weltanschaulicher Fragen, Verlag Friedrich Pustet, Regensburg 1980.

FUNK, Rainer: Mut zum Menschen,-Erich Fromms Denken und Werk, seine humanistische Religion und Ethik- Deutsche Verlagsanstalt Stuttgart 1978.

GOLDMANN-POSCH, Ursula: Unheilige Ehen, Gespräche mit Priesterfrauen, Doermersche Verlagsanstalt Th.Knaur Nachf. München 1985.

HEIM, Karl: Die christliche Ethik, Tübinger Vorlesungen - Katzmann-Verlag, Tübingen 1955.

HEIMERL, Hans: Der Zölibat -Recht und Gerechtigkeit- Springer Verlag, Wien, New York,1985.

HÖFER, J., RAHNER, K.Hrsg.:Lexikon für Theologie und Kirche, 10.Bd.,2.Aufl.Verlag Herder, Freiburg,1965.

HOFFMANN, Paul (Hrsg.): Priesterkirche, Patmos Verlag Düsseldorf, Theologie zur Zeit Bd.3, 1. Aufl.1987.

JÄCKEL, Karin: Sag keinem wer dein Vater ist!, Das Schicksal von Priesterkindern, Georg Bitter Verlag KG, Recklinghausen, 1992.

KÜNG, Hans: Die Kirche, Neuausgabe 3.Aufl.,R.Piper- Verlag München 1992.

KÖNIG, Dorothee: Amt und Askese, Priesteramt und Mönchtum, bei den lateinischen Kirchenvätern in vorbenediktinischer Zeit, Regulae Benedikti Studia Supplementa Band 12, EOS Verlag,Erzabtei St. Ottilien 1985.

LISTL, Josef u.a.(Hrsg.): Grundriß des nachkonziliarischen Kirchenrechts, Verlag Friedrich Pustet, Regensburg 1980.

MARZ, Bernd (Hrsg.): Alles für Gott? -Priester sein zwischen Anspruch und Wirklichkeit-,Patmos Verlag Düsseldorf 1990.

McGOEY, John H.: Lieben kann ich das ? Paul Pattloch-Verlag Aschaffenburg, 1985.

MENTGES, Karl Josef u.a.: Forschungsarbeit: Methoden der Empirischen Sozialforschung: Untersuchung des Informationsstandes von Priesteramtskandidaten hinsichtlich der möglichen Konsequenz durch späteres Ausscheiden aus dem Amt, WS 89/90.

PADEN, William E.: Am Anfang war Religion- Die Einheit in der Vielfalt-, Gütersloher Verlagshaus, Gerd Mohn, Gütersloh 1990, Dt.Erstausgabe.

DR. PADOVANO, Anthony T.: Vortrag anläßlich der IV. Corpus Conference in New York City, U.S.A.: Die Erlösung des Menschseins, 1992.

PEIKERT-FLASPÖHLER, Christa : Heut singe ich ein anderes Lied -Frauen brechen ihr Schweigen- Theologie konkret, Rex Verlag Luzern/Stuttgart 1992.

RAUCHFLEISCH, Udo: Psychoanalyse und theologische Ethik- Neue Impulse zum Dialog-Universitätsverlag Freiburg i.Ue., Herder Verlag Freiburg i.Br. 1986.

ROGERS, Carl R.: Encountergruppen - Das Erlebnis der menschlichen Begegnung - Kindler -Verlag München 1974.

RINCK, Franz: Semesterarbeit: "Lebenskrisen bei Erwachsenen" für die Universität Landau/Koblenz, Fachbereich Erziehungswissenschaften, WS 92/93.

SCHAFFER, Ulrich: Neues umarmen, Stuttgart- Ed.Schaffer im Kreuz Verlag, 1989.

SCHILLEBEECKX, Edward: Christliche Identität und kirchliches Amt -Plädoyer für Menschen in der Kirche, Patmos Verlag Düsseldorf, 1.Aufl. 1985.

SCHREUDER, Osmund (Hrsg.): Der alarmierende Trend - Ergebnisse einer Umfage beim holländischen Klerus- Chr.Kaiser Verlag München 1970.

VEREINIGUNG KATHOLISCHER PRIESTER UND IHRER FRAUEN: Dossier zum Herdenbrief der Katholiken an ihre Hirten, Eigendruck, 1991.

Verwendete Zeitungsartikel aus :Il Tourismo,Rom

Die Zeit

Mitteilungsblatt der „Vereinigung katholischer Priester und ihrer Frauen e.V."

Publik Forum

Rheinische Post

Weltbild

Westdeutsche Zeitung

Printed in Poland
by Amazon Fulfillment
Poland Sp. z o.o., Wrocław

32471688R00119